GS 269   Das Denkmal

GESCHICHTE UND STAAT

Band 269

Achim Zons

Das Denkmal

Bundeskanzler Willy Brandt und die linksliberale Presse

*Inhaltsanalyse des Einstellungswandels
in den Zeitungen und Zeitschriften
Süddeutsche Zeitung, Frankfurter Rundschau,
Spiegel, Stern und Zeit*

CIP-Kurztitelaufnahme der Deutschen Bibliothek

Zons, Achim:

Das Denkmal: Bundeskanzler Willy Brandt u. d. linksliberale Presse; Inhaltsanalyse d. Einstellungswandels in d. Zeitungen u. Zeitschr. Süddt. Zeitung, Frankfurter Rundschau, Spiegel, Stern u. Zeit / Achim Zons. — München: Olzog, 1984.

(Geschichte und Staat; Bd. 269)
ISBN 3-7892-7174-8

Inhalt

Vorwort 9

1. Ansatz und Anlage der Untersuchung
   1. 1 Problemstellung 11
   1. 2 Untersuchungsgegenstand 15
   1. 3 Methodisches 17

2. Der Machtwechsel
   2. 1 Die Bundestagswahl vom 28. September 1969 19
   2. 2 Die Wahl zum Bundeskanzler 28
   2. 3 Das Einfinden in die neue Rolle 32

3. Die ostpolitischen Aktivitäten 37
   3. 1 Das Treffen in Erfurt 38
   3. 2 Ernüchterung nach furiosem Start . . . 41
   3. 3 Vertragliche Kodifizierung: Aufschwung und Stabilisierung 47

4. Das Stimmungstief im Jahre 1971 53

5. Ende der Talfahrt 57
   5. 1 Brandt und der Frieden 58
   5. 2 Die Strategie der Opposition 61
   5. 3 Der Abschluß der Viermächteverhandlungen 62

6. Höhepunkt des Machtkampfes
   6. 1 Der Mißtrauensantrag 65
   6. 2 Die Situation im Sommer 1972 75
   6. 3 Die Bundestagswahl am 19. November 1972 83

7. **Erschöpfung nach dem großen Sieg** 93

   7.1 Der Prozeß der Regierungsbildung . . . 95
   7.2 Die Konsolidierungsphase Anfang 1973 . . 100
   7.3 Die Gefahr der Entrückung 107

8. **Verfall der Macht** 111

   8.1 Politische Skandale 113
   8.2 Die Ernüchterung in der Ostpolitik und das Aufbegehren Wehners 119
   8.3 Die innenpolitischen Schwierigkeiten . . . 130
   8.3.1 Der Streik der Fluglotsen 132
   8.3.2 Die Ölkrise 134

9. **Verlust der Macht**

   9.1 Die Situation Ende 1973 137
   9.2 Der Tarifstreit im öffentlichen Dienst . . 141
   9.3 Der Rücktritt 145

10. **Konsolidierung nach dem Amtsverzicht** . . . 156

11. **Einflußfaktoren** 161

   11.1 Die Ostpolitik 162
   11.1.1 Die strukturellen Vorteile der Ostpolitik 163
   11.1.2 Der günstige Verlauf der ostpolitischen Innovation 167
   11.1.3 Entspannungshoffnung und vermindertes Bedrohungsgefühl 172
   11.2 Der Strukturwandel der Gesellschaft . . 174
   11.3 Der Wandlungsprozeß der SPD 187
   11.4 Das Auslandsurteil 192

12. Medienspezifische Aspekte 207

12.1 Der Einfluß der Presse auf das Image eines Politikers 208
12.2 Medienspezifische Gründe für den Einstellungswandel 214
12.3 Der Rudeleffekt 217
12.4 Willy Brandt und die linksliberale Presse 222

Fußnoten 225

Anhang

Quantitative Inhaltsanalyse am Beispiel der Zeit . 260
Literaturverzeichnis 274

Vorwort

Die Jahre 1973/74 kennzeichnen eine Periode historischer Umwälzungen. Im Nahen Osten kam es zu einer Explosion, dem Yom-Kippur-Krieg; das europäisch-amerikanische Verhältnis litt unter zahlreichen Konflikten; die Energiekrise bedrohte das wirtschaftliche Selbstverständnis der Industrienationen, der Vietnam-Krieg wurde beigelegt. Die westlichen Demokratien, die angesichts dieser Umwälzungen eine starke Führung gebraucht hätten, zeigten Symptome einer kollektiven Lähmung: Richard Nixon verlor sein Amt, nachdem er seine Beteiligung am Watergate-Skandal trotz größter Anstrengungen nicht mehr vertuschen konnte; George Pompidou lag im Sterben; Edward Heath, der sich sehr für ein starkes Europa eingesetzt hatte, war zunehmend verstrickt in innerpolitischen Krisen. Es gelang keinem Regierungschef, wie Henry Kissinger in seinen Memoiren schrieb, „sich mit seiner ganzen Autorität hinter eine Entscheidung zu stellen, die sie alle in die Lage versetzt hätte, sich aus den Zwängen des rein taktischen Manövrierens zu befreien".

In dieser instabilen Lage hatte es lange so ausgesehen, als ob *Willy Brandt* einer der letzten, fest kalkulierbaren Faktoren sei. Brandt hatte die starren Fronten zwischen Ost und West aufgebrochen, hatte in der Welt Vertrauen zur Bundesrepublik geweckt, war Symbolfigur einer neuen Orientierung geworden. Doch von Mitte 1973 an schrumpfte auch seine Autorität, und sie schrumpfte in atemberaubender Schnelligkeit. Die Journalisten, Publizisten und Schriftsteller, die sich diesem Bundeskanzler über Jahre hinweg eng verbunden fühlten, die sein Bild in der Öffentlichkeit erst gefestigt, dann zum Teil verklärt hatten, sie setzten sich plötzlich von dem einst so verehrten Bundeskanzler ab.

Am 8. Mai 1974 trat Willy Brandt schließlich von seinem Amt als Bundeskanzler zurück — ein geschlagener Mann. Unabhängig von der Guillaume-Affäre war zu diesem Zeitpunkt nur noch wenig von seinem einst glänzenden Image übriggeblieben. Für all jene, die so viele Hoffnungen in ihn gesetzt hatten, ein rätselhafter Vorgang. Wie hatte es zu diesem Popularitätsverfall kommen können? Was waren die tieferen Ursachen?

Einige Jahre später ermöglichte mir Prof. Dr. Dr. Franz Schneider von der Universität München, diesen Fragen im Rahmen einer Dissertation nachzugehen, einer Dissertation, die die Grundlage dieses Buches bildet. Er war es dann auch, der das Thema auf den wesentlichen Punkt einengte — nämlich auf den Meinungsumschwung, auf den Einstellungswandel in den Medien, die sich zunächst besonders für Willy Brandt eingesetzt hatten. Was hatte, so lautete schließlich die zentrale Frage, dazu geführt, daß aus ehemals engagierten Förderern so unbarmherzige Kritiker wurden? Und: Wie hatte sich dieser Wandel eigentlich ganz konkret vollzogen? Sollten es am Ende nur einige wenige Kommentatoren und Reporter sein, nur einige wenige Zeitungen und Zeitschriften, die — wenn sie nur geschlossen auftreten — einen Politiker zum Sieger oder Verlierer machen können?

München, Dezember 1983

1. Ansatz und Anlage der Untersuchung

1. 1 Problemstellung

Mit dem Gegenstand dieser Arbeit haben die meisten täglich mehr oder weniger zu tun. Die Untersuchung beschäftigt sich mit der politischen Meinungsäußerung in bestimmten deutschen Zeitungen und Zeitschriften, genauer: mit der Art und Weise, wie ein Politiker, Willy Brandt, in einem der spannendsten und politisch umstrittensten Zeitabschnitte der Geschichte der Bundesrepublik, eben der Umbruchsphase 1969 bis 1974, in regierungsfreundlichen Presseorganen beurteilt wurde.

Das Bedeutsame an dieser Beurteilung — und damit der Kern dieser Studie — ist der Einstellungswandel, der sich in den der sozial-liberalen Koalition nahestehenden Blättern (aber auch in der Öffentlichkeit) in kürzester Zeit vollzog. Am 18. Januar 1973 hatte der Chefredakteur der Illustrierten *Stern*, Henri Nannen, noch geschrieben, „daß *Spiegel* und *Stern* und *Süddeutsche Zeitung* und *Frankfurter Rundschau* und manche anderen Zeitungen dazu beigetragen haben, die politische Landschaft in der Bundesrepublik Deutschland zu verändern, und daß sie dies mit jeder Nummer tun. Nicht auf spektakuläre Weise, sondern ganz langsam, Zentimeter für Zentimeter auf einem mühsamen und langen Weg".[1]

Brandt war bis dahin die Person gewesen, der man am ehesten die als dringend notwendig erachteten Veränderungen in der Innen- wie der Außenpolitik zutraute. Man half ihm, verteidigte ihn gegen Angriffe, bereitete den Boden für den überzeugendsten Wahlsieg in der Geschichte der Sozialdemokratie. Und dann, nur wenige Monate nach der Bundestagswahl im November 1972, beklagten dieselben Blätter Brandts Arbeitsleistung, warfen sie ihm Führungsschwäche vor und enthüllten, radikaler als oppositionelle Zeitungen, anläßlich Brandts Rücktritt Einzelheiten aus seinem Intimbereich, als gelte es, Brandts Integrität für immer zu vernichten.

Zwar hat es Einstellungsänderungen in der öffentlichen Meinung schon mehrfach und zu den verschiedensten Themen gegeben — man nehme nur als Beispiel die Haltungen zur Todesstrafe, zur Wiedervereinigung, zur Kirche oder zur kommunistischen Bedrohung —, doch nur selten hat sich ein solcher Umschwung in so kurzer Zeit wie bei Willy Brandt vollzogen: Zwischen dem Höhepunkt seiner Popularität und dem Tiefpunkt liegen nur 17 Monate.

Hinzu kam eine Radikalität in der Beurteilung, die so extrem bei keinem Politiker (Strauß vielleicht ausgenommen) in der Nachkriegszeit zu beobachten war. Schon Ende 1970 — nach Unterzeichnung der Ostverträge und dem Kniefall im ehemaligen Warschauer Ghetto — hatte das Pendel zugunsten des Kanzlers ausgeschlagen, hatte — ungeachtet einiger Rückschläge — ein Prozeß der Verehrung eingesetzt, der in dieser Form bislang unbekannt war. Internationale Ehrungen, wie die Wahl zum „Mann des Jahres 1970" durch das amerikanische Nachrichtenmagazin *Time* oder die Verleihung des Friedensnobelpreises im Herbst 1971, verstärkten diese Entwicklung. Brandt wurde beinahe ins Übermenschliche entrückt, wobei nicht auszumachen war, was diesen Prozeß mehr beschleunigte: die Ehrungen (und Ovationen) des Auslandes, die Darstellungen der Medien im Inland oder das Wahlvolk, das nach 20 Jahren der CDU/CSU-Herrschaft von den Zielen und Formeln Brandts fasziniert war.

Es war ein geistiges Klima entstanden, in dem Kritik am Bundeskanzler zunehmend zum Sakrileg wurde. Willy Brandt war die Idolfigur einer neuen Ära geworden, deren große Verführungskraft als ein Aufbruch zu bislang fremden Idealen erschien. Sogar seine politischen Gegner gebrauchten im Zusammenhang mit seiner Person Bilder, die jenseits der Realität lagen. Franz Josef Strauß zum Beispiel beschrieb Brandt damals — wenngleich ironisierend, doch dem allgemeinen Trend folgend — als einen „Wanderer zwischen zwei Welten", als eine „Mischung aus apollinischer Lichtgestalt, neuzeitlichem Achilles und altem Siegfried mit dem Lindenblatt".[2] Die Verherrlichungen nahmen zum Teil ein Ausmaß an, das den Rahmen des guten Geschmacks überschritt: Die pädagogischen Verlage Schroedel und Benziger veröffentlichten im Oktober 1972 ein Religionsbuch mit dem Titel „Jesus — Sohn Gottes", in dem ein Photo Brandts eine Serie mit Christus-Konfigurationen abschloß.[3]

Doch wenige Monate nach der Bundestagswahl im November 1972 änderten sich die Meinungen jäh. Brandts Erscheinungsbild verblaßte. Die Öffentlichkeit begann, sich von ihm abzuwenden. Er interessierte nicht mehr, ja er langweilte. „Hatte Brandt *bisher* trotz einer verschwindenden Mehrheit im Bundestag regiert und alle beinahe unüberwindlichen Schwierigkeiten gemeistert, die sich auftürmten: *Nun* vollzog sich trotz einer schwindelerregenden Popularität sein Abstieg beinahe unaufhaltsam." Brandt hatte versprochen, ein Kanzler der inneren Reformen zu sein, aber Anspruch und Wirklichkeit, Sollen und Sein klafften immer breiter auseinander. Je schärfer die Versäumnisse der Gegenwart zutage traten (vor allem in der Wirtschafts-, Sozial- und Bildungspolitik), um so unbarmherziger geriet Brandt ins Kreuzfeuer der öffentlichen Kritik. „Das Podest, auf dem er stand, war atemberaubend hoch, und als nun die enttäuschten Wählermassen erkannten, daß sie ‚keinen Säulenheiligen' (Brandt), sondern einen Menschen mit Schwächen und einen Politiker mit Fehlern verehrt hatten, holten sie ihn vom Sockel. Es war zuletzt beinahe ein Sturz in die Tiefe — ins Bodenlose."[4]

Wie ist nun dieser Sturz ins Bodenlose zu erklären? Was

hat zu dieser krassen Änderung des öffentlichen Meinungsbildes geführt? Fragen, die bisher keine klare Antwort gefunden haben. Es sei eben eine der nur schwer erklärbaren Merkwürdigkeiten in der Geschichte der sozial-liberalen Koalition, schrieb Sontheimer, „daß der von ihrem Zustandekommen ausgehende Elan ... gerade dann erlahmte, als die deutsche Wählerschaft die Regierung Brandt/Scheel in einer selbst Skeptiker überraschenden Deutlichkeit von neuem demokratisch legitimiert hatte...".[5] Und es war überraschend, wie Brandts Popularität verfiel. Oppositionelle Kritiker zum Beispiel beschrieben das Phänomen als „wetterwendische Abtrünnigkeit, die das Idol jenes seltsamen und folgenschweren Jahrzehnts preisgab, als sei der Jubel ein halluzinatorisches Versehen gewesen...".[6]

Was konkret geschehen war, blieb vielen unklar. Brandt „war der Bundeskanzler — und doch politisch schon tot", sagte Günter Gaus später im Rückblick auf diese Zeit.[7] Die Landtagswahlen in Hamburg Anfang 1974, bei denen die SPD stark verlor, schienen das zu beweisen. „Brandts Anhänger, die zu großen Teilen in der Hochzeit ... wie seine Jünger gewirkt hatten ... verließen ihn, beteiligten sich an der plötzlich aufkommenden Mode, ihn zu verspotten und vergaßen ihn schließlich."[8] Es wurden hämische Witze veröffentlicht, darunter abgewandelte „Führerwitze". Und als das „Ekel Alfred Tetzlaff" Bundeskanzler Brandt als „norwegischen Emigranten-Kanzler" und „uneheliches Kind" beschimpfte, begeisterten sich Zuschauer in „zahllosen Briefen".[9]

Es war eine Situation entstanden, auf die sogar gute Freunde hilflos reagierten. Günter Grass zum Beispiel sagte im März 1974 vor der Fraktion der SPD in Bonn: „... ein Jahr und vier Monate nach jener denkwürdigen Bundestagswahl im November 1972, die wir gemeinsam in schier verzweifelter Lage mit Hilfe mündiger Bürger gewonnen haben, bin ich heute Ihr ratloser

Gast..."¹⁰ Ebenso ratlos war Günter Gaus, ehedem Chefredakteur des *Spiegel* und seit April 1973 Staatssekretär im Kanzleramt, als er eine Rede des Bundeskanzlers seinen ehemaligen Kollegen von der Presse andiente. Brandt hatte am 15. September 1973 eine (von Gaus verfaßte) Rede zum 100. Geburtstag von Otto Wels gehalten, und niemand zeigte Interesse, sie abzudrucken. „Gaus rief alle wichtigen Kollegen an: Theo Sommer von der *Zeit*, Hans Heigert von der *Süddeutschen Zeitung*, mehrere andere. Keiner wollte. Brandt war ‚vollkommen out'. Ein erstaunlicher, rätselhafter, letztlich unerklärlicher Vorgang."¹¹

Als Brandt schließlich am 6. Mai 1974 zurücktrat, war seine Popularität auf dem Nullpunkt. Er war seines Nimbusses beraubt, der Mythos war zerstoben, das Denkmal gestürzt.

1. 2 Untersuchungsgegenstand

Gegenstand dieser Arbeit ist also der Einstellungswandel in der öffentlichen Meinung. Ob sich dieser bislang nur auf Wahlergebnisse und demoskopische Umfragen stützende Meinungswandel auch in den regierungsfreundlichen Presseerzeugnissen vollzog, ob er gar auf die veröffentlichte Meinung zurückzuführen ist, ist Untersuchungsgegenstand. Gerade die regierungsfreundliche Presse wurde ja für ihre Tätigkeit in den ersten Jahren der sozial-liberalen Koalition von konservativen Kritikern oft und scharf angegriffen. Viele warfen ihr ganz generell vor, die damals so heftig auftretenden gesellschaftlichen und politischen Konflikte nicht objektiv abzulichten und wiederzugeben, sondern zu den direkt engagierten Konfliktgruppen zu gehören.

Die Presse war diesen Ansichten zufolge nicht mehr ledig-

lich Berichterstatter, sondern auch und immer mehr Akteur.*
Kaltefleiter zum Beispiel begründete die Bevorzugung der
Regierung mit der „quasi gouvernementalen Orientierung
der politischen Kommunikation in modernen Industriegesellschaften". Die Gestaltung der Nachrichten erfolgte nach
der Grundregel: Was die Regierung mache, sei Nachricht,
was die Opposition von sich gebe, das sei Meinung — „und
Nachrichten sind offensichtlich eher ‚fit to print' als Meinungen".[12] Im Fall der SPD/FDP-Regierung sei diese quantitativ überproportionale Berichterstattung gekoppelt gewesen mit einer freundlichen Grundeinstellung des größten
Teils der veröffentlichten Meinung gegenüber der Regierung.

Der damalige Bundeskanzler sah dies jedoch etwas anders. Brandt meinte zwar auch, daß die Zeitungen der
Koalition bis zur Bundestagswahl 1972 „mit großer Sympathie" begegnet seien. Danach jedoch hätten sie „kritischen
Abstand" gesucht. „Manche Redakteure und Korrespondenten meinten wohl, daß die klare Mehrheit nun auch
härtere Angriffe vertragen könne und daß es ihrer Rolle
angemessener sei, jeglichen Anstrich von Regierungsnähe zu
vermeiden, selbst wenn der politischen Arbeit inhaltlich
weitgehend zugestimmt wurde. Freilich blieb der überwiegende Teil der Presse bei der Ablehnung der Koalition —
bis hin zur betonten Gegnerschaft... Die Behauptung
von der angeblich dominierenden ‚linken' Presse war und
bleibt ein Mythos, den die politische Rechte bewußt und
mit Erfolg pflegt."[13]

Dieser Teil der Studie, also die medienspezifische Darstellung der Atmosphäre, der Stimmungslage, des Meinungsbildes in bezug auf Willy Brandt, wird erforscht mit der
Methode der Inhaltsanalyse. Analysiert werden die Zei-

---

* Ähnlichen Inhalts waren die Angriffe gegen die regierungsfeindliche Presse: Bei dieser liegen jedoch die Gründe für die Ablehnung Brandts offen zutage.

tungen und Zeitschriften, von denen behauptet wird, daß sie Brandt an die Regierung gebracht, dort gehalten und schließlich fallen gelassen hätten: also *Der Spiegel, Die Zeit, Stern, Süddeutsche Zeitung (SZ)* und *Frankfurter Rundschau (FR)*.

1. 3 Methodisches

Der Politikwissenschaft kann man bis heute keine allgemeine und nur für sie typische Methode zuordnen. Diese wissenschaftliche Disziplin integriert — um die wichtigsten zu nennen — Aspekte der Historik, Jurisprudenz, Philosophie, Soziologie und Ökonomik. Die Art der anzuwendenden Methode ist deshalb abhängig vom spezifischen Gegenstand sowie der konkreten Fragestellung.

Die vorliegende Untersuchung liegt im Schnittfeld sozialwissenschaftlicher und zeitgeschichtlicher Forschung. Sie berührt zwei Bereiche: Einen historisch-politischen und einen kommunikationswissenschaftlichen. Der erste wird angesprochen durch das Thema: Willy Brandt während seiner Kanzlerzeit, der andere durch die zu untersuchenden Quellen: Zeitungen und Zeitschriften, sowie durch die Methode: die Inhaltsanalyse. Dieser doppelte methodische Ansatz eröffnet der Arbeit eine zusätzliche Dimension: Er schafft die Möglichkeit, Aussagen zu treffen über Rolle, Selbstverständnis und Meinungsverhalten der linksliberalen Presse während der Kanzlerschaft Willy Brandts. Damit ist diese Presse nicht nur *Quelle* für die Stimmungslage in dieser turbulenten Zeit, sondern selbst *Gegenstand*.

Zentrales Problem einer jeden Presseanalyse ist der Umfang des Quellenmaterials. Es ist der zeitgeschichtlichen Forschung nur nutzbar zu machen, wenn es anhand sinnvoller und dem Thema dienender Kriterien eingegrenzt wird. Als Quellenbasis wurden nur die Zeitungen und Zeitschriften ausgewählt, bei denen ein Einstellungswandel sichtbar wurde, also die der Regierung Brandt zunächst wohlgesinnten Blätter. Die Untersuchung wurde zudem auf diejenigen Texte beschränkt, in denen Meinungen manifest geäußert werden, also im wesentlichen auf Kommentare. Zwar sind Meinungsäußerungen — versteckt oder offen — auch in Nachrichten und Berichten enthalten (offen zum Beispiel, wenn Aussagen Dritter wiedergegeben werden und diese Zitate Meinungen enthalten); diese Meinungsäußerungen wurden jedoch nur berücksichtigt, soweit sie, wie beim *Spiegel*, Stilmittel sind, also die übliche Ausdrucksform, um zeitungseigene Ansichten zu transportieren.

2. Der Machtwechsel

2.1 Die Bundestagswahl vom 28. September 1969

Schon lange vor der Bundestagswahl im September 1969 ließen die hier untersuchten Presseerzeugnisse durchblicken, daß sie einen Regierungswechsel, also eine Regierung unter der Führung Willy Brandts, favorisierten. Diese für Brandt so günstige Stimmungslage in den Redaktionen hing eng zusammen mit den historischen und politischen Gegebenheiten Ende der sechziger Jahre: Nach zwanzig Jahren CDU/CSU-Herrschaft reagierte die Öffentlichkeit nur noch müde und abweisend auf eine Politik, bei der nahezu ausschließlich wirtschaftliche Prosperität und die Abneigung gegen Experimente dominierten. Nach einer Zeit konservativer Politik wollte die Öffentlichkeit den Wechsel, und die Zeitungen gaben diesem Wunsch deutlich Ausdruck.

Die Argumentation der einzelnen Blätter erfolgte dabei auf drei Ebenen: Auf der ersten — allgemeinen — wandte man sich gegen eine Fortsetzung der Großen Koalition, die man verfassungsrechtlich wie politisch als äußerst bedenklich, wenn nicht gar als schädlich empfand.[2] Auf der zweiten — konkreten — schalt man die CDU/CSU als verbraucht und erneuerungsbedürftig und lobte die SPD, der man die notwendigen Innovationen zutraute; und schließlich nahm man — auf einer dritten Ebene — die politischen Persönlichkeiten ins Visier: im wesentlichen Kiesinger als das Relikt dieser überholten Zeit und Brandt, in dem man den Garanten für eine neue Ostpolitik und innere Reformen sah.

Diese drei Argumentationsebenen wurden von den einzelnen Zeitungen nicht gleichermaßen abgedeckt. Die *SZ* zum Beispiel analysierte die Situation fast ausschließlich auf der parteipolitischen Ebene — mit eindeutigen Seitenhieben gegen die Union —, während die anderen Blätter ihre Berichterstattung mehr an den handelnden Personen festmachten. Die Formeln der CDU/CSU — Wiederaufbau durch soziale Marktwirtschaft und Sicherung der freiheitlichen Ordnung durch Integration in das westliche Bündnissystem — sprachen Ziele an, die viele für erreicht hielten. Der CDU/CSU falle nichts mehr ein, schrieb Claus Heinrich Meyer in der *SZ*. Was sei nur von einer Partei zu halten, die im 20. Jahrhundert lebe, „aber in den Kategorien des 19. Jahrhunderts" denke?[3] So aufgeregt und antiquiert die Union den Wahlkampf führe, so „gelassen" zeige sich demgegenüber die SPD. Sie gebe sich eher nachsichtig und humorvoll, meinte Hans Heigert, ebenfalls in der *SZ*. „Je mehr die SPD die sachlich überlegenen, die gelassenen ‚Staatsmänner' hervorkehrt, desto nervöser werden die Matadore der CDU."[4] Die Union hatte nach Ansicht der Kommentatoren ausgedient, ihre Parolen waren überholt: „Der Rückfall in den Kalten Krieg, die Warnung vor den Gefahren der Demokratisierung und Sozialisierung — das mag zwar manche Instinktwähler aus ihrer politischen Lethargie aufschrecken, aber es weckt in der politischen Mitte des Spektrums, dort, wo sich die SPD während der Großen Koalition breitgemacht hat, ein höchst zwiespältiges Echo", schrieb Rolf Zundel in der *Zeit*. „Die Verhältnisse ... sind nicht mehr so wie in den fünfziger Jahren."[5]

Es zeigte sich, daß der Schritt, mit den Christdemokraten gemeinsam eine Koalition zu bilden, der SPD das langjährige Stigma genommen hatte, nicht regierungsfähig zu sein. Immer wieder lobte man die profilierte Mitarbeit der sozialdemokratischen Führungsmannschaft in der Regierungsverantwortung, eine Mitarbeit, die „der Masse des Volkes den Glauben an die Funktionsfähigkeit unseres Staates" zurückgegeben habe, wie Theo Sommer in der *Zeit* meinte „und vielen Skeptikern den fast verlorenen Glauben an die Reformfähigkeit des Systems".[6]

Lag da nicht der Gedanke nahe, dieser profilierten Mannschaft auch die alleinige Verantwortung zu übertragen? Die Medien ließen keinen Zweifel an der Antwort. Doch noch gab es in der Öffentlichkeit Vorbehalte gegen eine Regierung unter einem sozialdemokratischen Kanzler. Denn Brandt stand eher im Hintergrund, lag, was die Popularität anbetraf, weit hinter Wirtschaftsminister Schiller. Brandts Image war vor der Bundestagswahl 1969 schlecht, seine Popularität sogar gesunken. Die beiden Niederlagen 1961 und 1965 als Kanzlerkandidat ließen sogar einige Parteifreunde an seinem Erfolg zweifeln.

Brandt war nicht der starke Mann, der die Gewähr für einen Wechsel bot. Den entscheidenden Zuwachs an Wählerstimmen konnte nach Ansicht der Kommentatoren nur Karl Schiller der SPD bringen. Schiller war ein Mann für die Medien. Er hatte ein Talent für öffentlichkeitswirksame Wortschöpfungen: Begriffe wie „Zielprojektion", „Konzertierte Aktion", „Globalsteuerung", „Mifrifi" — die mittelfristige Finanzplanung— hielt man in der Presse fast für Zauberformeln.[7]

Schiller verkörpere die moderne Sozialdemokratie, so meinte man; er, der Wirtschaftsprofessor, nehme dem Bürgertum die Angst, die SPD werde alles sozialisieren und in Staatseigentum umwandeln. Er sei der Garant für eine Politik, welche die Prinzipien der Marktwirtschaft hochhalte. Mit seiner „aufgeklärten Marktwirtschaft", einer „verbal aufgeputzten Neuauflage der sozialen Marktwirtschaft Erhards, lieferte er", meinte der *Spiegel,* „dem Parteistrategen Herbert Wehner das fehlende ökonomische Versatzstück zum Godesberger Programm".[8] Dank Schiller sei es den Sozialdemokraten erstmals gelungen, viele aufgeklärte bürgerliche Wähler von den Regierungsfähigkeiten der SPD zu überzeugen.

Die Unionsparteien hatten diesen besonderen Wert Schillers für die SPD erkannt und griffen ihn deshalb im

Wahlkampf hart an — was, wie die *Zeit* meinte, ein großer Fehler war. Denn: „Der Feldzug der CDU gegen den hartnäckigen Einzelkämpfer Schiller [hat] sich als Bumerang erwiesen", urteilte Carl Christian Kaiser. „Nach Auskunft der Demoskopen hat das Trommelfeuer auf den Wirtschaftsminister dessen Popularität kaum gemindert, statt dessen aber jedermann noch einmal in Erinnerung gerufen, daß Karl Schiller zur SPD gehört. Und überhaupt habe „die CDU der sozialdemokratischen Ministerschaft in wichtigen Ressorts nichts Gleichwertiges entgegenzusetzen".[9]

So lag der Erfolg, den Brandt bei der Bundestagswahl am 28. September 1969 dann erreichte, nicht zuletzt in der Brillanz Schillers, die dieser auch öffentlichkeitswirksam zu vermitteln wußte. Entgegen kam den Sozialdemokraten dabei die unerledigte Aufwertung der D-Mark, gegen die sich die Unionsparteien, im besonderen Finanzminister Strauß und die exportorientierte Industrie, sperrten. Anderer Ansicht war Schiller, unterstützt von den Wirtschafts- und Finanzexperten, der Bundesbank sowie den fünf Weisen.

Doch auch Willy Brandt erfuhr in den letzten Monaten vor der Bundestagswahl eine deutliche Unterstützung. Immer wieder zeichneten die Zeitungen Porträts, in denen seine Wandlung zum abgeklärten, souveränen, eigenständigen Politiker geschildert wurde. Brandt sei als Außenminister der Großen Koalition zu einer gleichstarken Figur wie Kiesinger herangereift und nicht mehr Juniorpartner. Mit seiner geschickten und eigenständigen Politik habe er erreicht, sich sowohl dem Wahlvolk als auch den internationalen Bezugspartnern als regierungsfähige Alternative anzubieten. Daß er „ein exzellenter Außenminister"[10] gewesen sei, war einhelliges Urteil. Er sei nicht mehr der „angestrengt dozierende Wahlkämpfer mit dem vorgestreckten Zeigefinger", als der er in früheren Kampagnen aufgetreten sei, schrieb Carl Christian Kaiser über den SPD-Vorsitzenden in der *Zeit*. Brandt zeige sich jetzt „als ein Mann mit selbstbewußter Gelassenheit ..., der auf Attakken, Polemik und Invektiven seiner Wahlkampfgegner entwaffnend lakonisch antwortet. ‚Das ist doch dummes Zeug' ".[11] Manchmal wirke diese Gelassenheit so souverän, daß man meinen könnte, Brandt befinde sich „jenseits von Gut und Böse, und nichts mehr könne ihm etwas anhaben". Der SPD-Vorsitzende könne einfach nicht anders als argumentieren, statt zu deklarieren. Polemik komme ihm kaum über die Lippen, er fordere nicht Vertrauen, sondern bitte darum. „Liebt es der Kanzler [Kiesinger], die Wähler an der Hand zu nehmen und sie als weiser Hirte durch den politischen Irrgarten zu führen, so erläutert ihnen der Vizekanzler die Planskizzen des Labyrinths." Brandt appelliere an Kopf und Verstand, nicht an Gefühl und Stimmungen, und ohne Zweifel sei der Resonanzboden dafür größer als je zuvor.[12]

Daß dieser Resonanzboden so groß geworden war, lag nicht zuletzt an den Sympathiegefühlen, die der SPD-Vorsitzende weckte. Ein Phänomen, das angesichts der langjährigen Mißachtung und Ablehnung durch den überwiegenden Teil der Öffentlichkeit doch überraschte. Jetzt, vor der Bundestagswahl, wurden immer wieder die Momente kollektiven Hochgefühls beschrieben, die Brandt auf seiner Wahlkampfreise auslöste — Momente, denen sich selbst die politischen Beobachter nicht zu entziehen vermochten. Wenn Brandt sich nachts in den Salonwagen seines Wahlkampfzuges zurückgezogen habe, beobachtete Hans Ulrich Kempski von der *SZ*, sei es für eine Weile still geworden in der zurückgebliebenen Reporterrunde. „Denn wohl jeder fühlt sich wehrlos gegen Sympathiegefühle für diesen Willy Brandt, der es im Leben nie leicht gehabt hat, weil er sich das Leben schwer macht."[13]

Doch trotz all dieser Sympathie, trotz all dieser publizistischen Unterstützung war bis zum Wahltag unsicher, ob die Stimmen für eine Koalition mit den Freien Demokraten reichen würden. Das Problem für die eine SPD/FDP-Koalition favorisierenden Blätter war, daß selbst zahlreiche Sozialdemokraten für eine Fortsetzung der Großen Koalition waren. Ihr prominentester Vertreter war Herbert Wehner, der den Freien Demokraten und deren Standfestigkeit mißtraute. Schließlich hatte er in der Großen Koalition — auch — das Ziel verfolgt, durch ein neues Wahlrecht (gemeinsam mit der CDU) die FDP zu vernichten, die nach seiner Einschätzung ohnehin nur „Steigbügelhalter" für die Regierung der Unions-Parteien war.[14] Außerdem hielt Wehner seine Partei für noch nicht reif genug, das Wagnis der Regierungsverantwortung zu tragen. Daß eine Fortsetzung der Großen Koalition trotz dieses prominenten Zuspruchs jedoch sehr unwahrscheinlich war, zeigt eine Tagebuchnotiz Hans Apels, die die damalige Stimmungslage sehr deutlich kennzeichnet: „Als ich mich am Wahlsonntag", notierte er, „erneut für eine Große Koalition für zwei Jahre und für eine Wahlrechtsreform vor meinen Wahlhelfern ausspreche, werde ich niedergeschrien. Unsere Genossen wollen den Pelz des Gegners. Sie wollen die ganze Macht."[15]

Einer, der die ganze Macht wollte, war Willy Brandt. Er gehörte schon 1965 zu denjenigen, die sich am nachdrücklichsten gegen eine Große Koalition gewehrt hatten. Auf ihn konnten die Medien setzen. So war es auch kein Wunder, daß man die Mißhelligkeiten zwischen Kiesinger und Brandt nicht verschwieg, sondern groß herausbrachte. Kiesinger sagte, und der *Spiegel* verkündete es, Brandt könne man nicht mehr die Außenpolitik anvertrauen. Und als gegen Ende der Legislaturperiode der Bundeskanzler seinen Außenminister immer häufiger blockierte und über seine Richtlinienkompetenz bremste, zitierte der *Spiegel* Kiesinger: „Ich habe Herrn Brandt auf dem Pfade der Tugend gehalten. Ich habe praktisch jede Note des Außenamtes an die Sowjetunion entweder geschrieben oder korrigiert. Das waren die Richtlinien der Politik."[16] Für Brandt kam nach diesen Aussagen eine Fortsetzung der Zusammenarbeit mit Kiesinger nicht mehr in Betracht, was er in einem *Spiegel*-Gespräch auch deutlich machte: „Ich kann mir nach dem heutigen Stand der Dinge keine Koalition denken ..., bei der für einen Außenminister Brandt Platz ist ... Auch eine Große Koalition macht es unwahrscheinlich, daß es einen Außenminister Brandt gibt."[17]

Die ein falsches Ergebnis prophezeienden ersten Hochrechnungen am Wahlabend des 28. September führten schließlich zu einer Situation, die eine Fortsetzung der Großen Koalition nahezu unmöglich machte. Was war geschehen? Die Computer hatten den Unionsparteien mehr Sitze in Aussicht gestellt als diese am Ende erhielten. Das hatte Politiker der CDU/CSU voreilig dazu verleitet, sich negativ über ein Zusammengehen mit den Sozialdemokraten zu äußern. Als dann im Laufe des Abends das Stimmenplus schwand, war es für eine Meinungsänderung zu spät. Die SPD erreichte schließlich 42,7 % der Stimmen, einen Zuwachs von 22 Sitzen. Sie hatte sich damit dem Stimmenanteil der CDU/CSU (46,1 = minus 3 Sitze) auf 3,4 % genähert. Die Sozialdemokraten hatten zudem mit 127 von 248 die absolute Mehrheit der Direktmandate gewonnen, womit auch die These von der geborenen Minoritätenpartei widerlegt war.

Da die FDP jedoch gegenüber 1965 stark verloren hatte — sie erreichte nur einen Stimmenanteil von 5,8 % (ein Minus von 19 Mandaten) —, hatte die Wahl keine eindeutige Machtzuweisung für eine Partei oder eine Koalition ergeben. Die CDU/CSU konnte den Führungsanspruch stellen — was sie auch tat —, weil sie die stärkste Partei geblieben war. Die SPD erhob den Regierungsanspruch, da sie den größten Stimmenzuwachs verzeichnete. Für eine

Fortsetzung der Großen Koalition sprach, daß SPD und CDU/CSU zusammen dazugewonnen, während die Opposition, die FDP, verloren hatte. Das Argument für eine Koalition zwischen FDP und CDU/CSU war, daß die Freidemokraten bisher im Regelfall mit der stärksten Partei zusammengegangen waren.[18] Die FDP hatte jedoch unmittelbar vor der Wahl deutlich werden lassen, daß sie eine Koalition mit der SPD bilden würde, wenn das Wahlergebnis dies zuließe. Doch empfahl sich nach diesem für die FDP so katastrophalen Wahlergebnis noch eine solche Koalition?

Die Entscheidung, wer die Regierung bilden solle, fiel also nicht automatisch. Damit war eine Situation entstanden, in der derjenige einen Vorsprung erzielte, der die Initiative ergriff. Dies war an jenem Wahlabend Willy Brandt, der um 23.45 Uhr vor den Fernsehkameras sagte: „Die SPD ist die größte Partei*, die SPD ist die stärkste Partei, die CDU hat nicht gewonnen, sondern sie hat verloren, der Abstand zwischen CDU und SPD ist gut halbiert worden. Das ist das Ergebnis ... Die FDP hat stark verloren, die CDU hat schwach verloren. Einer, der stark verliert und einer, der schwach verliert, sind zusammen immer noch Verlierer ..."[19]

Brandt war entschlossen, mit der FDP die Regierung zu bilden, er zeigte sich tatkräftig und zielstrebig. Hans Ulrich Kempski notierte in seinen Tagebuchnotizen, daß Brandt in dieser Nacht nach der Wahl so „entspannt gewirkt habe, als sei er bereits gewählter Kanzler". Alles Sinnende und Zweifelnde habe sich bei ihm verloren. „In zwei Jahrzehnten", so Kempski weiter, „habe ich ihn nie zuvor in einer vergleichbaren Stimmung suggestiver Zuversicht gesehen. Dies drängt mich, ihn zu fragen, ob ihm denn nicht

---

* Brandt nahm das Ergebnis der CDU und CSU nicht als Einheit.

bange sei vor Selbstbetrug. Er aber läßt mit jener Bestimmtheit, die seinem Führungswillen in den vorangegangenen Stunden im Kreis des Parteipräsidiums so viel Autorität verlieh, daß niemand Einwände gegen seine Analysen und Folgerungen vorzubringen wagte, jede Skepsis als nichtig erscheinen. Er sagt: ‚Wir machen es.'"[20]

In den Ausgaben der Tageszeitungen vom folgenden Montag ist — wegen der frühen Redaktionsschlußzeiten — von all diesen zielstrebigen und selbstbewußten Äußerungen Brandts, von dieser Entwicklung hin zu einer SPD/FDP-Koalition jedoch noch nichts zu finden. Im Gegenteil. Die Kommentare klingen entmutigt und enttäuscht. Die *FR* machte am Montag mit der Rubrik auf: „Die SPD schaffte den Durchbruch nicht. CDU/CSU weit in Front, Brandt-Scheel-Koalition unwahrscheinlich." Die Zeit, so ein erster Kommentar dieses Blattes, sei eben „noch nicht reif für einen Machtwechsel".[21] Und Hans Heigert schrieb in der *SZ*: „21.00 Uhr — In diesem Augenblick der Wahlnacht zeichnet sich das Desaster der FDP ab... Ihr Kurs nach ‚links' hat sich bei den Wählern nicht bezahlt gemacht... Eine Koalition mit der SPD dürfte rechnerisch und politisch kaum mehr möglich sein... Also mag es zur Fortsetzung der Großen Koalition kommen... Die Tendenz zum Zweiparteiensystem hat sich verstärkt..."[22]

Als jedoch am Ende dieser langen Wahlnacht, „die ein Fiasko der Meinungsforschung und eine Blamage der Hochrechner brachte"[23], feststand, daß SPD und FDP gemeinsam über eine Mehrheit von 12 Mandaten verfügten (254 zu 242), hielten sich die Zeitungen mit ihrer Forderung nach einem Regierungswechsel nicht mehr zurück. Vom Wahlergebnis her sei der Führungsanspruch der SPD gerechtfertigt, stand am Dienstag in der *SZ*. Die SPD habe die Macht verdient, schrieb Theo Sommer in der *Zeit*. „Keine der in Bonn möglichen Koalitionen wäre ganz ohne Fehl und Tadel", aber die Regierung links von der Mitte sei von allen unzweifelhaft die Beste, weil sie „den tatkräftigen Kanzler und, insgesamt, die bessere Regierungsmannschaft" habe.[24]

So einig man sich über den Regierungsanspruch von SPD und FDP war, so übereinstimmend war die Ansicht, daß nur Brandt diesen Führungsanspruch stellen könne. Der Wahlkampf habe Brandts selbstgewonnene Sicherheit bewiesen, das rasche und entschlossene Handeln nach der Wahl habe diesen Eindruck verstärkt. Brandt sei zäh und fleißig, habe Verständnis für soziale Probleme, glaube an die Notwendigkeit des Ausgleichs der Interessen und die Erziehbarkeit des Menschen. „Brandt ist nicht so pessimistisch wie Adenauer, aber auch nicht so optimistisch wie Erhard und nicht so egozentrisch wie Kiesinger"[25], meinte Hans Reiser in der SZ. Dafür fiel aber schon zu diesem Zeitpunkt ein Charakterzug auf, der noch oft Gegenstand zahlreicher Betrachtungen sein sollte: die ehrfurchtsvoll wirkende Zurückhaltung. „Um Brandt ist plötzlich eine Zone der Distanz entstanden, die selbst Vorwitzige lähmt", notierte Hans Ulrich Kempski Mitte Oktober. „Keiner, der ihn nicht mit vermehrter Ehrfurcht behandelt, wenige, die nicht bemüht sind, einen wohlwollenden Blick von ihm aufzufangen. Er aber benimmt sich fast so, als sei er bereits unangefochtener Richtlinienkanzler und hüllt sich in tiefes Schweigen."[26]

2. 2 Die Wahl zum Bundeskanzler

Am 21. Oktober 1969 wurde Brandt zum Bundeskanzler gewählt. Das Ergebnis: 495 abgegebene Stimmkarten. Ein Ja wiesen auf: 251, Nein: 235. Ungültig waren 4; Stimmenthaltung übten 5 Abgeordnete. Die „Schlafmützendemokratie", die „Ära der satten Selbstzufriedenheit"[27] war zu Ende. Einige Tage nach der Wahl berichtete Brandt dem

Reporter Hermann Schreiber vom *Spiegel*, was er in dem Augenblick, der ihn zum Bundeskanzler machte, gedacht hat: „Er hat daran gedacht, daß man jetzt nicht rührselig werden darf. Daß die Stimme halten muß. Daß dies alles auf keinen Fall rührselig werden darf."[28]

Die linksliberalen Medien hatten ihr erstes Ziel erreicht: Mit dem „Ja, Herr Präsident, ich nehme die Wahl an", der Antwort Brandts auf die Frage des Bundestagspräsidenten Kai Uwe von Hassel, ob er Kanzler sein wolle, mit dieser Antwort gab es in der Bundesrepublik den ersten sozialdemokratischen Regierungschef. „Erst jetzt hat der Machtwechsel wirklich stattgefunden", schrieb Karl-Hermann Flach in der *FR*, der Machtwechsel, den „viele nicht für möglich hielten und andere vergeblich erhofften."[29] Jetzt endlich sei die Ära Adenauer ausgelaufen.

Willy Brandt — was war dies nun für ein Mann? „Ein Mann der gelinden Macht", überschrieb Rolf Zundel ein großangelegtes Porträt des neuen Kanzlers in der *Zeit*. Wer Sinn für Geschichte habe, der könne nicht darüber hinwegsehen, daß ein Mann mit dieser politischen Überzeugung, mit dieser Vergangenheit Bundeskanzler wurde. „Schon die Tatsache, Sozialdemokrat zu sein, war lange Zeit in der Bundesrepublik identisch mit dem Signum: nicht regierungsfähig", zog Zundel Bilanz. „Brandts Herkunft — Sohn einer unverheirateten Verkäuferin, aufgewachsen in einer bescheidenen Arbeiterwohnung — war ganz dazu angetan, die Vorurteile der sogenannten guten Gesellschaft zu wecken ..." Und schließlich die Emigration! Daß Brandt, der als junger Mann bei Nacht und Nebel sein Vaterland verlassen mußte, um sich vor dem Zugriff der Nazis in Sicherheit zu bringen, der „vor der Kriegsmaschine des Dritten Reiches" ins neutrale Schweden flüchten mußte, der nach dem Krieg zurückkehrte und dessen politischem Aufstieg in der Bundesrepublik „wie ein Schatten der Rufmord, die Schmutzkampagne, folgte" —, daß dieser Mann nun Kanzler geworden sei, bedeute in der Tat „eine historische Zäsur".[30]

Fast alles an dem neuen Kanzler schien zu stimmen: „der sparsame, ökonomische Gebrauch seiner Führungsautorität"; die Fähigkeit, „fast unmerklich Anstöße in die von ihm gewünschte Richtung zu geben..., bis die Entscheidung von selber reift"; „seine Beharrlichkeit und kühle Berechnung". Wie Brandt Menschen „gebrauchen" könne, zeige sich unter anderem auch daran, daß er Horst Ehmke als Minister ins Kanzleramt berufen habe. Ehmke sei nicht nur ein exzellenter Verfassungsjurist, ein harter Arbeiter und guter Organisator, er wisse sich auch hemdsärmelig und hart durchzusetzen. Daß Brandt ganz bewußt einen solchen Mann zu seinem Gehilfen gemacht habe, zeige eine „nüchterne, fast selbstsichere Einschätzung seiner Grenzen". Diese Konstruktion erlaube ihm, von seiner Autorität sparsam Gebrauch zu machen. „Wenn der Kanzler nicht Willy Brandt hieße, so müßte man diese Konstruktion als ein Stück Machiavellismus bezeichnen."[31]

Diese und ähnliche Urteile erfolgten natürlich nicht im luftleeren Raum. Man erwartete etwas von dem neuen Kanzler. Man erwartete eine Politik, die dem allgemeinen Aufbruchbegehren entsprach. Und Brandt schien mit seiner Regierungserklärung vom 28. Oktober 1969 diesen Erwartungen entgegenzukommen. Er versprach strukturverändernde Innovationen in der Innen- und eine Neuorientierung in der Außenpolitik. Mit seinen Formeln „Entspannung", „mehr Demokratie wagen" und „dies wird eine Regierung der inneren Reformen werden", mit seinen Aussagen wie „wir stehen nicht am Ende unserer Demokratie, wir fangen erst richtig an" und „wir sind keine Erwählten, wir sind Gewählte" kam er einer allgemeinen Aufbruchstimmung entgegen, von der nicht nur die regierungsfreundlichen Medien erfaßt waren.

Der Bundeskanzler hatte mit seiner Forderung nach mehr

Emanzipation, Mündigkeit und Selbstbestimmung exakt die Wünsche der linksliberalen Presse getroffen. Der „Untergang Deutschlands", den „Konrad Adenauer für den Fall beschwor, daß ein SPD-Kanzler in sein Amtszimmer ziehen würde", schrieb der *Stern*, „wird nun wohl auf sich warten lassen".[32] Brandt hatte das allgemeine Veränderungsbegehren auf sich gezogen und mit Themen wie Bildungsreform, Mitbestimmung und Ostpolitik politische Bereiche angesprochen, deren stiefmütterliche Behandlung immer wieder gerügt worden war. Der Bundeskanzler hatte einem neuen Politikverständnis die Richtung gewiesen, und man applaudierte begeistert. Das Regierungsprogramm zeige den „Willen zur Führung". Brandts Satz „Das Selbstbewußtsein dieser Regierung wird sich als Toleranz zu erkennen geben" sei ein Zeichen für den hohen moralisch-politischen Stellenwert dieser neuen Regierung. Brandt habe den exemplarischen Versuch gemacht, „den mündigen Bürger und die kritische Opposition zu integrieren".[33]

Vom ersten Moment an war der neue Bundeskanzler präsent. Er entschied alle wichtigen Fragen, war fleißig und tatkräftig. Er füllte — so das einhellige Urteil — seine neue Rolle mit einer Sicherheit aus, als sei er immer schon Bundeskanzler gewesen. Der *Stern* gab einen Einblick in den strapaziösen Tagesablauf: „Vierzehn Stunden konzentrierter Arbeit. Kabinettssitzungen, Empfänge, Beratungen über die Aufwertung, Beschlußfassung der Regierungserklärung." Um 20 Uhr empfing der Kanzler den *Stern* zu einem Gespräch über die konkreten Absichten seiner Politik. Als die Journalisten „um 23 Uhr das Haus am Kiefernweg 12 in Bonn verließen, warteten schon wieder die Mitarbeiter... Die nächste Nachtsitzung war fällig. Dem Kanzler merkte man keine Spur von Müdigkeit an."[34]

Das nötigte Bewunderung ab. Einem Mann, der sich so engagierte, suggerierten die Kommentare, hatte man zu Recht das Vertrauen geschenkt. Alles war von einem neuen

Elan durchdrungen; sogar die Kabinettssitzungen waren keine langweiligen Gesprächsrunden mehr. Es herrschte ein neuer Ton. „Im neuen Kabinett reden sich die Minister ohne Titel an", berichtete der *Stern*. „Die SPD-Genossen lassen es beim vertrauten Du." Lediglich der Kanzler erfahre eine Ausnahme. Das habe Helmut Schmidt „mit feinem Sinn fürs Hierarchische" entschieden: „Den Mann, der die Richtlinien der Politik bestimmt, den reden wir mit Herr Bundeskanzler an."[35]

In die positiven Urteile flossen jedoch auch Bedenken ein. Man sah durchaus das Dilemma, vor dem die neue Regierung stand. Die knappen parlamentarischen Mehrheitsverhältnisse mußten die Koalition einerseits zwingen, eher vorsichtig vorzugehen, statt reformerisch durchzugreifen. Andererseits mußte diese Regierung kurzfristig Erfolge vorweisen, um dem hohen Erwartungsdruck gerecht zu werden. Doch der Start Brandts als Bundeskanzler sollte zeigen, daß dieses Dilemma nicht unüberwindlich war.

2. 3 Das Einfinden in die neue Rolle

Gleich nach seiner Wahl zum Bundeskanzler konnte sich Willy Brandt öffentlich in Szene setzen. Sein Bild prägte sich schnell ein, seine ersten Entscheidungen machten Schlagzeilen. Brandt zeigte Tatkraft, zog die Kabinettsbildung ungewöhnlich schnell durch, verringerte die Zahl der Ministerien von 19 auf 14 und gab den Weg frei für die Aufwertung der D-Mark. Außenpolitisch beherrschte er bald die Szene durch sein eindrucksvolles Auftreten auf dem Haager EG-Gipfel, durch seine Staatsbesuche in London, Paris und Washington, durch seine Treffen mit dem DDR-Ministerpräsidenten Stoph in Erfurt und Kassel. „In ihrer außenpolitischen Dynamik", schrieb Kurt Becker in der *Zeit*, „läßt sich die Regierung Brandt-Scheel von niemandem den Rang ablaufen. Rasch, ungewöhnlich rasch stellen sich die ersten Erfolge ein."[36]

Wie rasch, das zeigte der europäische Gipfel, der am 1. und 2. Dezember 1969 in Den Haag stattfand. Brandt, keine sechs Wochen im neuen Amt, wuchs zu einer imposanten Figur heran. Seine Rede war, so Kurt Becker, „die wohl inhaltsreichste Grundsatzrede über die Europapolitik, die je von einem deutschen Regierungschef auf einer internationalen Konferenz gehalten worden ist".[37] Was Willy Brandt vortrug, schrieb Hans Ulrich Kempski in der *SZ*, faszinierte vor allem nicht-deutsche Korrespondenten so enorm, „als sei der Bundeskanzler nunmehr der zentrale Machtfaktor Europas". Kein Regierungschef sei den Franzosen so entschieden, so selbstbewußt und zugleich so kooperationswillig entgegengetreten wie der Kanzler mit seiner Forderung nach dem EG-Beitritt Englands. „Die meisten Beobachter, nur zu gut bekannt mit dem Pharisäertum der großen Politik, sind sich darin einig, daß Brandt etwas Außerordentliches geschafft hat: auszukommen ohne Falsch."[38] Und, als Fazit: „Der Haager Gipfel hat einen Felsblock vom Fleck bewegt."[39]

So war es auch keine Überraschung, daß die Bilanz nach 100 Tagen durchweg positiv ausfiel. Deutlich sei spürbar, daß die Bürger in ihrer Mehrheit dieser Regierung wohlwollend gegenüberstehen, meinte Rolf Zundel in der *Zeit*. In Bonn seien eben keine politischen Abenteurer am Werk: Der neue Haushalt verdiene Anerkennung, in der Ostpolitik sei der Balanceakt zwischen Bündnisloyalität und einer selbstbewußten Politik gut gelungen. Willy Brandt habe sich als ein Politiker von Format erwiesen, „der Schwächen im Kabinett abdeckt und die Geschäfte souverän und sicher leitet".[40] Der Regierungsstil Brandts zeichne sich „dank der Hilfe Ehmkes und der agilen jungen Mannschaft im Kanzleramt" durch Effektivität und Rationalität aus, konstatierte Hans Reiser in der *SZ*. Kabinettssitzungen seien keine Gelegenheit mehr für historische oder philosophische Rednerausflüge, schriftliche Vorlagen brauchten nicht noch einmal begründet zu werden: „Daß sie gelesen wurden, wird vorausgesetzt."[41]

Eine Reihe von Auslandsbesuchen verstärkte dieses positive Bild. Brandt erfuhr bei seinen Visiten in Paris (Februar 1970), London (März 1970) und Washington (April 1970) Zustimmung und Hochachtung in einem Ausmaß, das einem deutschen Kanzler bislang nicht entgegengebracht worden war. Die antifaschistische Arbeit Brandts während der nationalsozialistischen Zeit, seine Emigration und sein Einsatz als Regierender Bürgermeister von Berlin für den Frieden an der Nahtstelle zwischen Ost und West hatten ihm die vorbehaltlose Unterstützung und Sympathie des Auslands eingebracht. Allein der Text der Trinksprüche, die Pompidou und Brandt wechselten, machten den krassen Wechsel deutlich. „Die Trinksprüche kennen kein altertümliches Pathos mehr", stellte Hans Ulrich Kempski fest, „keine heftigen Treuschwüre, keinen patriarchalischen Belehrungston und auch keinen Anflug von Bußfertigkeit und Bittstellerei."[42]

Ähnlich, wenn nicht gar stärker, war die Situation in England. Der *Zeit*-Korrespondent Karl-Heinz Wocker fühlte sich bei dem Besuch des Bundeskanzlers in London an die Euphorie der frühen Phase der deutsch-französischen Freundschaft erinnert. Mehr noch als von der Problemlosigkeit der englisch-deutschen Beziehungen seien die Briten fasziniert von der Bonner politischen Aktivität, deren Erfolg die Spannungen in Europa mindern würde. „London hat an Bonn nichts auszusetzen. Es ist fast zu schön, um wahr zu sein."[43]

Entsprechend waren die Huldigungen, die Brandt in den Vereinigten Staaten erfuhr. Die meinungsbildenden Blätter des Landes hätten Brandt als den Deutschen empfangen, beschrieb Kempski die Stimmung, „dessen Kapital an

Respekt und Sympathie unermeßlich zu sein scheint". Der außenpolitische Redakteur der Illustrierten *Look* habe beispielsweise seine entsprechende Huldigung in dem Satz gipfeln lassen, „Brandt sei wahrscheinlich der attraktivste deutsche Kanzler seit Otto von Bismarck".[44] Diese euphorische Zustimmung ist um so bemerkenswerter, als die Regierung in Washington doch starke Vorbehalte gegen Brandt und seine Ostpolitik hegte. Nixon und Kissinger waren skeptisch, ob Brandt die Konsequenzen seiner Politik überblickte. Sie bezweifelten Gewicht und Durchhaltevermögen des Kanzlers. Kissinger befürchtete, daß Brandt, Wehner und Verteidigungsminister Schmidt einen Prozeß in Gang gesetzt hätten, „der im Falle eines Fehlschlages ihr politisches Überleben gefährden und bei einem Erfolg eine Dynamik annehmen könnte, die unter Umständen die innenpolitische Stabilität Deutschlands aus den Angeln heben könnte".[45]

Von all der Skepsis ist in der veröffentlichten Meinung nichts zu spüren. Kempski beschreibt die Atmosphäre als vertrauensvoll, auch zwischen den beiden Regierungschefs. Brandt und Nixon kämen gut miteinander aus, weil sie beide Pragmatiker seien, weil sie die Regeln politischer Geschäftstüchtigkeit glatt beherrschen und „weil sie sich auch dann zu durchschauen scheinen, wenn sie es beide listig verstehen, trotz gelegentlicher Undurchdringlichkeit offenherzig zu wirken".[46]

Brandt war als Bundeskanzler vorbildlich gestartet. Seine Popularität stieg im In- wie im Ausland. Niemand und nichts schien ihm gefährlich werden zu können. Seine Aktivität, seine Tatkraft, Überfälliges in Angriff zu nehmen, brachten ihm überall Zustimmung ein. Er bewegte sich überzeugend, sicher und eindrucksvoll auf internationalem Parkett und war doch gleichzeitig für den Bürger im eigenen Lande ein Regierungschef zum Anfassen. Am 1. Mai 1970 war der Bundeskanzler in der ersten Reihe der Demonstranten zu finden. „Was bei Adenauer, Erhard und Kiesinger undenkbar gewesen wäre, wirkte bei Willy Brandt fast selbstverständlich. Als erster Bonner Regierungschef ging er mit den Arbeitern auf die Straße..."[47]

3. Die ostpolitischen Aktivitäten

Das alles überragende Thema der ersten Regierungszeit Brandts war die Ostpolitik. Sie dominierte das gesamte politische Geschehen zwischen 1970 und 1972. Brandt wurde mit der Ostpolitik identifiziert. Solange diese erfolgreich war, solange war auch die Erfolgskurve des Kanzlers auf höchstem Niveau.

Die Identifikation des Kanzlers mit der Ostpolitik war einer der wesentlichen Gründe, warum Brandt eine so hohe Reputation genoß. Die linksliberale Presse hatte schon seit Mitte der sechziger Jahre — anfangs vereinzelt und leise, dann aber häufiger und immer hartnäckiger — einen Wandel in der Ost- und Deutschlandpolitik gefordert.[1] Nach Ansicht der Kommentatoren brauchte die Bundesrepublik ein neues und plausibles Konzept für die Behandlung der Frage des geteilten Deutschland. Man hielt die seit den fünfziger Jahren praktizierte Hallstein-Doktrin, man hielt generell die Politik der Ächtung des ostdeutschen Regimes für überholt und nicht mehr praktikabel. Immer mehr Länder hatten zum Ende der sechziger Jahre die DDR anerkannt oder angekündigt, dies zu tun, so daß die Drohung Bonns, die Beziehungen abzubrechen, leerlief, mehr noch: dem eigenen Lande schadete. Denn durch diese Politik geriet die Bundesrepublik zunehmend in die Gefahr, sich — und nicht die DDR — zu isolieren.

Brandt kam mit seiner neuen Ostpolitik den Forderungen nach einem radikalen Wandel entgegen. Er hatte schon als Regierender Bürgermeister von Berlin erkannt, daß ein Kurs der Konfrontation auf Dauer den eigenen Interessen mehr schade als nütze und eine Politik formuliert, deren Ziel die größere Durchlässigkeit der Grenzen war. Brandt strebte „kleine, praktische Schritte zum Zwecke einer allmählichen Veränderung, einer Vermenschlichung der kommunistischen Herrschaft in Ostdeutschland" an.² Diese Politik des „Wandels durch Annäherung"³ verfolgte er dann auch als Außenminister der Großen Koalition. Erfolgreich, wie ihm die linksliberale Presse bescheinigte: Obwohl er von Kompromißformeln ausgehen mußte, auf die sich die SPD 1965 bei den Koalitionsverhandlungen mit der CDU/CSU geeinigt hatte, gelang es Brandt, eine eigenständige und von den Koalitionspartnern sichtbar abgegrenzte Politik zu betreiben. Die SPD war plötzlich sowohl gegenüber den internationalen Bezugspartnern als auch im eigenen Lande eine regierungsfähige Alternative.

Als es dann soweit war und Brandt die Regierungsgeschäfte übernahm, da überzeugte er nicht nur durch Absichtserklärungen, sondern durch ungebremste Aktivität. In den folgenden drei Jahren legte er die Grundlage für die hohe Wertschätzung, die in Auszeichnungen wie dem Friedensnobelpreis gipfelten.⁴

3. 1 Das Treffen in Erfurt

Die ostpolitischen Schritte erfolgten Schlag auf Schlag. Das erste, große, publikumswirksame Ereignis war die Reise Brandts nach Erfurt am 19. März 1970. Diese Reise setzte Gefühle frei, an deren Existenz niemand so recht geglaubt hatte. Die Begeisterung im eigenen Lande, besonders aber die Ovationen, die dem Kanzler in der DDR dargebracht wurden, schienen das Zeichen für ein lange zurückgehaltenes Verständigungsbedürfnis zu sein, dem sich auch die eher skeptischen DDR-Führer nicht entziehen konnten. Brandt hatte es geschafft, in eine scheinbar undurchdringliche Mauer der Abneigung eine kleine Lücke des Verständnisses zu reißen.

Die Reaktionen der regierungsfreundlichen Medien waren überaus zustimmend. Der hohe Aufmerksamkeitswert, den das erste deutsch-deutsche Treffen erzielte, spiegelte sich in einer außerordentlich umfangreichen Berichterstattung wider. Die *Zeit* brachte eine ganze Seite mit Photos des Kanzlers von der Erfurt-Reise. Überschrift: „19. März: Ein Tag, der in Deutschland unvergessen bleiben wird."[5] Daß er dies tat, dafür sorgten zahlreiche Features und Reportagen in allen hier untersuchten Medien, die ausführlich die Ereignisse dieser Reise wiedergaben: Die Zugfahrt durch die Bundesrepublik; der Augenblick, als Brandt und Stoph im Hotel „Erfurter Hof" verschwinden und begeisterte DDR-Bürger den deutschen Bundeskanzler ans Fenster rufen; die Reaktionen, die Brandt nach seiner Rückkehr im Bundestag erfährt.

Das erste offizielle Zusammentreffen eines Bundeskanzlers und eines DDR-Ministerpräsidenten wurde zu einem triumphalen Erfolg Brandts. „Die Koalition bereitete dem Kanzler [nach seiner Rückkehr], als er ans Rednerpult [des Bundestages] tritt, eine Ovation", schrieb Rolf Zundel in der *Zeit*. „Solchen Beifall hat der Bundestag lange nicht erlebt. Brandt berichtet mit rauher Stimme; die Sprache ist eher karg, aber präzise. Nichts vom Volkstribun ist zu spüren, keine Effekthascherei schleicht sich ein. Es ist die Rede eines Staatsmannes. Und wenn es Abgeordnete in der Koalition gab, die unsicher gewesen waren, ob die Reise nach Erfurt nicht doch zu riskant sei — jetzt ist alles vergessen. Sie feiern Willy Brandt — gerade weil er nach Erfurt fuhr — als deutschen Patrioten."[6]

Diese Stimmung euphorischer Begeisterung war keineswegs auf Bundestagsabgeordnete beschränkt. Der Erfolg dieser Reise lag vielmehr darin, daß Brandt eine Grundstimmung getroffen hatte, über deren Vorhandensein, ja Kraft, niemand eine rechte Vorstellung besaß. Wie anders sind diese Gesten zu verstehen? „Die alte Dame aus Stuttgart, die Minister Ehmke 20 DM schickte, damit der dem Kanzler Blumen für den Zug kaufen könne; der Mann, der eine Flasche Dornkaat ins Abteil reichte; die Leute, die dem Zug lange nachwinkten. Sie mögen", meinte Zundel, „die letzten Formeln der Deutschlandpolitik nicht kennen ..., aber sie setzten ihre Hoffnung, fast zuviel Hoffnung, auf diese Reise."[7]

Noch mehr galt dies wohl für die Bürger der DDR. Was dort in Erfurt vor und nach der Ankunft geschah, ließ niemanden unbeteiligt. Die Szene, eine halbe Stunde vor Eintreffen des Kanzlerzuges: „Eingeklemmte Frauen kreischen, die Menge wächst und wächst, die wenigen altersschwachen Sperrgitter gehen an den Verschraubungen auseinander, ein Einbahnstraßenschild bricht nieder... Als Vopos anmarschieren (zu wenige und zu spät), empfängt sie johlender, respektloser Protest." Und als Brandt den Bahnsteig schließlich betritt, „stürmen wenigstens tausend Menschen den Platz". Es folgen Minuten, „in denen sich Trotz, Panik, Triumph, rohe Gewalt und schlichte Überrumpelung bis zur Entscheidungslosigkeit in einem buchstäblich lebensgefährlichen Gedränge vermischen".[8]

Die Sensation war perfekt. Niemand hatte mit diesen Begeisterungsäußerungen der DDR-Bürger gerechnet. So wurde dann auch der Auftritt Brandts in Erfurt nicht wegen seiner Gespräche mit Stoph zu einem historischen Ereignis, sondern wegen der überraschenden Begleitumstände. Rolf Zundel über den Augenblick vor dem Hotel in Erfurt: „Rufe werden laut, schwellen an zu einem Schrei. Hunderte haben die Absperrungen durchbrochen, einige Volkspolizisten, unterstützt von einigen Zivilisten, versuchen, die Menge zu stoppen. Sie werden mitgerissen... Und während Brandt und Stoph hinter gläsernen Flügeltüren verschwinden, Volkspolizisten und Männer in Ledermänteln sich gegen die Flut stemmen, Hände gestreckt werden, eine alte Frau mit der hochgehaltenen Handtasche winkt, beginnen die Sprechchöre ‚Willy Brandt ... Willy Brandt ans Fenster!' Und schließlich tritt Brandt ans Fenster, blickt über die jubelnde Menge, macht mit beiden Händen eine knappe, dämpfende Geste und verschwindet wieder. Fast augenblicklich wird es ruhig auf dem Platz. Die Ordner haben keine Mühe mehr. Noch stehen die Leute und warten, aber die gefährliche Spannung ist weg."[9]

Später, viel später, hat Willy Brandt erzählt, was er empfand angesichts dieser spontanen Demonstration der Erfurter Bevölkerung: „Ich war bewegt. Doch ich hatte das Geschick dieser Leute zu bedenken. Ich würde anderntags wieder in Bonn sein, sie nicht... So mahnte ich durch eine Bewegung meiner Hände zur Zurückhaltung. Man hat mich verstanden. Die Menge wurde stumm. Manche meiner Mitarbeiter hatten Tränen in den Augen. Ich fürchtete, hier könnten Hoffnungen geweckt werden, die sich nicht würden erfüllen lassen."[10]

3. 2 Ernüchterung nach furiosem Start

So war es denn auch. Nur wenige Wochen nach dem eindrucksvollen staatsmännischen Auftritt Brandts in der DDR machte sich vorsichtig Skepsis breit, ob der Bundeskanzler die in ihn gesetzten Erwartungen werde halten können. Ein leichter Einbruch in der Zustimmung war allenthalben zu spüren. Die Arbeit am Detail war nicht so publikumswirksam wie der Staatsbesuch, und die Zeitungen mochten ihre Leser nicht mit Einzelheiten der Vorverhandlungen zwischen Bahr und Gromyko, Duckwitz und Winiewicz langweilen. Und das zweite Treffen zwischen Brandt und Stoph, diesmal in Kassel, schien zu bestätigen, daß alle Skepsis, alle Zurückhaltung angebracht gewesen war. Das Treffen verlief turbulent und drohte ständig zu scheitern.

Von einer „ruhigen, aber sichtbaren Sympathie" — so die Hoffnung vor dem Treffen — sei nichts zu spüren gewesen, meinte Carl Christian Kaiser in der *Zeit*. Statt dessen hätten tobende Minderheiten die Szene beherrscht:

„Auf der einen Seite NPD, Flüchtlinge aus der DDR, Mitglieder der Landsmannschaften, der Deutschen Jugend des Ostens und der Aktion Oder-Neiße", die schrien: „Gebt dem Willi Stoph den Rest, denkt an Prag und Budapest." Oder: „Volksverräter Hand in Hand — Willi Stoph und Willy Brandt." Auf der anderen Seite DKP und APO, die zurückbrüllten: „Nazischweine an die Leine" und „Fortschritt heißt in unserem Land: Die DDR wird anerkannt".[11]

Erste Zeichen einer sich entwickelnden Polarisation. Denn jetzt, als die angekündigten Veränderungen in die Wirklichkeit umgesetzt wurden, jetzt traten auch die Gegner auf den Plan, immer lauter, härter und unversöhnlicher. Auch manches, was beruhigen sollte, wurde mißverstanden, wie der Kalauer eines Polizeioffiziers: „Stoph kommt gar nicht, den lassen sie nicht raus, weil er noch nicht 65 ist." Solche und ähnliche Versuche heizten die Stimmung nur noch mehr an, zeigten, wie vergiftet die Atmosphäre war.

Trotzdem: Brandt konnte seine in den ersten Monaten der Regierungszeit hinzugewonnene Reputation verteidigen. Die *Zeit* schilderte ihn als besonnen, als jemand, der die seit Erfurt so hochgeschraubten Erwartungen stets zu dämpfen gesucht habe. Als einen Mann, der ein Scheitern der Kassler Gespräche befürchtet habe und schon zufrieden gewesen sei, als Stoph beim Abschied bedeutungsvoll „Auf Wiedersehen"[12] sagte. Die linksliberalen Blätter nahmen das eher dürftige Ergebnis des zweiten Gipfelgesprächs nicht so ernst, eher als eine Etappe auf dem langen Weg der Versöhnung. Vorrang habe, so die übereinstimmende Meinung, der Ausgleich mit Moskau. Und da tat sich etwas: Egon Bahr kehrte einen Tag nach dem Treffen in Kassel, also am 22. Mai 1970, aus Moskau zurück, mit seinem Papier — dem Gerüst eines fertigen Vertrages.

Aber nicht nur Bahr gab etwas von seinen Verhandlungen preis. Die Öffentlichkeit wurde beunruhigt durch den ersten schwerwiegenden Geheimnisverrat: Am 12. Juni

1970 veröffentlichte die *Bild*-Zeitung Teile des Bahr-Papiers. Am 1. Juli folgte, diesmal gleichzeitig in *Bild* und *Quick*, der vollständige Text. Die Bundesregierung sollte, so das Ziel der Verräter, in ihrer Handlungsfähigkeit beschränkt, ihre ungebremste Aktivität gebrochen werden. Die vorzeitige Bekanntgabe vertraulich ausgehandelter Ergebnisse beeinträchtigte denn auch Kompetenz und Informationsmonopol des Bundeskanzlers. Was war, so mußten die außenpolitischen Bezugspartner denken, von einer Regierung zu halten, die streng vertrauliche Ergebnisse von Vorverhandlungen nicht geheim zu halten vermochte? Die Situation war für die Bundesregierung schlechter geworden, zumindest was mögliche Verbesserungen des Vertragswerks betraf. Veränderungen waren nun sehr schwer zu erreichen, da jeder anhand des Bahr-Gromyko-Papiers ablesen konnte, ob und welche Konzessionen Moskau noch machte — auch für die Sowjetunion eine peinliche Situation: Ihr Prestige als harter Verhandlungspartner stand auf dem Spiel. Hinzu kam, daß Brandt nun, zu einem sehr frühen Zeitpunkt also, diese vertraulichen Ergebnisse öffentlich diskutieren, ja rechtfertigen mußte, was auch koalitionsintern zu Nachteilen führte: Abweichler sahen keine Notwendigkeit mehr, sich wegen der labilen außenpolitischen Verhandlungslage mit ihrer Kritik zurückzuhalten.

So war denn auch weniger der Inhalt der Indiskretionen so nachteilig — der war in allgemeiner Form den außenpolitischen Akteuren ohnehin schon bekannt. Negativ wirkte sich vielmehr die Erkenntnis aus, daß es im Regierungsapparat eine undichte Stelle gab, die die Opposition mit geheimen Details über die Ostpolitik fütterte. Dies führte zu Unbehagen und Unsicherheit. Was war von dem Informationsmonopol der Regierung zu halten? Konnte der Informationsvorsprung der Akteure überhaupt noch offensiv eingesetzt werden, jetzt, wo man nicht mehr sicher sein konnte, ob man ihn besaß?

Das Selbstbewußtsein der Bundesregierung, gefestigt durch die Anfangserfolge, hatte einen ersten Knacks bekommen. Es war nicht zu übersehen, daß der publizistische Einsatz der den Oppositionsparteien nahestehenden Presse*, aber auch der nachhaltige persönliche Einsatz oppositioneller Politiker Bundesregierung und Bundeskanzler schadeten. Zwar kam Willy Brandt nicht ernsthaft in Bedrängnis. Aber der anfängliche Glanz war matter geworden. „Längst befindet sich die Regierung nicht mehr in der zuversichtlichen Verfassung der ersten Tage und der Kanzler nicht mehr in dem Hochgefühl, das ihn nach dem Erfurter Treffen zum erstenmal von Neuwahlen sprechen ließ", beschrieb Kurt Becker in der *Zeit* die Stimmungslage. „Die damals hochgeschlagenen Wellen des allgemeinen öffentlichen Zuspruchs sind seit der zweiten Begegnung mit Willi Stoph in Kassel wieder verebbt."[13]

Besonders gefährlich waren aus der Sicht der Koalition die ostpolitischen Angriffe Guttenbergs, die in der Öffentlichkeit eine große Resonanz erzielten.[14] Guttenberg, todkrank**, warf Brandt in seiner letzten Rede vor dem Bundestag am 27. Mai 1970 vor, „das Deutschlandkonzept des Westens aufzugeben und auf jenes der Sowjetunion einzutreten". Brandt verwische die fundamentalen Unterschiede der antagonistischen Gesellschaftssysteme mit seinen mehrdeutigen Zielen Normalisierung und Entspannung, was dazu führe, „daß eines Tages der Schutz der NATO zerbröckeln und die Sowjetunion ihre Vorherrschaft über ganz Europa gewinnen" könne.[15]

---

* Gemeint sind im wesentlichen die Springer-Zeitungen und die Erzeugnisse des Heinrich-Bauer-Verlages.
** Guttenberg litt unter „Degenerationserscheinungen, die das Rückenmark betrafen und sich progressiv auf die gesamte Motorik auswirkten. Die Muskeln beginnen zu vibrieren. Die Kräfte schwinden." *(Spiegel* Nr. 23 vom 1. 6. 1970, S. 34.) Die Krankheit war unheilbar.

Der Arzt hatte Guttenberg eine Viertelstunde Redezeit zugestanden, meldete der *Spiegel*. Der Baron sprach jedoch fast viermal so lang. Als er das Rednerpult verließ, beobachtete Hermann Schreiber, „wollten die Beine den Dienst vollends aufkündigen". Rainer Barzel und Leo Wagner hätten ihn aufgefangen. „Das war, als die Fraktion der CDU/CSU in dem dumpfen Drang, die große Geste zu finden, die das Fallen des Vorhangs ersetzen könnte, fast geschlossen aufstand..."[16]

Die für Brandt so negative Resonanz, die der Auftritt Guttenbergs erzielte, lag weniger in der Überzeugungskraft des Guttenbergschen Konzeptes als in den Umständen seines Auftretens. Für die Öffentlichkeit gewannen die Ausführungen des CSU-Abgeordneten eine so große Bedeutung, weil der Eindruck entstand, ein todgeweihter Politiker warne unter Einsatz seiner letzten Kräfte vor einer bedrohlichen Politik. Die Rede Guttenbergs hatte „die Autorität des letzten Wortes: wo ehedem Polemik gewesen wäre, war jetzt Pathos; wo ehedem Macht das Thema gewesen wäre, ging es jetzt um die moralische Widerstandskraft... Die enorme dramatische Potenz des Punktes, des Endgültigen, verhinderte jedes beiläufige Wort."[17]

Die Bundesregierung war in ein Stimmungstief geraten, und die Landtagswahlen vom 14. Juni 1970 bewiesen dies. Drei Länderparlamente — in Nordrhein-Westfalen, Niedersachsen und Saarland — mußten neu gebildet werden. Die Koalition verlor in allen drei: In Nordrhein-Westfalen sank der Stimmenanteil beider Parteien, in Niedersachsen und im Saarland nur der der FDP, die die Fünf-Prozent-Hürde nicht mehr zu überspringen vermochte.[18] „Dreiviertel Jahr, nachdem die FDP das Bündnis mit den Roten eingegangen ist", schrieb der *Spiegel*, „hat die Partei den Tiefpunkt ihrer 22jährigen Geschichte erreicht."[19]

Die der Regierung nahestehende Presse geizte nicht mit Vorwürfen: In der Ost- und Deutschlandpolitik habe den

Kanzler die Courage verlassen[20], in der Innenpolitik tue sich die Koalition schwer, die versprochenen Veränderungen einzulösen.[21] Der *Spiegel* tadelte, die Reformgesetze seien nicht radikal, nicht umfassend genug. Das Ausbildungsförderungsgesetz sei veraltet, das Städtebaugesetz zu zahm, die Vermögensbildung nur ein Tropfen auf den heißen Stein, der Ausbau der Verkehrswege zu langsam, das Bundesverfassungsgesetz ein mieser Kompromiß.[22] In der Wirtschaftspolitik schließlich sei Karl Schiller wider bessere Einsicht am Handeln gehindert worden. Überhaupt schien die Wirtschafts- und Finanzpolitik die Achillesferse dieser Bundesregierung zu sein. Ohne ihre erfolgreiche Bewältigung, meinte Kurt Becker, sei der Zusammenhalt in der Koalition gefährdet, fehle die innenpolitische Abschirmung für die Ostpolitik. „Nicht die Ziele seiner Politik, ihre Prioritäten muß der Kanzler korrigieren."[23]

So erreichte die Bonner Regierungskoalition die Sommerpause in einem reichlich ramponierten und erschöpften Zustand. Es verging kaum eine Woche ohne harsche Kritik an der Arbeit der neuen Regierung. Vorreiter war der *Spiegel*, der „die Politik der Bonner Koalition auf das Prokrustesbett des politischen Purismus zerrte", wie Rolf Zundel die ungestümen Angriffe des *Spiegel* beschrieb. Die „Polit-Ideologen des Hamburger Magazins" arbeiteten nach der Devise „Das Machbare muß dem Erwünschten geopfert werden".[24]

Der *Spiegel* hatte im wesentlichen bemängelt, daß der Kanzler eine bündige Strategie über Ziele, Möglichkeiten und Grenzen der gesellschaftspolitischen Erneuerung schuldig geblieben sei. Brandt habe sich aus Erfolgsnot der Ostpolitik mehr gewidmet, als es einem Kanzler der inneren Reformen guttun könnte.[25]

So übertrieben die *Zeit* diese Kritik hielt: Auch sie mußte zugeben, daß die Bundesregierung vorwiegend damit beschäftigt sei, Pannen zu erklären[26] und Angriffe abzuwehren. Alle Fehler, meinte Rolf Zundel, ließen sich im Grunde auf mangelnde Koordination zurückführen, „das heißt: auf Führungsschwäche". Langsam und allmählich fresse sich die Kritik sogar bis zum Kanzler vor.[27] Die Regierung sei eben innenpolitisch kein Team, sondern eine Ansammlung von eigenwilligen Persönlichkeiten ohne Führung. „Aus der angekündigten Regierung der inneren Reformen wurde ein Kabinett der Außenminister."[28]

Doch so böse die Vorwürfe auch klingen mochten: Um die publizistische Unterstützung der linksliberalen Presse mußte Willy Brandt im Ernst (noch) nicht fürchten. Bezogen auf diese turbulente Zeit schrieb Zundel, daß sich die innenpolitische Bilanz der SPD/FDP-Koalition „durchaus sehen lassen" könne.[29] Und auch in der Außenpolitik wurde deutlich, daß sich, je länger die innenpolitischen Konflikte währten, die konstitutionellen Vorteile der Regierung wie Informationsvorsprung und Handlungsmacht auszahlten.

3. 3 Vertragliche Kodifizierung: Aufschwung und Stabilisierung

Den Durchbruch brachte die Unterzeichnung des Moskauer Vertrages am 17. August 1970. Alle untersuchten Zeitungen bewerteten dieses Vertragswerk positiv. Tenor der Kommentare: Der deutsch-sowjetische Vertrag sei ein großer Erfolg für die Bundesregierung.[30] Er biete die Chance einer „Wende vom Kalten Krieg zum Frieden"[31]; er habe die Funktion eines „Eisbrechers"[32] und sei ein „Wechsel auf die Zukunft"[33]; schließlich gehe mit ihm nichts verloren, was nicht längst verspielt worden sei.[34] Gerade der Vorwurf der Opposition, die Regierung Brandt/Scheel habe auf deutsches Staatsgebiet verzichtet, ohne entsprechende Gegenleistungen zu erhalten, führte zu scharfen Antworten an die Adresse der Unionsparteien. „Mein

Gott", empörte sich Marion Gräfin Dönhoff in der *Zeit*, „da wächst schon die zweite Generation heran, die Deutschland gar nicht mehr anders kennt als geteilt, aber die CDU/CSU tut so, als könne man durch Nichtanerkennung dieses Faktum ungeschehen machen."[35] Nur pure Böswilligkeit könne zu der Behauptung führen, Brandt sei zum „Befehlsempfang" nach Moskau geeilt, „um der Vorherrschaft der Sowjetunion auch über Westeuropa den Weg zu bereiten".[36] Und zu dem abschätzigen Hinweis Barzels, die Union hätte diesen Vertrag „jeden Tag haben können, unter Adenauer, Erhard und Kiesinger", stellte Marion Gräfin Dönhoff die Frage: „Ist jemand, der die deutsche Frage so gut kennt wie Rainer Barzel, wirklich imstande, dieses Hirngespinst für Wahrheit zu halten?" Um selbst zu antworten: „Nein, erst die Regierung Brandt hat den Umschwung möglich gemacht. Man frage sich nur einmal, ob es denkbar gewesen wäre, daß der Pg. Kurt-Georg Kiesinger einen Kranz an der Gedenkstätte für die zwanzig Millionen Toten der Sowjetunion niedergelegt hätte — oder in Buchenwald für die Opfer des Faschismus!"[37]

Es zeigte sich, daß Brandts Reputationsgewinn nicht zuletzt begünstigt wurde durch die Fehler und Schwächen der oppositionellen Strategie. Die CDU/CSU war seit dem Machtwechsel darauf aus, über eine stetige Verschärfung des Konfliktes wankelmütige Koalitionsabgeordnete ins eigene Lager zu ziehen. Der Bereich, der sich wegen seiner Konflikträchtigkeit für diese Strategie anbot, war die Ostpolitik. So gewann dieses Thema für die Opposition eine ähnliche Bedeutung wie für die Regierung. In dem Moment jedoch, als die Bundesregierung auf diesem Gebiet Erfolge erzielte, geriet die Opposition ins Hintertreffen. Die CDU/CSU hatte kein eigenes, einheitliches Konzept, das der neuen Situation nach der Unterzeichnung des Moskauer Vertrages hätte begegnen können. So meinte denn auch Claus Heinrich Meyer in der *SZ*, daß die Opposition weniger mit Argumenten als mit „Geisterbeschwörungen" arbeite. Wann immer in der deutschen Politik der vergangenen hundert Jahre ein auf Ausgleich bedachter Internationalismus an Boden gewonnen habe ... hätten sich stets sofort die „Großmeister des Nationalismus" erhoben und — so wie jetzt — beklagt, „daß sich das arme, vertrauensselige, kindergläubige Deutschland unterwerfe".[38]

Mit dem deutsch-sowjetischen Vertrag, mit dem eindrucksvollen Auftritt Brandts in Moskau, war die Phase der Ernüchterung vorbei. Das Vertrauen in den Bundeskanzler war wieder ungeschmälert, dessen moralische und politische Integrität unangefochten. Solange Willy Brandt die Richtlinien der Politik bestimme, schrieb Marion Gräfin Dönhoff, brauche man keine Sorgen zu haben. „Das Leben — sein Leben — hat ihn Maß und Mitte gelehrt."[39] Sichtbar wurde diese Wende dann auch im Urteil des Wählers. Bei den hessischen Landtagswahlen vom 8. November 1970 erreichte die FDP 10,1 und die SPD 45,9 % der Stimmen — nach den Landtagswahlen vom Juni ein eindrucksvolles Ergebnis.

Bezeichnenderweise sollte Brandts Durchbruch von einer Person begünstigt werden, die bislang eher im öffentlichen Abseits gestanden hatte. Gemeint ist Walter Scheel. Ihm wurde die Endfassung des Moskauer Vertrages zugeschrieben, also die Verbesserungen am Bahr-Gromyko-Papier, obwohl bei näherem Hinsehen kaum welche feststellbar waren. Die Kommentatoren waren plötzlich entschlossen, Scheels Vertragsergebnis großartig zu finden. Der *Stern* schrieb: „Den wertvollen Herrn Scheel feiern Willy Brandt und seine Minister jetzt als Glücksbringer. Er hat die sozialliberale Koalition aus der Talsohle der Erfolglosigkeit herausgeführt ... Als Scheel ins Kabinett kam [nach seiner Rückkehr aus Moskau], klopften die Minister ihren Beifall auf den Tisch — eine Ehrung, die bisher noch keinem in dieser Runde zuteil geworden ist."[40]

Im Herbst 1970, ein Jahr nach dem Regierungsantritt, war das öffentliche Bild der Koalition endgültig wieder gefestigt. „Die Regierung habe", schrieb Zundel anerkennend, „schon jetzt tiefere Spuren hinterlassen als die meisten vor ihr, die viel länger im Amt waren." Sie wurde an Fleiß von keiner Vorgängerin übertroffen, „an gutem Willen gewiß auch nicht".[41]

In diese so positive Stimmungslage fiel der Abschluß des Warschauer Vertrages, der wegen der besonderen Begleitumstände zu einem für Brandt sehr bedeutsamen Ergebnis wurde. Der deutsche Bundeskanzler hatte sich am 6. Dezember 1970, dem Tag vor der Unterzeichnung, entschlossen, einen Kranz am Denkmal für die ermordeten Juden im ehemaligen Ghetto von Warschau niederzulegen.* Dies zu tun, schrieb Hans Ulrich Kempski in der *SZ*, sei der ausdrückliche Wunsch Willy Brandts gewesen. „Ein Führer, der ihm erklären will, welche Leiden Polens Juden hier haben ertragen müssen, kommt mit seinem Vortrag nicht zum Schluß. Er verstummt, als er sieht, wie der Kanzler, von aufgewühlten Empfindungen überwältigt, niederkniet. Brandt braucht Sekunden, die den Zeugen der Szene endlos erscheinen, bis er wieder steht. Er sieht aus, als brauche er alle Kraft, um Tränen niederzukämpfen."[42]

Diese so persönliche Geste Brandts, „stellvertretend für Deutschland"[43] um Vergebung zu bitten für die Verbrechen der Nationalsozialisten, hatte ein überwältigendes Echo. Das Bild des knienden Kanzlers wurde von fast allen größeren Zeitungen des In- und Auslandes gebracht. Pressekommentare priesen Brandt als den ersten antifaschistischen Kanzler Deutschlands. Die „Avancen" und „Huldigungen", die Brandt erfahre, „stellen weit in den Schatten, was in der sowjetischen Presse jemals über den Bundeskanzler

---

* Eine erste Kranzniederlegung war am Grabmal des Unbekannten Soldaten erfolgt.

stand".⁴⁴ Willy Brandt war im Ausland auf dem Höhepunkt seiner Reputation. Alles, was an ausländischen Ehrungen noch folgen sollte, nahm letztlich Bezug auf diese Geste, basierte auf der hier sichtbar werdenden moralischen Integrität Brandts.

So eindeutig die Zustimmung, ja Achtung, im Ausland war, so zwiespältig reagierte das Inland. Befürworter und Gegner hielten sich fast die Waage. Eine Blitzumfrage des Allensbacher Instituts für Demoskopie erbrachte, daß zwar 84 % der Bundesbürger den Kniefall Brandts im Bild gesehen hatten, aber nur 41 % diese Geste für angemessen hielten; 48 % meinten, sie sei übertrieben.⁴⁵

Ganz eindeutig dagegen war das Meinungsbild der linksliberalen Presse: Willy Brandt habe mit dieser Geste am Mahnmal eine Schuld auf sich genommen, die nicht seine Schuld sei. „Wenn dieser nicht religiöse, für das Verbrechen nicht mitverantwortliche, damals nicht dabeigewesene Mann ... auf eigenes Betreiben seinen Weg durch das ehemalige Ghetto nimmt und dort niederkniet", meinte Hermann Schreiber im Spiegel, „dann kniet er nicht um seinetwillen. Dann kniet er, der das nicht nötig hat, da für alle, die es nötig haben, aber nicht da knien — weil sie es nicht wagen oder nicht können oder nicht wagen können."⁴⁶

Aber auch für Brandt selbst war der Kniefall eine Art Vergangenheitsbewältigung, ein erneuter Versuch zumindest, eine Brücke zu schlagen. Er, der bei seiner Rückkehr nach dem Zweiten Weltkrieg wie ein fremder Okkupant erschienen war, er hatte sich eingereiht in die Gruppe derjenigen, die Schuld tragen an den Verbrechen. „Brandt ist nicht mehr Norweger, Besetzer, auf der Siegerseite. Er ist heimgekehrt."⁴⁷

Diese Schilderungen markieren den Beginn des Prozesses, der in einer Art „Brandt-Kult", das heißt in einer fast kritiklosen Verehrung seiner Person enden sollte. Willy Brandt wurde zunehmend den tagespolitischen Kämpfen enthoben. Die linksliberale Presse, die seit Jahren das Fehlen moralischer Elemente in der Politik beklagte, reagierte nun auf Handlungen und Gesten, die gerade diese moralische Komponente besaßen, mit besonderer Aufmerksamkeit. Äußerungen Brandts wurden zum Credo, Stellungnahmen für den Kanzler zum Glaubenbekenntnis. Die besonderen Gaben Brandts begünstigten diesen Prozeß: Seine langsame, um Redlichkeit ringende Sprache; seine Undurchdringlichkeit; seine Fähigkeit, sich mit einer Aura des Unantastbaren, über den Dingen Schwebenden zu umgeben; seine Sympathie und Zuneigung weckende Verletzlichkeit. Willy Brandt wurde zum „unverdienten Glücksfall" für die Bundesrepublik. „Daß er es sich an diesem Tag in Warschau nicht versagte, seiner Erschütterung Ausdruck zu verleihen, hat mehr als alle Reden dazu beigetragen, lange Verhärtetes in der polnischen Hauptstadt aufzubrechen", meinte Hansjakob Stehle in der *Zeit*. „ ,Ob die Bundesrepublik einen solchen Kanzler schon verdient?' flüstert mir ein sonst sehr kühler polnischer Beobachter zu..."[48]

4. Das Stimmungstief im Jahre 1971

Wenige Monate später hatte sich — zumindest was die Popularität der Regierungskoalition betrifft — das Blatt erneut gewendet. Die großen Hoffnungen machten wieder nachhaltigen Zweifeln Platz. Und erneut waren es die innenpolitischen Schwierigkeiten, die den Stimmungseinbruch bewirkten. Die wirtschaftliche Entwicklung wurde von März 1970 bis zum Frühjahr 1972 zunehmend negativ beurteilt[1], die Preissteigerungsrate wuchs, stieg von 2 % 1969 auf fast 7 % im Jahr 1972. So nahm es nicht Wunder, daß 1971 nur noch 20 % der SPD zutrauten, die Preise stabil zu halten. 1969 glaubten dies noch mehr als doppelt so viele, nämlich 46 %.[2]

Daß die Innenpolitik zunehmend Gegenstand der öffentlichen Diskussion wurde, lag daran, daß die Außenpolitik nach der vertraglichen Kodifizierung vorübergehend in den Hintergrund gerückt war. Damit war der Bundesregierung die Handlungsmacht genommen; sie trat auf der Stelle.[3] Die Verhandlungen mit der ČSSR liefen wegen der Hindernisse des Münchner Abkommens nur zögernd an.[4] Und auf die Gespräche der Alliierten über Berlin hatte die Bundesregierung kaum Einfluß. Es zeigte sich das Fatale des Junktims zwischen befriedigender Berlin-Regelung und Ratifizierung der Ostverträge: Je länger sich die Viermächte-Verhandlungen hinzogen, desto schwieriger wurde es für die Bundesregierung, die große Linie zu wahren. So stellte Rolf Zundel schon im Februar 1971, nur zwei Monate nach dem Auftritt Brandts in Warschau, fest, daß „der Schwung verlorengegangen sei", daß die Stimmung gewechselt habe. „Nüchternheit herrscht vor, manchmal sogar melancholisch gefärbt..." Die Koalition, die angetreten sei, Deutschland zu verändern, habe inzwischen zu spüren bekommen, daß die außen- und innenpolitischen Realitäten keine Durchbruchsschlachten gestatteten.[5]

In der Öffentlichkeit wirkte diese außenpolitische Handlungspause so, als ob der ostpolitische Elan verbraucht sei. Die Folge war, daß man sich mit alternativen Themen beschäftigte, die wegen der beherrschenden Rolle der Ostpolitik bisher weniger beachtet worden waren: Die Wirtschaftspolitik und — ganz allgemein — die Politik der inneren Reformen, Themen, bei der die Bilanz der Regierung eher negativ ausfiel. Auf dem Felde der Innenpolitik, konstatierte Zundel, sei die Koalition schon dabei, einige Bastionen zu schleifen und sich mit den finanziellen Möglichkeiten abzufinden. „Der ideologische Lack blättert ab, von Liberalismus und Emanzipation ist nur noch selten die Rede."[6]

Anderthalb Jahre nach dem Machtwechsel war das Reformprogramm, vor allem durch den Preisanstieg, in ernste Schwierigkeiten geraten. Für die kostenintensiven Reformvorhaben fehlte das Geld.[7] Enttäuschung machte sich breit.[8] Im Mai stellte der *Spiegel* eine Bilanz der Mißerfolge auf: „Im Inflationsrhythmus steigende Preise und Löhne statt der versprochenen Stabilität; ein rücksichtsloser Wettlauf der Großressorts (Verteidigung, Verkehr und Bildung) um Steuermilliarden statt der verheißenen Solidarität; ein technokratisches Planungswirrwarr ... statt der ausgelobten Reformen von Staat und Gesellschaft."[9] Zwar gab es erhebliche Verbesserungen bei der Krankenversicherung, im Mietrecht, bei der Vermögensbildung oder dem Wohngeldgesetz. Doch diese Reformen erzielten nur einen geringen öffentlichen Aufmerksamkeitsgrad. Sie waren zu breit gestreut und betrafen einen zu unterschiedlichen Personenkreis.

Die Kalamität lag nicht nur darin, daß die Regierung zu viel versprochen hatte.* Jetzt wirkte sich auch nachteilig

---

* Sie hatte 1969, alles zusammen, 480 Reformen versprochen, siehe *Spiegel,* Reformen ohne Geld, Nr. 12 vom 15. 3. 1971, S. 23.

aus, daß die Sympathisanten dieser Koalition, nicht zuletzt die linksliberale Presse, zu hohe Erwartungen geweckt und genährt sowie einen neuen Wunderglauben verbreitet hatten. Die Regierung Brandt war eben nicht nur eine Regierung mit irgendeinem Arbeitsprogramm, „die auf irgendeine traditionelle Weise ‚überleben' will". Die SPD/FDP-Koalition war mehr: Träger moralischer Hoffnungen. Hier ging es nicht nur um die politisch-rationale Lösung von Problemen, sondern um die Ausrichtung der Politik nach besonderen gesellschaftlichen Werten, um die „Kraft zur Veränderung".[10]

Um so größer war die Enttäuschung, als sich zeigte, daß auch die Regierung Brandt nicht die volkswirtschaftlichen Grenzen zu sprengen vermochte. Zumindest was den Zeitablauf betraf, zeigte sich, wie unrealistisch die Versprechungen in der Regierungserklärung gewesen waren. Die Folge: Anstelle der Reform-Euphorie trat eine Reform-Resignation.

Das hatte auch Auswirkungen auf das Image Brandts. Schon im Februar 1971 machte Rolf Zundel Anzeichen von Führungsschwäche aus. Brandt werde immer häufiger wegen seiner zurückhaltenden Art attackiert, was ihn hart treffe und ihn große Mühe koste, kühl und gelassen zu reagieren. „Als der CDU-Abgeordnete Wörner, an den Kanzler gewandt, in der Haushaltsdebatte tadelte, die Führer der SPD redeten den Linken zu sehr nach dem Munde, und sie verteidigten die freiheitliche Gesellschaftsordnung nur mit halbherzigen Bekenntnissen, wandte sich Brandt zurück zu Ehmke und fragte, leise und ruhig: ‚Muß ich mir das anhören?' Er stand auf, verließ mit starrem Gesicht den Plenarsaal, die Tür knallte."[11]

Ernstlich litt die Reputation Brandts jedoch nicht. Kritik am Kanzler wurde meist in Zitatform und äußerst zurückhaltend formuliert. Es schien sogar so zu sein, als ob die linksliberale Presse den Bundeskanzler vor harten Angriffen in Schutz nehmen wolle. Die Schilderungen und Szenen, in denen seine Empfindlichkeit und Dünnhäutigkeit sichtbar wurde, paßten in das Bild, an dem man seit dem Kniefall in Warschau zeichnete: Brandt war eben zu weich für das rauhe (innen-)politische Tagesgeschäft, er verkörpere mehr die Visionen, den Aufbruch zu hehren Zielen, zu einem neuen Deutschland.

5. Ende der Talfahrt

Ende 1971 war das Tal durchlaufen. Die sozial-liberale Koalition befand sich wieder im Aufwind. Drei Dinge hatten dies im wesentlichen bewirkt: 1. Die politischen Formeln Willy Brandts, 2. die Strategie der Opposition und 3. der erfolgreiche Abschluß der Viermächteverhandlungen.

So schrieb denn auch Zundel in demselben Artikel, in dem er von den Angriffen auf den Kanzler berichtet hatte, daß die Autorität Brandts eher größer geworden sei. „Es ist merkwürdig: Fast alle, die mit ihm zu tun haben, räumen zuweilen ein, daß er manchmal Entscheidungen vor sich herschiebe, die Dinge laufen lasse, aber stets wird bei ihnen ein ungewöhnlicher Respekt vor Brandt spürbar." In den Koalitionsfraktionen gebe es niemand, der sich einen anderen Kanzler ... vorstellen könne. „Sie nehmen ihn ... so wie er ist." Und es gebe nach fast einhelliger Meinung in Bonn keinen, der die Koalition besser zusammenhalten könne als Willy Brandt.[1]

Das Stimmungstief der sozial-liberalen Koalition führte nicht zu einem Popularitätstief des Kanzlers. Im Gegenteil: Der Rücktritt Alex Möllers[2], deutliches Zeichen der Kämpfe innerhalb der Regierung, zeigte einen entscheidungsstarken Kanzler. Brandt mobilisierte Kräfte, die man vorübergehend vermißt hatte.[3] Die Kommentatoren waren sich einig: Brandt habe schnell und richtig gehandelt, als er Wirtschaftsminister Schiller zusätzlich mit dem Finanzministerium betraute. „Die Regierung Erhard ist in einer langen und schwelenden Krise untergegangen", schrieb Zundel in der *Zeit*. Brandt aber habe Entschlossenheit gezeigt.[4]

5. 1 Brandt und der Frieden

Im Sommer 1971 hatte sich, wie ausgeführt, die sozialliberale Koalition in einem Zustand dargestellt, der als ernüchternd bezeichnet werden kann: Die letzten Reste der Reform-Euphorie waren verflogen, aber auch der Katzenjammer, den die Regierung wegen nichterfüllter Versprechen hervorgerufen hatte. „Wir haben uns alle daran gewöhnen müssen", schrieb Rudolf Augstein im *Spiegel,* „der Fortschritt zuckelt langsam voran, ist manchmal gar kein Fortschritt..."[5] Die Regierung Brandt/Scheel hatte die Fehler erkannt und — was die innenpolitischen Möglichkeiten betraf — zu sich selbst gefunden. Daß dieser Prozeß der schmerzhaften Selbstfindung so glimpflich verlief und keinen nachhaltigen Einbruch in der öffentlichen Meinung zur Folge hatte, lag nicht zuletzt an den politischen Formeln, die Brandt verkörperte und auf die die linksliberale Presse seit 1969 gesetzt hatte: Friedenssicherung durch Entspannung, Veränderung durch innere Reformen.

Willy Brandt war der Friedenskanzler. Sein zentraler Orientierungswert war der Frieden. Nur die SPD war nach seiner Auffassung in der Lage, die Rolle als nationale Friedens-, Fortschritts- und Freiheitspartei zu spielen, eine Ansicht, die von der Presse übernommen wurde. Brandt stand für eine Politik, die die Bundesrepublik in Europa und in der Welt zu einer vorbildlichen Friedensmacht machen sollte. Soziale Reformen im Inneren waren ebenso Teil dieses Konzeptes wie — nach außen — die Auseinandersetzung mit dem Kommunismus. Das Bindeglied war das Friedensinteresse. Denn die Bundesrepublik, dieser hochindustrialisierte Staat, dessen Produktionsapparat und Lebensverhältnisse gegenüber internationalen Krisen äußerst anfällig waren, brauchte die außenpolitische Absicherung, brauchte ein Klima, das eine friedliche Konfliktlösung begünstigte.

Willy Brandt hatte — ähnlich wie in den fünfziger

Jahren Adenauer, der seine Westpolitik mit dem gemeinsamen Sicherheitsinteresse begründete — eine Formel gefunden, die auf breite Zustimmung traf und die Mehrheit der Bevölkerung für die Ostpolitik einnahm. All die Begriffe wie Versöhnung, Ausgleich, Normalisierung, Annäherung, Wandel, Zusammenarbeit ließen sich unter die Formel „Sicherung des Friedens" fassen — Begriffe, die nach Jahren des Kalten Krieges einer verborgenen Sehnsucht der Bevölkerung zu entsprechen schienen. Und die sozial-liberale Koalition wurde mit dieser Formel identifiziert, was die Opposition in eine ausweglose Lage brachte: Die alleinige Okkupation des Begriffes „Frieden" durch Brandt machte jede andere Politik zwangsläufig zur unfriedlichen — ein öffentlich immer wieder verbreiteter Fehlschluß, den Brandt ausnutzte. Mit der Autorität des „Friedenskanzlers" zog Brandt gegenüber Vorschlägen und Erwägungen der Opposition stets die Schlußfolgerung, daß sie nicht dem allgemeinen Frieden dienten und damit nicht im Interesse der Nation lägen.

Willy Brandt war *der* Repräsentant dieser auf Friedenssicherung ausgerichteten Politik. Das, was jahrelang für den *Kandidaten* Brandt „ein Handicap" war, nämlich Emigrant gewesen zu sein, gereichte dem *Kanzler* Brandt nun zum Vorteil. Er könne sich Handlungen erlauben, konstatierte Hermann Schreiber im *Spiegel,* „und, weiß Gott, nicht nur Kniefälle", die man seinen Vorgängern so nicht gestattet hätte. „Er kann nationales Selbstbewußtsein demonstrieren, und tut dies gelegentlich bis an den Rand des taktisch und protokollarisch Vertretbaren, ohne dadurch das alte, aber keineswegs verblichene Mißtrauen gegen die Deutschen wachzurufen in der Welt."[6]

Bestätigt wurde diese Sichtweise schließlich international durch die Entscheidung des Osloer Nobel-Komitees, Willy Brandt den Friedensnobelpreis zu verleihen. Das war am 20. Oktober 1971. „Ein überzeugender Friedenspreis", überschrieb die *SZ* einen Leitartikel von Hans Schuster zu dieser Entscheidung. Der Preis sei ein Anzeichen dafür, wie groß das Vertrauenskapital sei, das Brandt ansammeln konnte. „Nicht Pathos, nicht Utopien haben bei der Brandtschen Politik Pate gestanden; wohl aber politische Phantasie und nüchternes Kalkül im Dienste eines begrenzten realistischen Ziels: Friedenspolitik als Präzisionsarbeit."[7]

Die Formel „Brandt = Frieden" hatte ein Fundament erhalten, das kaum mehr zu erschüttern war. „Deutschland ist freigesprochen", zitierte der *Spiegel* die Schlagzeile der französischen Zeitung *Combat,* „27 Jahre nach den letzten Rauchwolken von Auschwitz".[8] Die Verleihung des Friedensnobelpreises an Willy Brandt habe die Welt als Ehrung eines „guten Deutschen" gewertet, als Zeichen „für ein gewandeltes Deutschland". Brandt also als die Person, die besser, vertrauenswürdiger und integrer sei als es nach internationaler Einschätzung seine Landsleute waren. Und gerade diejenigen, die das Ergebnis dieses Vergleichs nicht teilten, gäben, so suggerierte der *Spiegel,* den Beweis für die Richtigkeit des ausländischen Urteils ab: Diese Uneinsichtigen seien eben unverbesserlich. „Stehend applaudierten die Koalitionsfraktionen von SPD und FDP sowie Minister und Beamte auf der Regierungsbank", beschrieb der *Spiegel* die Szene, als dem Kanzler im Bundestag offiziell die Glückwünsche des ganzen Hauses ausgesprochen wurden. „Die etwa 60 anwesenden CDU/CSU-Abgeordneten blieben auf ihren Klappstühlen, bis auf wenige Aufrechte wie Hermann Höcherl, den ehemaligen Adenauer-Sprecher Felix von Eckardt und den wohlerzogenen CDU-Hinterbänkler Günter von Nordenskjöld. Als Höcherl zum Aufstehen winkte, erhoben sich einige weitere Abgeordnete, blieben aber dann unschlüssig zwischen Stehen und Sitzen auf der Kante des Klappstuhls hocken... Die parlamentarische Opposition war in Bedrängnis gebracht worden."[9]

Die Opposition war in der Tat in eine mißliche Lage

geraten. Die internationale Ehrung Brandts hatte das Dilemma der CDU/CSU vergrößert, eine klare und eigenständige Friedenspolitik zu formulieren. Jede Kritik an den Ostverträgen brachte die Unionsparteien gleich in den Verdacht, national unzuverlässig zu sein. Die Öffentlichkeit sah die außenpolitische Situation eben nicht mehr differenziert, sondern eher schwarzweiß: Die Ostpolitik Brandts mußte so, wie sie realisiert worden war, richtig sein, sonst wäre dem deutschen Bundeskanzler nicht diese Ehrung zuteil geworden. Der *Spiegel* erkannte: „Die Nachricht aus Oslo veränderte über Nacht Bonns politische Szene."[10] Eine Blitzumfrage des *Spiegels* in Baden-Württemberg bestätigte diese Vermutung: 55 % der Befragten meinten, daß der Friedensnobelpreis die Wahlchancen Willy Brandts für die nächste Bundestagswahl erhöht habe. Noch größer sei die Zahl derer, die nach der internationalen Ehrung die Ostpolitik der Bundesregierung für richtig hielten. Mehr als eine Zweidrittelmehrheit — 67 % — stimmten ihr zu.[11]

Brandt hatte es geschafft. Seine internationale Reputation war auf dem Höhepunkt. Das Ausland hatte seine Bewertung abgegeben, ihn mit den höchsten Weihen versehen. Damit startete der Bundeskanzler in die innenpolitischen Kämpfe im Zusammenhang mit der Ratifizierung der Ostverträge von einer Position, die weit vor der seiner Opponenten lag. Und die Opposition hatte ein Thema, dem sie nicht ausweichen konnte.

5. 2 Die Strategie der Opposition

Da die Spaltung Deutschlands im Kalten Krieg erfolgte, berührte zwangsläufig jede Entspannungspolitik zentral das Deutschlandproblem und damit das nationale Selbstverständnis. Das Thema Ostpolitik hatte somit einen Aufmerksamkeitswert, der weit über dem anderer Bereiche lag.

Die Opposition stand vor dem Dilemma, der Bundesregierung zwar zahlreiche Fehler vorwerfen zu können, aber kein Gehör zu finden. Sie mußte mitansehen, wie nicht die Wirtschafts- und Finanzpolitik zum Kern der Auseinandersetzung wurde, sondern die Ostpolitik.

Diesem Dilemma entzog sich die CDU/CSU auf nicht sehr geschickte Weise: Die Unionsparteien ließen sich auf das ostpolitische Themenfeld festnageln und gingen auf krassen Konfrontationskurs, was den Stil der Auseinandersetzung verschärfte. Die Folge war, daß sich die staatstragenden politischen Kräfte der Bundesrepublik in zwei Blöcke spalteten — eine Polarisierung der innenpolitischen Situation, die nur der Regierung Vorteile brachte. Diese hatte einen Friedensnobelpreisträger, einen Kanzler von unangefochtener Reputation, einen Vorsprung an Glaubwürdigkeit und moralischer Kompetenz sowie politische Formeln, die den geheimen Sehnsüchten eines großen Teils der Bevölkerung entsprachen. Damit war ein Meinungsklima entstanden, gegen das aufzulehnen Andersdenkende sich fürchten mußten.

5. 3 Der Abschluß der Viermächteverhandlungen

Abgerundet wurde diese für Brandt atmosphärisch so günstige Situation durch den positiven Abschluß der Berlin-Verhandlungen. Am 3. September 1971 unterzeichneten die Botschafter der drei Westmächte in der Bundesrepublik sowie der sowjetische Botschafter in der DDR das Vier-Mächte-Rahmenabkommen über West-Berlin, das als Erfolg der Bundesregierung gewertet wurde.* Realistische Erwar-

---

* Zumal sich nun auch im Verhältnis zwischen der Bundesrepublik und der DDR Fortschritte einstellten: Am 17. Dezember unterzeichneten Egon Bahr und Michael Kohl das Abkommen über den Transitverkehr zwischen West-Berlin und der DDR.

tungen seien erfüllt, wenn nicht gar übertroffen worden, kommentierte Hans Reiser in der *SZ*. Das von der Bundesregierung hergestellte Junktim habe sich bewährt.[12]

Das Viermächteabkommen hatte zwar keine Berlin-Lösung gebracht, aber den vorhandenen Status der Stadt vertraglich fixiert.[13] Das heißt, der bestehende strukturelle Konflikt, die Teilung, war nicht aufgehoben, aber relativiert durch Möglichkeiten der Kooperation, die eröffnet worden waren. Die besondere, über den lokalen Bereich hinausweisende Bedeutung des Viermächteabkommens lag angesichts der exponierten Lage Berlins darin, daß die Sowjetunion auf ein Faustpfand, auf ein Druckmittel, verzichtet hatte. „Bei aller Vorsicht und auch Abneigung gegen zu große Worte", stellte Hans Heigert fest, „die juristische Einigung der Kriegsalliierten über Berlin wird den Rang eines historischen Datums erhalten."[14]

Vor der letzten großen Auseinandersetzung um die Ostverträge, den Ratifizierungsdebatten und dem Mißtrauensantrag, zeigte sich, daß sich Willy Brandt auf die seiner Regierung nahestehende Presse verlassen konnte. Je härter die innere Konfliktsituation wurde, je schmaler das Regierungspolster und — damit zusammenhängend — je unwahrscheinlicher die Ratifizierung der Ostverträge, um so deutlicher und nachhaltiger wurde der publizistische Einsatz der liberalen Zeitungen für Brandt.[15] Als der Bundeskanzler zwischen dem 16. und 18. September 1971 den Generalsekretär der KPdSU, Leonid Breschnew, auf der Krim besuchte[16], da wogten die Wellen der Empörung hoch. „Was an diesen Tagen an Gift und Galle und bösem Haß aufbrodelt", beschrieb Hans Heigert in der *SZ* die Atmosphäre, „ist schon lebensgefährlich zu nennen, zumal die Aggression von einer genau berechneten Demagogie aufgeheizt wird ..." Das Vorgehen der Opposition sei „infam, perfide und ... politisch lebensgefährlich". Es werde nicht argumentiert, Für und Wider abgewogen, sondern „alles auf die Frage

Leben oder Tod gebracht, auf die Ebene von *Bekenntnissen*, von *Freund* und *Feind*, von absoluter Bejahung oder totaler Konfrontation... Die Bundesrepublik ‚leidet unter der Politik von Sozialdemokraten, die weder eine Beziehung zur Macht noch zu den Grundsätzen der politischen Zuverlässigkeit haben', so konstatierte der Chefredakteur des immer noch irrational missionarischen Axel Springer. Und weiter: ‚Wir durchleben eine Kerenski-Periode.' Da haben wir's denn, auf Kerenski folgten nach 1917 sogleich die Bolschewiken! Folglich... Ach nein, die Folgerung wird niemals offen ausgesprochen, das ist das Kennzeichen dieser Art denunziatorischer Demagogie... Lebensgefährlich ist diese Methode."[17]

6. Höhepunkt des Machtkampfes

6. 1 Der Mißtrauensantrag

Am 24. April 1972 beschloß die Opposition, die sozialliberale Koalition durch das Instrument des konstruktiven Mißtrauensvotums zu stürzen.[1] Die letztendlich auslösenden Faktoren waren der Erfolg der CDU bei den Landtagswahlen in Baden-Württemberg am 23. April 1972, der eine generelle Tendenz zugunsten der Opposition zu bestätigen schien, sowie der Austritt des FDP-Abgeordneten Wilhelm Helms aus seiner Partei am gleichen Tag. Die Erosion der Koalition hatte die kritische Grenze der absoluten Mehrheit erreicht.

Die Abstimmung am 27. April 1972 endete mit einem Sieg Willy Brandts. Rainer Barzel hatte sein Ziel um zwei Stimmen verfehlt, obwohl nach den Absprachen* eine Mehrheit sicher gewesen war.**

Der Versuch, die Bundesregierung auf diese Weise zu stürzen, war von einem massiven publizistischen Trommelfeuer[2] begleitet. Beide Lager, Regierung und Opposition, wurden von den ihnen nahestehenden Blättern kräftig unterstützt. Das mit dem knappen Wahlsieg 1969 stetig sich verschärfende Spannungsverhältnis zwischen Regierung und Opposition hatte auch Auswirkungen auf Rolle und Funktion der Presse: Die Medien waren immer mehr zu Beteiligten politischer Konflikte geworden, die Kontrollfunktion oft hinter aktiver Parteinahme zurückgetreten.

Was den Zeitpunkt des Mißtrauensvotums betraf, so hatte Rainer Barzel keine andere Wahl: Der Antrag mußte

---
* Mit Gerhard Kienbaum, Knut von Kühlmann-Stumm und Wilhelm Helms.
** Die „rechnerische" Mehrheit der Opposition betrug 250 Abgeordnete, 249 wären nötig gewesen.

vor der Ratifizierung, das heißt vor der auf den 8. Mai festgesetzten zweiten Lesung, gestellt werden.* Dieser Zwang ergab sich aus dem engen Zusammenhang zwischen koalitionsinternem Machtverlust und der Ostpolitik. Denn ändern konnte Barzel an den Verträgen nur etwas, solange diese noch nicht im Bundestag ratifiziert waren. Brandt sollte, das war das Ziel, wegen seiner Ostpolitik gestürzt werden.

Mit fast allen Mitteln. So wurden just zu diesem Zeitpunkt erneut geheime Unterlagen von der Springer-Presse lanciert — ein Unterfangen, das den kollektiven Protest der linksliberalen Presse hervorrief. Als Barzel Auszüge aus den Moskauer Gesprächsaufzeichnungen benutzte, um Stimmung gegen die Ostverträge zu machen, schrieb Theo Sommer in der Zeit: „Dies ist ein niederträchtiges Verfahren. Der Oppositionsführer benutzt das verfälschende Machwerk eines anonymen Dunkelmannes, um die Regierung unter Druck zu setzen."[3]

Die Auseinandersetzungen um den Mißtrauensantrag waren sehr hart. Wie heftig die Reaktionen in der Öffentlichkeit waren, zeigen die Demonstrationen für die Koalition und die Warnstreiks gegen die CDU/CSU am 25. und 26. April 1972, den beiden Tagen vor der Abstimmung im Bundestag. Zehntausende von Beschäftigten in der ganzen Bundesrepublik und in West-Berlin protestierten gegen den Mißtrauensantrag mit Demonstrationszügen. In Essen blieben die Schulen für einen Tag geschlossen. Arbeiter versammelten sich, diskutierten und berieten die Situation. In Hamburg gingen 10 000 auf die Straße, in Frankfurt 12 000, in Bonn 15 000. „Sie skandierten, so an der Elbe: ‚Strauß und Barzel üben fleißig für ein neues Dreiunddreißig', oder riefen in Sprechchören, wie vor der Berliner

---

* Die zweite Lesung wurde verschoben auf den 17. Mai, an dem die Verträge schließlich ratifiziert wurden.

Gedächtniskirche: ‚Das CDU-Parteiinteresse haut den Berlinern in die Fresse.'"[4]

Es wurden Stimmen laut, die für den Fall einer Kanzlerschaft Barzels einen Generalstreik forderten. In mehreren Städten (zum Beispiel in Frankfurt, Dortmund und Oberhausen) ruhte am 26. April für zehn Minuten demonstrativ der öffentliche Verkehr. Auch am Morgen der Abstimmung, an einem Donnerstag, legten wieder Tausende die Arbeit vorübergehend nieder. Von Stunde zu Stunde spürte man, wie sich die Aufregung zuspitzte. In Schulen und Betrieben liefen Rundfunkempfänger. „Am Marienplatz", beschreibt Karin Friedrich die Situation in München, „sammelten sich gegen 11.30 Uhr die Demonstranten ... Unter Schirmen im strömenden Regen standen ... Dutzende von Menschen um Polizeiwägen herum und warteten stumm auf die entscheidende Nachricht. Kein Wort fiel. Kein Kommentar wurde mehr abgegeben. Junge Leute rissen sich gegenseitig das Transistorradiogerät aus der Hand. Die Spannung war auf dem Höhepunkt. Und dann kam das Ergebnis, und die Wartenden fielen sich spontan in die Arme. Gruppen bildeten sich, die klatschend riefen: ‚Willy Brandt — Willy Brandt!' Ein Alter sagte: ‚Eigentlich sollte man tanzen!' Ein Frau schlug einer anderen mit dem Regenschirm auf die Schulter: ‚Die Jugend freut mich', sagte sie, ‚daß sie so eine gute Urteilskraft hat. Um Deutschland ist mir nicht mehr bange.'"[5]

Auch im Bundestag herrschte — zumindest auf Seiten der Regierungsparteien — strahlende Siegesstimmung. „Wie von einer Welle der Begeisterung wird der Kanzler in den Plenarsaal getragen — eine Szene, wie sie dieses Parlament noch nie erlebt hat."[6] Einen Moment lang schien die Freude alles andere zu überlagern. „Fraktionsboß Wehner ... sprach gerührt von höherem Walten: ‚Gott sei Dank, daß der Willy das geschafft hat!' Im Plenum führte der SPD-Abgeordnete Erwin Horn vor Rainer Barzel einen Veitstanz auf. Mit dem Zeigefinger auf Barzel zielend, brüllte er schadenfroh dem erblaßten Verlierer zu: ‚Trotz Bestechung, trotz Bestechung!' "[7]

Brandt selbst hatte mit dem Sieg gerechnet, meinte Hermann Schreiber. „Willy Brandt hat die Möglichkeit einer Niederlage diesmal, ausgerechnet diesmal, überhaupt nicht einkalkuliert, jedenfalls nicht erkennbar." Am Tage vor der Entscheidung, in der Kabinettssitzung während der Pause der Haushaltsberatungen, habe er mit beinahe provozierender Betonung die nächsten Termine für den Zusammentritt seiner Regierung fixiert, bis Ende Mai. Keiner seiner Mitarbeiter habe ihn in diesen Tagen vor dem Mißtrauensvotum zweifelnd oder zergrübelt angetroffen. „Dies ist ... ein Mann, der heute mehr sein eigen nennt, als der Verlust des Regierungsamtes ihm nehmen könnte: das Ansehen in der Welt, den Friedensnobelpreis und die Gewißheit, daß seine Ostpolitik mindestens im Prinzip durchgesetzt ist." Die Möglichkeit einer Niederlage im Amt berge so wenig Schrecken für Willy Brandt, „daß er sich den Luxus leistet, so zu tun, als gebe es diese Möglichkeit gar nicht".[8]

Brandt war ruhig und selbstsicher. Die Hektik, die ihn in früheren Krisen zuweilen gekennzeichnet hatte, fehlte diesmal. Brandt zeigte sich in einer „paradoxen Mischung aus ‚positivem Fatalismus' (Conrad Ahlers) und aktiver Kampfkraft".[9] Wie kämpferisch Brandt sein konnte, bewies die Debatte über den Kanzleretat, die am Tage nach dem Mißtrauensvotum stattfand. Brandt zeigte sich selbstbewußt wie nie. Von Verzagtheit keine Spur. „Willy Brandt zog die Summe seiner Regierung, mitreißend und kämpferisch, wie ihn der Bundestag noch nie erlebt hatte. Die Sätze fielen wie Fausthiebe, der Beifall prasselte. Nach anderthalb Stunden erhob sich die SPD zu einer Ovation."[10]

Daß die Reaktionen auf den Mißtrauensantrag so heftig waren, hatte nicht zuletzt eine Ursache in den Umständen, die ihm zugrunde lagen. Die Politik der Regierung hatte sukzessiv zum Auscheiden oppositioneller Koalitionsabgeordneter geführt. Im Oktober 1970 hatten Mende, Starke und Zoglmann Fraktion und Partei verlassen und sich der CDU/CSU angeschlossen. Ende Januar (29. Januar 1972) war ihnen der SPD-Abgeordnete Hupka gefolgt. Am 23. April 1972 schied dann Helms aus der FDP-Fraktion aus.[11]

Der Wechsel der Abgeordneten von der Koalition zur Opposition wurde sehr unterschiedlich kommentiert. Die der Regierung nahestehenden Blätter verdammten ihn als Verrat, manche anderen feierten ihn als Prinzipientreue. Die Argumentation der linksliberalen Presse verlief folgendermaßen: Der Partei- bzw. Fraktionswechsel verfälsche den Wählerwillen. Zwar sei das durch Art. 38 GG normierte freie Mandat ein konstituierendes Element repräsentativer Demokratie. Doch: Nur die Fraktionsdisziplin könne ein Mindestmaß an Kontinuität in der Innen- und Außenpolitik gewährleisten. Fazit dieser Argumentation: Der Partei- bzw. Fraktionswechsel sei mit dem Mandatsverlust zu verknüpfen.[12]

Die Meinung der Bevölkerung war entsprechend: Eine Dreiviertelmehrheit sprach sich für die Mandatsrückgabe bei einem Fraktionswechsel aus. 69 % glaubten, daß sich die Abgeordneten nicht nach der Stimme ihres Gewissens richteten.[13] Angesichts der tiefgreifenden Skepsis gegenüber Politik und Politikern war somit auch verständlich, daß die Mehrheit der Bevölkerung den Partei- und Fraktionswechslern keine ehrenhaften Motive unterstellten. „Viel hätte nicht gefehlt", schrieb Marion Gräfin Dönhoff, „dann wäre der 1. Mai ... zu einem Tag bürgerkriegsähnlicher Zustände geworden, dann nämlich, wenn das konstruktive Mißtrauensvotum durchgekommen wäre... Viele empörte Bürger fanden sich ... zusammen, zornerfüllt über das, was sich ihnen als ‚Mauschelei' darstellte, als Bestechung, Verrat..."[14] So fiel denn auch der Korruptionsverdacht, den Willy Brandt äußerte[15], auf fruchtbaren Boden. Brandt hatte in einem *Spiegel*-Gespräch auf die Frage: „War Korruption im Spiel?" geantwortet: „Daran kann für mich kein Zweifel sein."[16]

Die krisenhafte Entwicklung wurde einzig und allein der Opposition angelastet. Man erfuhr — und die der Regierung nahestehenden Zeitungen verbreiteten es sofort — von Abwerbungsgesprächen, in denen die CDU/CSU potentiellen Fraktionswechslern sichere Listenplätze für die nächste Bundestagswahl zugesagt habe.[17] Man sprach von Abgeordneten, die der Opposition versprochen hätten, für den Antrag zu stimmen.[18] Man spekulierte über die zwei bzw. drei Abtrünnigen, die das Scheitern des konstruktiven Mißtrauensvotums bewirkt hatten. Die Ereignisse in diesen Tagen Ende April 1972, die fehlende Transparenz, das Geheimnis um die Identität der Abtrünnigen — all dies umgab das konstruktive Mißtrauensvotum mit einem Schleier des Undurchschaubaren und damit Illegitimen, worunter zu diesem Zeitpunkt allein die Opposition zu leiden hatte.

Einen großen Fehler machte nach Ansicht der linksliberalen Presse die Opposition, die — trotz der breiten Zustimmung, die die Ostpolitik in der Bevölkerung fand — bei ihrem harten Konfrontationskurs blieb und wesentlich dazu beitrug, daß sich der Stil der Auseinandersetzung verschärfte. Mancher Politiker griff in den Debatten zwischen dem 24. und 26. April zu Vergleichen und Metaphern, die ihm eigentlich der gute Geschmack hätte verbieten müssen. So meinte zum Beispiel Franz Josef Strauß, daß die Sympathiestreiks für Willy Brandt „Volksfrontaktionen" seien — eine Ansicht, die Karl Schiller zu der heftigen Replik verleitete: „Herr Strauß, wenn ich Ihnen mit gleicher Münze zurückzahlen würde, müßte ich sagen: Mit dem, was Sie morgen früh ... zur Abstimmung stellen, steht auch zur Wahl, ob die Bundesrepublik Deutschland sich auf dem direkten Marsch in die Harzburger Front befindet." Darauf Lothar Haase, der CDU-Abgeordnete aus Kassel an die Adresse von Karl Schiller: „Dieser Nazi! SA-Mann! Naziprofessor!" Wehner schrie: „Herr Präsident! Können Sie denn den Gnom der CDU nicht zurückweisen? Der Gartenzwerg ist los!"[19]

Nutznießer dieser vergifteten Atmosphäre war die Regierung. Da es in der Bundesrepublik bislang kein konstruktives Mißtrauensvotum gegeben hatte, wurde es weder in Bonn noch von der Bevölkerung als ein normales verfassungsmäßiges Mittel angesehen. „Bonn in der Krise", überschrieb die *Zeit* ihre umfangreiche Berichterstattung. Der Mißtrauensantrag wurde zum Kampfmittel hochstilisiert, das Emotionen weckte. Es wurde von den Anhängern der Koalition als ein Angriff auf die eigenen Werte, Hoffnungen und Vorstellungen empfunden. „Wer die Außenpolitik der sozial-liberalen Koalition notwendig und richtig fand", schrieb Rolf Zundel, „wer sich erinnerte, daß nicht irgendeine Regierung abgelöst, sondern die erste sozialdemokratisch geführte Regierung vor Ablauf ihrer Amtsperiode durch Überläufer gestürzt werden sollte, wem bewußt war, daß diese sozial-liberale Koalition vielen Menschen eine Hoffnung bedeutete — wer sich all dies vor Augen führte, der konnte in der jüngsten Krise Enttäuschung, Schmerz und Erbitterung nicht unterdrücken."[20]

Die Erbitterung war so groß, weil die Mehrheit der Bevölkerung argwöhnte, die Opposition wolle die Macht auf Kosten einer als richtig empfundenen Politik. Nun wirkte es sich negativ aus, daß die CDU/CSU kein einheitliches Konzept zur Behandlung der Ostpolitik besaß. Jetzt mußten die Unionsparteien Stellung beziehen, jetzt konnten sie sich nicht mehr hinter dem Argument verschanzen, keine Handlungsmacht zu besitzen und nicht ausreichend informiert zu sein. „Es rächt sich nun", meinte Rolf Zundel, „daß in der Fraktion nie ernsthaft in der Sache diskutiert wurde, daß Barzel nie klarmachte, er wolle die Verträge nicht scheitern lassen." Barzel habe wissen müssen, daß die CDU/CSU jetzt, nach dem gescheiterten Mißtrauensvotum, einer Entscheidung nicht mehr ausweichen konnte. Was sei das nur für eine entwürdigende Taktik: „Vom sorgfältig abgewogenen ‚So nicht' in der ersten Lesung der Ostverträge, das an manchen Stellen schon wie ein ‚So — noch nicht' klang, zum emotional kräftig eingefärbten ‚So auf keinen Fall' im Wahlkampf in Baden-Württemberg, schließlich zum ‚Ja, wenn auch unter Bedenken'. Und am Ende dann die Stimmenthaltung, das ‚Weder — noch'."[21] Die CDU hatte das Thema Ostpolitik unterschätzt. Nun mußte sie erleben, wie ihr dieses Thema aufgedrängt wurde, durch die Beharrlichkeit der politischen Gegner und durch die Ereignisse; nun mußte sie erkennen, daß die Mehrheit der Bevölkerung kein Verständnis hatte für die taktischen Winkelzüge, mit denen die Union die innenpolitischen Gegner wie Befürworter der Ostpolitik zu einen suchte.

Hinzu kam der Druck der äußeren Bezugspartner. Die westlichen Verbündeten wie auch die östlichen Vertragspartner bestanden unverändert auf der Ratifizierung. Die Alliierten wollten diese, weil sie die Voraussetzung eigener Bemühungen war. Die deutsche Ostpolitik war Bestandteil weiterer entspannungspolitischer Schritte des Bündnisses. Die *New York Times* stellte am 11. März 1972 in einem Kommentar fest, daß „eine Ablehnung der Verträge ... eine Ost-West-Krise auslösen, vielleicht sogar zu einem Wiederaufleben des Kalten Krieges führen" würde.[22]

Die Regierung Brandt war da in einer ungleich besseren Position. In dem gesamten Machtkampf des Frühjahrs 1972 sammelte der Bundeskanzler Sympathiepunkte — nicht zuletzt wegen seiner geschickten Taktik, die Ostpolitik immer im Gespräch zu halten. Obwohl die Ereignisse in Moskau und Warschau nun schon weit über ein Jahr zurücklagen, die Verträge also längst den Glanz des Neuen verloren hatten, war die Ostpolitik immer noch das zentrale Thema der politischen Auseinandersetzung.* Die Öffentlichkeit merkte — und die linksliberale Presse argumentierte in diese Richtung —, daß es sich die Koalition nicht leicht machte. „Mir ist es eine schmerzliche Sache", sagte Carlo Schmid in der *Zeit,* „vorzustellen, daß Immanuel Kant aus Kaliningrad sein soll und Jakob Böhme kein Deutscher, und Eichendorff aus Wroclaw sein soll ... Aber einige Lebenserfahrung und einiges Studium der Geschichte haben mich gelehrt, daß die Geschichte gelegentlich mit einer schweren Axt in die Wunschbilder der Menschen und in die Rechte der Menschen hineinhaut."[23]

Es gehe Willy Brandt vornehmlich nicht um die Macht, wurde immer wieder betont, sondern nur um die Ostverträge. Das honorierte die Öffentlichkeit. Als Beweis wertete man einerseits den Verzicht des Kanzlers, die Abstimmung über die Verträge mit der Vertrauensfrage zu verbinden, um nicht der Ostpolitik wohlgesinnte Unionspolitiker zu vergrämen. Andererseits bemüht sich der Kanzler unter fast demütigenden Umständen, die CDU/CSU zu einer gemeinsamen Entschließung zu bewegen.[24]

Als sich dann herausstellte, daß sich keine Unions-Mehrheit für die Ostverträge fand, hatte die Opposition einen Tiefpunkt der Zustimmung erreicht. „Woher die Opposition", schrieb Marion Gräfin Dönhoff, „den Mut nimmt, zu glauben, sie könne erst in voller Lautstärke gegen die Verträge agitieren und alles dransetzen, sie zu Fall zu bringen, dann selber die Regierung zu übernehmen und schließlich mit den Russen so verhandeln, als sei nichts geschehen — woher sie diesen naiven Glauben nimmt, das weiß Gott allein."[25]

---

* Die SPD entzog sich der für die Koalition weitaus ungünstigeren wirtschaftspolitischen Kontroverse. So war es bestimmt auch kein Zufall, daß Karl Schiller unter der bundespolitischen Prominenz des Landtagswahlkampfes in Baden-Württemberg fehlte.

Die linksliberale Presse war sich in der Beurteilung der Ostverträge einig: Sie durften nicht scheitern. Die Ostpolitik der Bundesregierung hatte erreicht, aus dem geographisch-territorialen status quo, den Fronten und Demarkationslinien geschaffen hatten, zunächst einen politisch-respektierten und schließlich einen juristisch-anerkannten status quo zu machen. Die *Zeit,* die am 4. Februar 1972 deutlich gemacht hatte, daß sie „für die Ostpolitik der Regierung" sei, zitierte besorgt einen Ausländer: „Werden die Deutschen den Prozeß der Entkrampfung, der sich in aller Welt anbahnt, wieder stoppen?" Diese so positive Bilanz mutwillig aufs Spiel zu setzen, dafür könne wirklich kein Mensch die Verantwortung übernehmen. „Der Satz in Breschnews Rede: ‚Glauben Sie mir, auch für mich war es nicht ganz einfach, diese Verträge hier durchzusetzen', läßt ahnen, daß die in einem nicht zu wiederholenden Balanceakt ausgehandelt worden sind."[26]

Am 17. Mai stimmte dann der Bundestag dreimal über die Ostverträge ab.* Mit 248 Stimmen wurden sie angenommen und ratifiziert. „Von nun an ... ist die Bundesrepublik wirklich souverän", kommentierte Hans Heigert das Ergebnis in der *SZ,* „sie hat sich jetzt gleichsam selbst anerkannt." Das Parlament habe eine ganze Epoche besiegelt, indem es sich entschloß, „Abschied zu nehmen von einem starken Strang seiner bisherigen Nationalgeschichte, zugunsten einer freieren Zukunft ... Dies geschah ... mit einer hohen Moral und außerordentlichem Augenmaß."[27] Und Theo Sommer lobte in der *Zeit,* daß die Bundesrepublik die Kraft zu jenem Verzicht aufgebracht habe. „Dies ist die dritte Runde des Ausgleichs und auf lange Sicht der Aussöhnung ... — die dritte Runde nach der Annäherung

---

* Moskauer Vertrag: 248 Ja-, 10 Nein-Stimmen; 238 Enthaltungen. Warschauer Vertrag: 248 Ja-, 17 Nein-Stimmen; 230 Enthaltungen.

an Frankreich und dem Rapprochement mit Israel."[28] Und zu diesem historischen Ereignis, zu diesem bedeutsamsten Vertragswerk in der Geschichte der Bundesrepublik hatte die CDU/CSU keine klare und einheitliche Meinung.

Die unmittelbare Folge war ein Sympathiezuwachs der Regierung und ein entsprechender Verlust bei der Opposition. 42 % der Bevölkerung bedauerten im Mai 1972, daß es zu dieser Auseinandersetzung im Bundestag gekommen war. Hätten zu diesem Zeitpunkt Neuwahlen stattgefunden, so hätten Brandt und die SPD mit einem außerordentlich günstigen Ergebnis rechnen können. Nach einer im Mai 1972 durchgeführten Meinungsumfrage waren 50 % der Befragten für Brandt und nur 32 % für Barzel als Bundeskanzler. Mehr als 50 % billigten die Ostverträge und lediglich 25 % sprachen sich entschieden gegen sie aus.[29]

6. 2 Die Situation im Sommer 1972

Das Ergebnis der Abstimmung über den Mißtrauensantrag hatte die Regierungskrise nicht beendet. Brandt war zwar Kanzler geblieben, regieren konnte er jedoch nicht. Er hatte keine Mehrheit mehr, was am 28. April 1972 deutlich geworden war: Bei der Abstimmung über den Etat für 1972 erreichte die Koalition nur 247 Stimmen, genauso viel wie die Opposition. Damit war der Haushalt abgelehnt. Regierung und Opposition standen sich in einer Patt-Situation gegenüber.

Sofort erschallte der Ruf nach Neuwahlen. Wie aber dazu kommen? Die Unionsparteien lehnten eine gemeinsame Entschließung über vorgezogene Wahlen ab. Blieb Brandt also nur der Weg über die Vertrauensfrage.[30] Problematisch war dieser Weg jedoch in zweierlei Hinsicht: Einmal mußte das beabsichtigte Scheitern der Vertrauensfrage die Öffentlichkeit — zumindest den rechtsunkundigen Bürger — verwirren; Brandts eigene Fraktion mußte ihm schließlich das Vertrauen verweigern. „Leicht ist das sicher nicht", schrieb die *SZ*, „den Wählern klarzumachen, daß der Weg zum möglichen Sieg nur über eine im Ersten Programm und live ausgestrahlte Niederlage führen kann... Leicht ist es sicher nicht, an den Kiosken vorbeizufahren, dort mit Hilfe von Deutschlands größter Auflage und in Balkenüberschriften bescheinigt zu finden: ‚Brandt gibt auf.' "[31] Zum zweiten konnte die Opposition jederzeit das Verfahren nach Art. 68 GG erneut mit dem konstruktiven Mißtrauensvotum unterlaufen, was Herbert Wehner bis zur letzten Nacht vor der parlamentarischen Abstimmung über die Vertrauensfrage auch befürchtete.[32]

Sollte die CDU/CSU diesen Plan tatsächlich bis zur letzten Nacht gehabt haben: Nach dem eindeutigen Engagement der Presse für Neuwahlen hätte ein erneuter Mißtrauensantrag — auch im Falle des Erfolges — der Union den letzten Rest an Popularität gekostet, „hätte sie die für den Wahlkampf bitter notwendige Glaubwürdigkeit verspielt".[33] Das Land, lautete die allgemeine Forderung, brauche wieder klare Fronten. Als Gegenleistung für die Niederlage, die sich Brandt selbst beibringen müsse, habe die Opposition auf den Mißtrauensantrag zu verzichten. „Sollte die CDU/CSU hierzu nicht bereit sein, wird die Regierung Brandt im Amt bleiben müssen. Die Verantwortung für die Lähmung unseres parlamentarischen Systems aber würde der Opposition zufallen."[34]

Die SPD oder zumindest Teile der Fraktion hatten also Brandt die Gefolgschaft zu verweigern. Von der Öffentlichkeit mußte dieses „Mißtrauen" als ein Scheitern der Regierung verstanden werden, was dem Image Brandts nur schaden konnte. Aus diesem Dilemma half dem Bundeskanzler die Presse, die sich deutlich für Neuwahlen engagierte, und die auch hinsichtlich des komplizierten Procederes, dahin zu kommen, die nötige Aufklärungsarbeit leistete. „Sorgen, daß ein Großteil der Wähler diesen komplizierten Weg zu Neuwahlen nicht verstünde", meinte schließlich Hans Reiser in der *SZ*, „waren ursprünglich berechtigt. Inzwischen dürfte sich aber die Kenntnis des Umweges vergrößert haben. Negative Auswirkungen sind deshalb kaum zu erwarten."[35]

Das schien auch der Bundeskanzler gespürt zu haben. Brandt war in diesen Tagen vor der Vertrauensfrage selbstsicher und von „heiterer Gelöstheit", ein Mann, „der sich philosophische Nachdenklichkeit leisten kann". Brandt habe sich, meinte Eduard Neumaier in der *Zeit*, an die Realität der Krise gewöhnt. Schlimmeres könne ihm nicht mehr passieren. „Diese Einstellung entspricht der eines Christenmenschen, der die Himmelsschläge geduldig erträgt und sich, wenn es zu dick kommt, nur manchmal fragt, ob er sie wirklich verdient hat."[36]

Am 22. September 1972 stimmte der Bundestag schließlich über den Antrag des Bundeskanzlers ab. Wer in der Debatte zuvor Dramatik erwartet hatte, sah sich getäuscht. Die Stimmung war eher flau. Jeder wußte, wie die Entscheidung ausgehen werde, keiner hatte mehr Lust, das Unumgängliche hinauszuzögern. „Brandt vermied ... peinlich das Wort ‚Vertrauensfrage' und qualifizierte die an allem schuldigen Überläufer wenig fair, nämlich pauschal ab", beobachtete Hans Heigert. Andererseits sei der Versuch Barzels, diese Abgeordneten, Name für Name, mit großen Worten hochzustilisieren, ebenso peinlich mißlungen. „Das war kein großer Tag im Bundesparlament."[37] Von 482 Abgeordneten sprachen schließlich 233 Brandt das Vertrauen aus, 248 votierten dagegen. Die Kabinettsmitglieder waren der Abstimmung ferngeblieben, Bundespräsident Gustav Heinemann löste schließlich den Bundestag auf Vorschlag des Bundeskanzlers auf. Als Termin für Neuwahlen wurde der 19. November festgesetzt.

Brandt hatte diese paradoxe Situation, durch die Organisation der eigenen Niederlage seine Politik — möglicherweise — fortzusetzen, ohne nennenswerte Irritationen im Bewußtsein der Bevölkerung überstanden. Überall im Land — und nicht nur von Parteifreunden — erhielt der Bundeskanzler Zuspruch, wurde er zum Teil stürmisch gefeiert. Brandt schien nicht mehr daran zu zweifeln, daß er Kanzler bleibe. Er sprach, so Kempski, ganz selbstverständlich über die Fristen der neuen Regierungsbildung, machte sich sogar schon Gedanken über den Inhalt der neuen Regierungserklärung. Um auch den Wählern diese Sicherheit zu suggerieren, ging die SPD-Wahlkampfleitung sogar so weit, einen Plakattext zu entwerfen, „dessen Formulierung um die Worte kreist: ‚Willy Brandt — wer denn sonst?'"[38]

Diese zielsichere und selbstbewußte Haltung mußte verblüffen, hatte die Koalition nach dem euphorischen Ausgang des Mißtrauensvotums doch einen herben Rückschlag erleiden müssen. Karl Schiller war am 7. Juli 1972 von seinem Amt als Wirtschafts- und Finanzminister zurückgetreten. Damit hatte der — neben Leber — mit 67 Monaten dienstälteste Minister und Mitstreiter Brandts der Koalition den Rücken gekehrt. Es hatte ein Politiker das Kabinett verlassen, der stets seiner Partei das Zutrauen gab, die Probleme einer modernen Industriegesellschaft besser meistern zu können als die CDU/CSU.

Schillers Situation war 1972 sehr problematisch geworden. Seine Popularität war seit 1969 stetig gesunken. Er hatte weder im Kabinett noch in der Partei einen größeren Rückhalt. In seiner Doppelrolle als Wirtschafts- und Finanzminister war er immer wieder als Bremser gegenüber progressiven Forderungen angetreten. Schon am 20. November 1972 hatte die *FR* geschrieben, Schiller habe „so gut wie jeden Kontakt zur Parteibasis verloren" und sei auf dem Steuerparteitag (im November 1971) zu einem „negativen Helden" geworden.

Eitelkeit und Ehrgeiz verleiteten Schiller oft zu einer kompromißlosen Haltung gegenüber den Wünschen und Vorstellungen seiner Kabinettskollegen. Hinzu kam, daß Brandt zunehmend die Lust verlor, Schiller den Rücken zu stärken. Hätte Schiller einen Kanzler gehabt, meinte Heigert, welcher „in all den Kontroversen nicht gepeinigt vor sich hingelitten hätte (mitunter auch mitten im Streit indiginiert den Kabinettssaal verließ), sondern einen Regierungschef, der entschieden seine Richtlinienkompetenz in Anspruch genommen hätte", wäre es nicht zu diesen Auswüchsen im Kabinett gekommen.[39] Lange, allzu lange, meinte der *Spiegel,* habe Brandt gezögert, Schiller zu entlassen.[40]

Aufmerksamkeit und Kraft des Kanzlers waren völlig absorbiert von dem Machtkampf im Frühjahr sowie dem Bemühen, die Ostverträge unter Dach und Fach zu bringen. Mit welcher Leidenschaft, Entschiedenheit und Sachkenntnis Brandt zu kämpfen gewußt habe, so Heigert, sei jedem bei der „letzten Schlacht um die Ostverträge" deutlich geworden. Des Kanzlers Tapferkeit habe in vielen Jahren auch die Bewunderung seiner Gegner hervorgerufen. Schwer zu deuten bleibe deshalb seine Schwäche, „wann immer zentrale wirtschafts-, finanz- und damit gesellschaftspolitische Fragen zu entscheiden waren". Der hervorragende Außenpolitiker Brandt, der große Moralist, der gestrenge Mahner für Leistungsprinzip und innere Sicherheit habe meist die Zügel losgelassen, wenn Prinzipienreiter in seiner Regierung und Doktrinäre in seiner Partei wild aufeinanderschlugen. „Die Schiller-Krise, das ist ihr fatalster Teil, manifestiert eine Krise Brandts."[41]

Als Folge des Abgangs Schillers, mit dem auch Staatssekretär Schöllhorn ausschied, prophezeiten die Medien der Koalition unangenehme Rückwirkungen. Konservative Blätter stellten die pessimistische Prognose, daß mit dem Ausscheiden Schillers die SPD die freie Marktwirtschaft aufgebe. Die Koalition war in die Defensive geraten, zumal Schiller die allgemeine Unsicherheit noch durch die Ankündigung verstärkte, daß er bei den Bundestagswahlen nicht wieder für die SPD kandidieren werde — ein versteckter Hinweis darauf, möglicherweise einer anderen Partei beizutreten.[42] 1969, meinte Hans Heigert, habe Kanzleramtsminister Ehmke noch unnachahmlich prophezeit: „Ihr werdet eine Regierung bekommen, die habt ihr gar nicht verdient." Der „schnelle Denker" habe recht behalten: „So haben wir das wirklich nicht verdient."[43]

Die gedrückte Stimmung hielt jedoch nicht lange vor. Die Kommentare verstummten bald, und man konnte feststellen, daß die Schiller-Krise sich als weniger nachteilig erwies, als zunächst erwartet worden war. Nach den Rückschlägen, die die Bundesregierung durch den Machtverlust im Bundestag und den Rücktritt des Superministers erlitten hatte, ging es im August und September wieder aufwärts. Jetzt, wo die Macht verloren war und andere in Ferien fuhren (und die ersten Vorbereitungen für den Wahlkampf getroffen wurden), da raffte sich die Koalition noch einmal zu einer großen Anstrengung und Leistung auf: Brandt, Bahr und Scheel gingen das deutsch-deutsche Verhältnis konkret an. Immer wieder fanden die Erfolgsmeldungen Bahrs über den Verlauf seiner Vorverhandlungen mit Michael Kohl über den Grundvertrag Eingang in die Medien — was in den Monaten der sommerlichen Nachrichtenflaute doppelt zählte. Die Ostpolitik war immer noch *das* Thema des Jahres. An mehr als 100 Tagen hatten die Zeitungen 1972 dieses Thema als Aufmacher. „Ausgerechnet der zur CDU übergetretene Abgeordnete Hupka riskiert die Prophezeiung, die Wahl am 19. November werde ein nachgeholtes *Plebiszit über die Ostpolitik* sein", schrieb Hans Schuster. „Ob er sich dessen bewußt ist, daß der Koalition gar nichts besseres passieren kann?"[44]

Es war also wieder die Ostpolitik, die die Koalition aus

der Bedrängnis half und das öffentliche Erscheinungsbild positiv beeinflußte. Nun stellten sich auch die ersten Früchte der Aussöhnung mit dem Osten ein: Am 3. Juni 1972 unterzeichneten die Außenminister der USA, Frankreichs, Großbritanniens und der Sowjetunion in West-Berlin das Schlußprotokoll zum Viermächteabkommen, das damit in Kraft trat.* Sogar der Rückschlag in dem Verhältnis zu Polen schadete der wieder wachsenden Popularität der Regierung nicht. Am 27. August mußte Walter Scheel in einem Rundfunk-Interview nämlich bestätigen, daß sich bei der Umsiedlung deutschstämmiger Bürger aus Polen Schwierigkeiten ergeben hätten.[45]

Was war geschehen? Die Polen waren der Ansicht, daß sie ihrer Pflicht aus dem Warschauer Vertrag nachgekommen seien, nachdem sie 45 000 deutschstämmigen Bürgern die Umsiedlung in die Bundesrepublik erlaubt hatten. Da nie konkret über Zahlen gesprochen worden war und noch Tausende von Polen ausreisen wollten, stand die Glaubwürdigkeit der Ostpolitik auf dem Spiel. Bonn mußte zusätzliche Ausreisemöglichkeiten schaffen, doch wie? Das Druckmittel — Anerkennung der Oder-Neiße-Grenze — war verbraucht. Die Ostpolitik der Bundesregierung stand vor ihrer ersten Bewährungsprobe: Hatte sie nun ein besseres Verhältnis, hatte sie mehr Vertrauen und Verständnis geschaffen, das sich in menschliche Erleichterungen umsetzen ließ? Wenn jetzt die Polen den Bonner Wünschen nicht entgegenkamen, mußte dies eine schwere Niederlage für die Politik der Bundesregierung bedeuten.

Es kam zu der Niederlage. Warschau blieb in der Frage der Ausbürgerung hart. Die Beziehungen zwischen der Bundesrepublik und Polen froren ein.[46] Doch die Befürchtung, daß sich in der Öffentlichkeit dieser Fehlschlag zu *dem* Thema des Wahlkampfes entwickeln würde, diese Be-

---

* Am gleichen Tage traten auch die Ostverträge in Kraft.

fürchtung bewahrheitete sich nicht. Kaum ein Kommentar erschien, und auch die Berichte brachten — meist nur kurz — ein dürftiges Gerüst der Fakten. Und die Opposition, die sich nun die Regierung hätte vornehmen können, schien zu schlafen. Aller Augen waren nach München gerichtet, wo am 26. August die XX. Olympischen Spiele begannen, die durch den Anschlag der palästinensischen Terrorgruppe „Schwarzer September" auf die israelische Olympiamannschaft einen so schrecklichen Verlauf nahmen.

Die CDU/CSU setzte auf das Wahlkampfthema Radikalismus und innere Sicherheit. Doch in diesem Bereich waren, so die Meinung der Kommentatoren, der Regierung kaum Vorwürfe zu machen. Im Kampf gegen den Terrorismus hatte der Staat, wie es schien, sogar gesiegt. Die Baader-Meinhof-Gruppe existierte nicht mehr. Die Opposition, meinte Hans Heigert, heize lediglich üble, negative Emotionen auf. Jedes Augenmaß sei mit Scheuklappen verhängt. Denn der Radikalismus habe wenig mit Schuld oder Versäumnissen von Bundes- oder gar Landesregierungen zu tun. „Hätten seit 1969 CDU und CSU die Bundesregierung gestellt", so sein Fazit, „es stünde in diesem Feld nicht besser. Wahrscheinlich sogar schlechter."[47]

Der Rückschlag in der Polenpolitik drang nie so recht ins Bewußtsein der Öffentlichkeit. Das lag nicht zuletzt auch daran, daß es die Bundesregierung verstand, durch geschicktes Timing und öffentlichkeitswirksame Auftritte den polnischen Mißklang zu überdecken. Anfang Oktober fuhr Scheel nach China (um den Botschafteraustausch in die Wege zu leiten) und — zur selben Zeit — Bahr nach Moskau, wo er vier Stunden mit Breschnew sprach. Die Taktik der Regierung Brandt ging auf: Bilder aus Peking und Moskau in allen Medien, Bahr im Kreml an einem Tisch gegenüber von Breschnew, Scheel in Peking an der Seite von Tschou En-lai.[48] Jetzt habe, so der Tenor der Kommentare, die Außenpolitik der Bundesrepublik endlich internationales Format bekommen. „Größer", schrieb der *Spiegel,* „konnte der Triumph der Ostpolitik der Bonner Regierung fünf Wochen vor den Bundestagswahlen kaum sein."[49] Die *SZ* verglich Egon Bahr gar mit dem amerikanischen Außenminister Henry A. Kissinger, dessen „Pendeldiplomatie" und dessen Wendigkeit damals große Anerkennung fanden. „Behält man im Auge, daß Bahrs Rang nur der eines Staatssekretärs ist, so hat man es hier", schrieb Riedmiller für die SZ aus der sowjetischen Hauptstadt, „mit einer publizistischen Akzentuierung zu tun, die für Moskauer Verhältnisse ziemlich einmalig ist."[50]

Die Bundesrepublik hatte an Gewicht gewonnen, eine Entwicklung, die Brandt gutgeschrieben wurde. Jetzt zeigte sich auch plötzlich die Sowjetunion entgegenkommend. Anfang November ließ Moskau endlich deutschstämmige Bürger aus der Sowjetunion ausreisen — eine Art Wahlgeschenk für die sozial-liberale Koalition. Und es wirkte: Die Zeitungen waren voll von Bildern und Berichten über Menschen, die unmittelbar von Brandts Ostpolitik profitierten. Das allein zählte, das wurde verstanden. Und es zahlte sich aus bei der anstehenden Bundestagswahl.

6. 3 Die Bundestagswahl am 19. November 1972

Bei der vorgezogenen Bundestagswahl 1972 ergriff die linksliberale Presse in einem bisher unbekannten Maße Partei für die sozial-liberale Koalition. Dies lag zum einen an den Umständen, die zu dem Machtverlust der Regierung Brandt geführt hatten (Umstände, die man verurteilte), zum anderen an den Druck- und Propagandamitteln des politischen Gegners, denen man sich entgegenzustemmen versuchte.[51] „Hat es je in einem Wahlkampf so viel Gemeinheit, Niedertracht, Schläge unter die Gürtellinie gegeben?", fragte Hans Heigert, „so viel falsche Suggestion,

Angstmache mit Hilfe von Verleumdung?" Die Gereiztheit, Verbissenheit, die Neigung zu höhnischer Arroganz und vor allem zum Anheizen der primitivsten Emotionen seien größer denn je.[52] Von keinem führenden Politiker der Sozialliberalen, meinte der *Spiegel*, seien Diffamierungen der Art laut geworden, wie sie Strauß beinahe täglich von sich gebe, beispielsweise: „Die Bundesregierung wagt es doch gar nicht, den Linksradikalismus ernsthaft anzusprechen, weil sie die zarten Bande zwischen Bonn und Moskau nicht belasten will."[53]

Diese Verleumdung des politischen Gegners als „Feind der gesitteten Menschheit" werde ausschließlich von CSU und CDU betrieben. Die Spitze habe, wie so oft, meinte Heigert, „jener *Kurier*" erreicht, „der leider den Namen Bayern bekleckst". Diese Zeitung habe auf jeden Schlag noch einen tieferen gegeben. „Mochten viele der erhitzten Verleumder späterhin Anzeichen von schlechtem Gewissen erkennen lassen: F. J. Strauß hat sich solche ‚Blößen' nie gegeben. Sein Problem ist wohl, daß er nicht ahnt, wie er sich selber ruiniert."[54]

In dieser emotional so aufgeladenen Atmosphäre schlug der Koalition eine Welle der Sympathie entgegen. Überall im Lande entstanden Wählerinitiativen, die sich für die SPD einsetzten.[55] Die *Zeit* sprach später — im Rückblick — von einem „Bekenntnisfieber".[56] Insbesondere die Schriftsteller unterstützten Brandt und seine politischen Ziele. Das Forum waren die Medien, meist die Zeitungen und Zeitschriften, die der sozial-liberalen Bundesregierung nahestanden. Verblüfft stellte Nina Grunenberg in der *Zeit* die Frage, was in oder an Brandt wohl bewirke, daß Leute wie Günter Grass, Heinrich Böll oder Klaus Harpprecht, die sonst unüberwindliche Hemmungen hätten, „dafür" zu sein, sich plötzlich diesem Manne mit Kopf und Seele verschrieben. Intellektuelle fühlten sich durch ihn erlöst, sähen in ihm Geist und Macht miteinander versöhnt. Brandt und

Scheel, so der Tenor, sollten die Chance erhalten, die Politik der „Erneuerung" fortzuführen.[57] Warum? „Brandt und Scheel argumentieren, was mühsam ist", schrieb der Schweizer Schriftsteller Max Frisch in der Zeit, „Barzel und Strauß trumpfen. Womit? Die Panik, die sie zu stiften sich bemühen, ist ihre eigene, da sie heute, durch den Wahlkampf zur Rede gestellt, außer ihrem Willen zur Macht um der Macht willen wenig vorzutragen haben an konstruktiven Projekten, die einer Gesellschaft im ganzen und nicht nur ihren Großverdienern zugute kämen..."[58]

Je näher der Wahltermin rückte, um so härter wurde die Auseinandersetzung, um so klarer aber auch bezog die linksliberale Presse Position gegen die Opposition. Der Spiegel zum Beispiel attackierte in einer mehrteiligen Serie über die Wahl die führenden Unionspolitiker sowie deren politische Ziele. Im Vordergrund standen dabei die Konzepte zur Überwindung der wirtschaftlichen Schwierigkeiten; die Preise kletterten in diesen Monaten schließlich schneller als je zuvor in der deutschen Nachkriegsgeschichte. Die Kernaussage des Spiegel, die in Variationen immer wieder auftauchte: In der Innenpolitik halte es die Union eher mit Gemeinplätzen. Weder in Fragen der inneren Sicherheit noch der Wirtschaftspolitik habe die CDU/CSU brauchbare Rezepte. Für die Stabilitätspolitik seien den Chefökonomen dieser Partei „viele große Worte und zweifelhafte Rechnungen eingefallen, aber kaum konkrete Maßnahmen." Die Union wolle den Wählern weismachen, sie hätte in der Konjunkturpolitik den Stein der Weisen gefunden. „Wie Alchimisten nie das Rezept verrieten, nach dem sie künstlich Gold herzustellen versprachen, so behält auch Barzel bislang die geheimnisvolle Stabilitätsmixtur für sich."[59]

Da die Opposition nun doch langsam erkannte, daß sie das Thema Ostpolitik besser mied, sie andererseits aber den Wahlkampf nicht auf einen attraktiven Spitzenkandidaten zuschneiden konnte, blieb ihr — so hatte es wenigstens den Anschein — kaum mehr, als die Inflations- und Sozialismusangst weiter zu schüren. Dabei lief sie freilich Gefahr, unglaubwürdig zu werden. Diese Art Argumentation war schließlich nur wirksam, wenn man sie überzog.[60] „Klassenkampf und Sozialismus, Inflation und Arbeitslosigkeit, Staatsbankrott und Enteignung", listete der *Spiegel* die Schlagworte der christdemokratischen Wahlpropaganda auf. Das seien die „Reizworte und Schreckbilder aus dem traditionellen Vokabular der Rechten..." Keine Unterstellung sei zu bösartig, kein Schreckbild zu verzeichnet, kein Klischee zu grob, wenn es gelte, „der Union mit dem ‚C als Selbstverpflichtung' (Richard von Weizsäcker) nach drei Jahren bitter empfundener Oppositionsrolle den Rückweg zur Regierungsmacht zu ebnen".[61]

Die Opposition verlor an Überzeugungskraft, nicht zuletzt, weil die linksliberale Presse die Argumentation der Unionspolitiker als „Panikmache"[62], als Verdummungsfeldzug"[63] diskreditierte. Die ständige Angstwerbung erzeuge bei manchen Wählern zwar Schreckreaktionen, aber nicht die erwünschte Verhaltensänderung. Wie auch? „Der Buhmann, der jahrzehntelang herumgezeigt wird, verliert an Strahlkraft, wenn das angedrohte Übel ausbleibt."[64]

Die Opposition schien nach Ansicht der untersuchten Medien einfach nicht zu verstehen, „daß eine Regierung aus SPD und FDP kein Staatsstreich" sei.[65] Es hatte den Anschein, als ob sich die Union nie mit der Oppositionsrolle würde abfinden können, als ob nur eine regierende CDU/CSU die richtige Ordnung gewährleisten könnte. Diese Erkenntnis verringerte natürlich die Wirkung der oppositionellen Argumente auf die Wähler — Argumente, die noch aus zwei weiteren Gründen relativiert wurden. Zum einen verwies die Regierung nicht ohne Erfolg auf den internationalen Zusammenhang des anhaltenden Preisauftriebs, der außerhalb der nationalstaatlichen Kontrollmöglichkeiten lag. Zum anderen beurteilte ein größerer Teil der Bevölkerung die *eigene* wirtschaftliche Lage deutlich positiver als die *allgemeine* wirtschaftliche Entwicklung. 55 %/o der Bundesbürger waren der Ansicht, daß die wirtschaftlichen Verhältnisse auch in nächster Zukunft so günstig blieben wie sie waren.[66]

In bezug auf den *Spiegel* zeigte sich: Je entschlossener die Opposition ihren Wahlkampf führte, je härter sie den politischen Gegner anging, um so schärfer und unerbittlicher verurteilte das Nachrichtenmagazin die oppositionelle Strategie. Ein typisches Beispiel für diese neue Qualität des publizistischen Kampfes war der Versuch, die Wahlkampfstrategie der Union mit „rechtsradikaler Propaganda" gleichzusetzen. „Haßgefühle und Aggressivität werden auf eine imaginäre Feindgruppe gelenkt", war knapp drei Wochen vor der Wahl im *Spiegel* zu lesen. „In der Unbestimmtheit des Feindes offenbart sich der demagogische Charakter der rechtsradikalen Propaganda, die willkürlich darüber befindet, wer Kommunist oder heimlicher Agent ist."[67]

Was stand nun zur Wahl? Für den unbefangenen Bürger, der lediglich die Kommentare der linksliberalen Blätter las, gab es nur diese Entscheidung: Zwischen der „Bereitschaft zur — notfalls auch bitteren — Einsicht in die Realitäten" — also die Wahl der sozial-liberalen Koalition — oder dem „antiquierten Glauben an die Dauerhaftigkeit einer westdeutschen Idylle".[68] Und bei den Personen standen sich gegenüber: Auf der einen Seite der international anerkannte Bundeskanzler und Friedensnobelpreisträger, ein Mann „mit festen Grundsätzen, an dessen Lauterkeit nicht einmal seine Gegner zweifeln". Und auf der anderen Seite, Rainer Barzel, der „unsympathische Prototyp des aalglatten Ehrgeizlings, dem der Chef die Prokura nur ungern erteilt und dem die Erbtante nur den Pflichtteil hinterläßt"; sowie Franz Josef Strauß, „dieser bayerische Plattwalzer".[69]

Gerade der CSU-Vorsitzende wurde in einer Weise angegriffen, die auch in jenen emotional so aufgeheizten Tagen außergewöhnlich scharf war. „Gespenster" seien die politischen Requisiten des Demagogen Strauß, der meine, ganz allein „die teuflische Strategie der Moskauer Weltrevolutionäre" zu durchschauen. „Der Journalist Erich Kuby", verschanzte sich der *Spiegel* hinter der Meinung eines Dritten, „der Journalist Erich Kuby beschrieb diesen von vielen so abgöttisch angebeteten Mann als opportunistischen ‚Gewalttäter'..." Oder: „Dieser Typus von Politiker erniedrigt den Gegner zu Objekten seiner Phantasien", zitierte der *Spiegel* Alexander Mitscherlich, um dann die Meinung anzufügen: „Die Wahlkampf-Denunziationen von Strauß sind — im medizinischen Sinne — Projektionen der eigenen Unsäglichkeit auf das entlastende Feindbild."[70]

Die Devise war, durch Abwertung des politischen Gegners die Entscheidung für Willy Brandt als etwas Zwingendes hinzustellen. Aber auch an der unmittelbaren Schützenhilfe ließen es die linksliberalen Blätter nicht fehlen. Der Bundeskanzler sei gelassener denn je — ein Politiker, der seiner Mission gewiß sei, ein Parteiführer, der sich seines Stammplatzes in künftigen Geschichtsbüchern bereits sicher sein könne, der keine persönlichen Ambitionen mehr habe. Willy Brandt könne nach Belieben eine Wahlversammlung in eine Art „Weihestunde" verwandeln. Er rede „fast immer largo, den Ton ganz zurückgenommen, die Hände wie suchend ausgestreckt, ‚compassion' (diese von ihm ins politische Vokabular eingeführte Fähigkeit, barmherzig zu sein), weniger fordernd denn herausfordernd". Manchmal habe die Intonation seiner Reden gar etwas von der erhabenen Monotonie der Gregorianik.[71] Vor allem auf ältere Frauen wirke diese maßvolle Art. Die seien am Schluß einer Rede stets am meisten bewegt. Oft „Tränen in den Augen", versuchten sie den Kanzler zu berühren, ihm sogar „Rosenkränze und Amulette" zu geben.[72] „Heute müßten die Vorredner in den Wahlversammlungen des Kanzlers, wenn sie seinem Image denn einen Namen leihen wollten, ihn eigentlich als Professor Dr. Wilhelm von Brandt ansagen — und selbst damit hätten sie den Erwartungsspielraum des Publikums nur annähernd ausgefüllt."[73]

Eine glückliche Fügung erweckte schließlich den Eindruck, als ob Brandt tatsächlich die hochgesteckten Erwartungen der Öffentlichkeit zu erfüllen in der Lage sei. Der äußerst günstige Verlauf der deutsch-deutschen Verhandlungen zwischen Bahr und Kohl erbrachte just elf Tage vor der Wahl die Einigung über den Grundlagenvertrag. Nach über sechzig Sitzungen und mehr als tausend Verhandlungsstunden paraphierten am Mittwoch, dem 8. November 1972, Egon Bahr und Michael Kohl als Vertreter ihrer Länder das erste eigenständige deutsch-deutsche Vertragswerk — zugleich Krönung und Triumph der sozial-liberalen Ostpolitik.

Die Reaktion in den Medien war positiv. Der Grundvertrag sei „Schlußstein in der Rechtskonstruktion der neuen Bonner Ostpolitik"[74], ein logischer Endpunkt und großer Erfolg.[75] Zwar sei das Vertragswerk nicht perfekt. Es enthalte zum Beispiel Kompromißformeln, „die vermutlich nur in politischen Schönwetterlagen tragfähig sind".[76] Unter den gegebenen Umständen sei jedoch nicht mehr zu erwarten gewesen. „Der Grundvertrag ist ehrlich, realistisch, ausbaufähig", schrieb Theo Sommer. „Er macht das Mögliche möglich."[77] Die SPD/FDP-Koalition habe endlich mit der „Politik der doppelten Moral" Schluß gemacht.[78] Und an die Adresse der Unionsparteien, die vom Ausverkauf deutscher Interessen gesprochen hatten, richtete Hans Heigert die Worte: „Wer stets nur alles oder nichts fordert, opfert die schrittweise Verbesserung menschlicher Lebensverhältnisse dem kalten Prinzip. Eine ‚Spaltung Deutschlands' wurde nicht ‚besiegelt', sondern die Überwindung der Spaltung wird möglich."[79]

Damit war die Bundestagswahl entschieden.* Niemand hätte die Dramaturgie dieser Politik im Hinblick auf den 19. November wirkungsvoller gestalten können, zumal die Koalition durch einen geschickten Schachzug ihre Chancen noch einmal zu erhöhen wußte. Sie beschloß, den Vertrag zwar *vor* dem 19. November zu paraphieren, ihn aber erst *danach* zu unterzeichnen. Diese Trennung war möglich: Paraphierung bedeutet ja lediglich die Einigung der Unterhändler auf einen gemeinsamen *Entwurf*. Unterzeichnung und Ratifizierung waren somit der neuen Regierung bzw. dem neuen Bundestag vorbehalten. Und da sich die Unionsparteien nicht zu einem klaren Votum *für* den Grundvertrag durchringen konnten, war die Bundestagswahl zu guter Letzt das, was die Opposition immer verhindern wollte: ein Plebiszit über die Deutschland- und Ostpolitik der Koalition.

Und wieder war es Rainer Barzel, der durch einen Fehler den Triumph für Willy Brandt vergrößerte. Anstatt angesichts der öffentlichen Zustimmung, die der Grundvertrag fand, moderate Töne anzuschlagen, erklärte er am 15. November, vier Tage vor der Wahl, in der berühmt gewordenen Fernseh-Diskussion der vier Parteivorsitzenden, im Falle eines Sieges der CDU/CSU werde er den Grundvertrag nicht unterzeichnen, sofern es die DDR nicht sofort unterlasse, auf Flüchtlinge zu schießen. Dies war eine verkappte Ablehnung des Vertrages, eingekleidet in eine emotional aufrührende, von der DDR aber — zu diesem Zeitpunkt — unmöglich zu erfüllende Forderung. „Die moralische Entrüstung [Barzels], schrieb Gerhard Ziegler in der *FR*, „entlarvt sich selbst." Denn Rainer Barzel wisse so gut wie jeder andere, daß an den Grenzen totalitärer

---

* Eine Umfrage (Marplan) am Tage nach der Wahl ergab, daß 79 % der Befragten der Ansicht waren, daß der Grundvertrag mit der DDR die Chancen der SPD entscheidend erhöht habe, siehe *Spiegel* Nr. 49 vom 27. 11. 1972, S. 24.

Staaten geschossen werde. Aber Entsetzen und Abscheu vor dem Verbrechen änderten nichts daran. „Wer hier erst einmal Änderungen verlangt, ehe weitergeredet wird, verhält sich wie einer, der verkündet: Ich gehe erst dann baden, wenn das Wasser nicht mehr naß ist."[80]

Damit lief Barzels Vorstoß ins Leere: Der CDU-Kanzlerkandidat stand nun da als derjenige, der sogar diesen von vielen für unmöglich gehaltenen Ausgleich ablehnte. Brandt hatte das weite und publikumswirksame Feld der Friedenspolitik für sich alleine, hatte geschafft, was früher nur der CDU/CSU vorbehalten war: die Identifikation mit dem von ihm geführten Staat.[81]

Am 19. November 1972 erreichte Willy Brandt den Gipfel seiner Popularität. Er, er fast ganz allein, hatte die SPD auf diesen bislang unerreichten Wert von 45,8 % geführt. Die SPD war stärkste Partei und mit 230 Bundestagssitzen auch stärkste Fraktion geworden.* Es war, daran ließen die Medien keinen Zweifel, eine „Willy-Wahl" gewesen.

Brandt hatte, in nur drei Jahren, die Aussöhnung mit dem Osten erreicht. Dafür hatte er, quasi als Prämie, den Friedensnobelpreis erhalten. Jetzt zahlten sich seine Bemühungen auch national aus. Durch die Wahlentscheidung wurde die ost- und deutschlandpolitische Innovation der Regierung Brandt/Scheel nachträglich endlich auch im eigenen Land gutgeheißen.

Bestätigung und Bürde zugleich. „Den Sieg hat Brandt zu tragen, Barzel zu bezahlen und Strauß zu erkennen", schrieb Günter Gaus prophetisch. Die schwerste Last liege nun auf dem Kanzler. Die Wahl sei so eindeutig ein Votum

---

* Die CDU/CSU verfehlte nicht nur ihr Wahlziel, sondern hatte mit 44,9 % gegenüber 1969 einen Rückgang von 1,2 Prozentpunkten zu verzeichnen. Damit fielen die Unionsparteien erstmals hinter das 1953 erreichte Ergebnis von 45,2 % zurück. Die FDP kam auf 8,4 %: Mit ihren 41 Sitzen hatte sie gegenüber 1969 elf hinzugewonnen.

für ihn gewesen, daß er wissen müsse: „Alle etwaigen Führungsmängel der neuen Regierung Brandt/Scheel gehen voll auf seine Verantwortung und zu seinen Lasten." Die Kritiker, das zeigen diese Worte, hatten ihre Plätze eingenommen. Das Bühnenstück „Verfall der Macht" konnte seinen Lauf nehmen. „Führt Brandt nicht entschieden", gab Gaus die Richtung an, „so wird er — angesichts der Schwierigkeiten, vor denen die Regierung steht — das Ergebnis vom 19. November schnell verspielen."[82]

7. Erschöpfung nach dem großen Sieg

In den auf die Bundestagswahl folgenden 17 Monaten bis zum Rücktritt Brandts verspielte die sozial-liberale Koalition die Chance, den breiten Konsens zu festigen. Das war erstaunlich, da die Wahl vom 19. November gezeigt hatte, daß die Mehrheit der Bevölkerung ihre neue Heimat in der SPD sah. Zahlreiche Kommentatoren betrachteten die VII. Legislaturperiode (1972—1976) in der ersten Euphorie sogar nur als Durchgangsstadium zur absoluten Mehrheit der Sozialdemokraten.[1] Das Stichwort, das diese Veränderung kennzeichnete, war: die neue Mitte.[2] Die SPD hielt diese neue Mitte — das hatte das Votum gezeigt — besetzt, und Willy Brandt ließ keine Gelegenheit aus, den Anspruch „seiner" Koalition auf diesen Standort zu formulieren. Seine Regierungserklärung vom 18. Januar 1973 zum Beispiel „wirkte in einigen Passagen", kommentierte Hans Schuster, „als habe es der Bundeskanzler darauf angelegt, als Erneuerer einer schon für tot erklärten sozial-liberal-konservativen Gedankenwelt, ja, als einer, der das hohe C mit neuem Leben erfüllen will, in die Zeitgeschichte einzugehen".[3] Die liberalen Publizisten rechneten mit einer Ausdehnung, mit einer ständigen Erweiterung der Wählerschaft. Ausländische Beobachter sahen gar in der Ära Brandt einen Wendepunkt in der deutschen Politik.[4] Die SPD war plötzlich eine „geborene Regierungspartei"[5]. Dieser Ausspruch, aus einer quasi historischen Gesetzmäßigkeit abgeleitet, verleitete Willy Brandt schließlich zu der Annahme, daß die sozial-liberale Koalition die politische Führung nicht nur in der laufenden Legislaturperiode innehaben werde, sondern auch „im letzten Drittel dieses Jahrhunderts".[6]

Daß dies ein Trugschluß war, sollte sich schon bald erweisen. Schon kurz nach der Bundestagswahl wurde Kritik laut, zum einen am Regierungsbildungsprozeß allgemein, zum anderen an Brandts Führungsstil. Die linksliberale Presse begann, die Autorität des alten und neuen Kanzlers in Zweifel zu ziehen.[7] Die Gründe für den Verlust der neuen Mitte, für den Verfall an öffentlicher Reputation, sind nur zum Teil konkret zu fixieren. Als Beispiele sollen genannt werden: das Aufflammen innerparteilicher Kämpfe, politische Skandale, die wachsenden wirtschaftlichen Schwierigkeiten sowie die Ernüchterung in der Ostpolitik. Einer der wesentlichen Gründe für die Veränderung des Brandtschen Öffentlichkeitsbildes lag nämlich im Atmosphärischen, im Wandel der allgemeinen Zustimmung — eine bewußtseinsmäßige Veränderung, die nicht zuletzt durch die linksliberalen Medien und deren Perzeption der konkreten Probleme bewirkt wurde.

Schon im Bundeswahlkampf 1972 hatte sich dieser Wandel vereinzelt angedeutet. Das öffentliche Votum der Medien sowie das Engagement prominenter Persönlichkeiten für Brandt und die sozial-liberale Koalition waren an Grenzen gestoßen. Einer der ersten, der dies öffentlich kundtat, war der Schriftsteller Martin Walser, der in der *Zeit* schrieb: „Die Idolisierung der Politik ist im Gange. In den USA gibt es schon demokratische und republikanische Besetzungsbüros; da kann man für McGovern Eartha Kitt und für Nixon John Wayne anfordern. Bei uns leihen Quizmaster, Discjockeys, Fußballer, Professoren, Schauspieler und Schriftsteller ihr Image, mehr oder weniger zinslos, den Parteien. Das heißt, die Amerikanisierung unserer Wahlkämpfe ist unaufhaltbar... Es genügt einem nicht, am Wahltag zu wählen. Man muß noch auf andere einreden mit einem Vorwegbekenntnis... Also privilegiert man sich, unterschreibt, versucht Einfluß zu nehmen durch so was Irrationales wie eine Akademikerliste, Professorenliste, Schriftstellerliste, Prominentenliste, Nobelpreisträgerliste. Ein paar Plakatsätze, eine möglichst einschüchternde

Namensparade. Wenn das nicht zur Mandarinendemokratie führt!"[8]

Die Befürchtung Walsers bewahrheitete sich nicht. Das öffentliche Engagement prominenter Publizisten, Schriftsteller und Wissenschaftler schadete der noch jungen deutschen Demokratie nicht. Das lag jedoch nicht daran, daß sich die prominenten Persönlichkeiten nicht mehr öffentlich artikulierten, sondern an der veränderten Zielrichtung ihres Engagements: Man engagierte sich nicht mehr *für*, sondern zunehmend *gegen* die Politik der sozial-liberalen Koalition. Als sich nämlich herausstellte, daß die Regierung an politische und ökonomische Grenzen stieß, daß die Aussöhnung mit dem Osten sowie die Demokratisierung im Innern wegen der Sachzwänge nur mehr in geringem Maße fortschritt, da setzte eine immer lauter werdende Kritik ein. Man war enttäuscht. Und gerade diejenigen, die sich von der sozial-liberalen Koalition am meisten erhofft hatten, verspürten die größte Enttäuschung. Das galt in besonderem Maße auch für die linksliberalen Medien.

7. 1 Der Prozeß der Regierungsbildung

Die Regierungsbildung 1972 war wesentlich schwieriger als 1969 — „qualvoll und umständlich".[9] Der Druck der Opposition entfiel wegen der klaren Mehrheit der Regierung, was die Unruhe in der SPD vergrößerte. Die Front verlief nicht zwischen FDP- und SPD-Ministern, sondern quer durch die SPD-eigenen Reihen. Jede Gruppierung reklamierte den Wahlsieg für sich und verlangte nach dem Lohn des Einsatzes. Hinzu kam, daß der Vorrat an Gemeinsamkeiten mit der FDP weitgehend aufgebraucht war. Die außenpolitische Innovation war vollzogen, und im innenpolitischen Bereich hatte sich — wie zum Beispiel in der Frage der Mitbestimmung — Konfliktstoff angesammelt.

Brandt stand vor einer schweren Aufgabe. Sein Plan, die anstehenden Probleme sofort anzupacken, war zwar vernünftig, die Durchführung aber mißlang. Der Kanzler hatte eigentlich — Konsequenz des finanziellen Engpasses — dem Ratschlag Carlo Schmids folgen und „die notwendigen Grausamkeiten am Anfang" begehen wollen.[10] Die Regierungserklärung sollte vorsichtiger formuliert, der Versprechenskatalog weniger umfangreich sein.[11] Brandt wollte das Kabinett von Beginn an straffer führen. Doch er schaffte es nicht, er konnte nicht grausam sein. Der Prozeß der Regierungsbildung wurde für Brandt nach Einschätzung der Medien zu einem Debakel.

Schon vier Wochen nach der Bundestagswahl zog der *Spiegel* eine erste, vernichtende Bilanz. „Im Kabinett sitzen die alten Figuren — auch solche, auf die Brandt eigentlich hätte verzichten müssen: der arbeitslose innerdeutsche Minister Egon Franke ..., der ungeschickte Justizverwalter Gerhard Jahn ..., der erfolglose Bildungsminister Klaus von Dohnanyi..." Brandt habe versprochen, beim Volk den Erwartungshorizont niedrig zu halten. „Der Horizont geriet etwas zu flach." Verloren habe bei der Kabinettsbildung der Kanzler selbst: Er habe sich der Chance begeben, Struktur und Besetzung des neuen Kabinetts an den anstehenden Problemen zu orientieren. „Enttäuscht von dem Gerangel der Gruppen und Grüppchen um Macht und Einfluß schwankte der von Krankheit und Nikotinentzug geschwächte Wahlsieger ... zwischen Depression und Aggression."[12]

Was war geschehen? Brandt hatte sich aus dem Regierungsbildungsprozeß soweit wie möglich herausgehalten, getreu seinem neuen Prinzip, „sich mehr Lebensqualität durch weniger Hetze zu verschaffen".[13] Dieses „Prinzip" ging auf den Rat seiner Ärzte zurück. Denn Brandt war krank, erschöpft. Der unermüdliche Einsatz in den drei Jahren seiner ersten Regierungszeit, der hohe Kräfteverschleiß im Jahr 1972 hatten an seiner Gesundheit gezehrt. Seine Stimme war kaputt. Er mußte operiert werden. Er durfte nicht mehr rauchen.[14] „Der Bundeskanzler brachte es fertig", schrieb Klaus Dreher in der *SZ,* „fünf Koalitionsbesprechungen schweigend oder marzipanknappernd, allenfalls flüsternd eingreifend, durchzustehen, Sitzungen, in denen sich die Kommissionsmitglieder streng an die hausväterliche Regel halten mußten, nicht über Personalien zu reden, und er selbst kein klärendes Wort sagte..." Selten, so Dreher weiter, hätten Minister oder Ministeraspiranten so begierig Zeitungen gelesen wie in den drei Wochen nach der Wahl. „Der parlamentarische Geschäftsführer der FDP-Fraktion, Werner Mertes, las an einem Tag in der Zeitung, er sei Anwärter auf das Amt des Wirtschaftsministers, und am anderen, er habe verzichtet, ohne daß jemals jemand mit ihm darüber gesprochen oder daß er sich geäußert hätte."[15]

Brandt war das Opfer seines eigenen Schweigens geworden. Anfangs hatten verschiedene Publizisten noch die Vermutung geäußert, der Kanzler setze seine Krankheit „psychologisch als Mittel der Disziplinierung ein": Die Beteiligten sollten sich beim Kampf um Kabinettsposten austoben. Erst dann, dachte man, wolle er ein Machtwort sprechen.[16] Doch dem war nicht so. Bevor Brandt ein Machtwort sprechen konnte, bestand kein Spielraum mehr.

Nach seiner Operation, in der Abgeschiedenheit des Krankenzimmers, schien der Kanzler zu einem Führungsstil gefunden zu haben, der seinem Naturell wohl am meisten entsprach. Anweisungen, dienstliche Mitteilungen und Briefentwürfe, beobachtete Ulrich Blank vom *Stern,* bringe Brandt „Seite um Seite mit einem schweren Füllfederhalter zu Papier". Telefongespräche wolle der Kanzler ebensowenig empfangen wie Besucher. Lediglich über Notizzettel halte er Kontakt zur Umwelt. „Im vierten Jahr seiner Kanzlerschaft", meinte Blank, „gleicht Brandt dem alternden Kaiser Napoleon, der seine Befehle nur noch schriftlich gab und die Papierfetzen dann aus der rasenden Kutsche den mitreisenden Ordonnanzoffizieren zuzuwerfen pflegte."[17]

Das bedeutete: Die Weichen für die Zusammensetzung des neuen Kabinetts wurden weitgehend ohne Brandts Beteiligung gestellt. Die Hauptakteure bei dem Ämterschacher waren Schmidt und Wehner auf Seiten der SPD sowie Scheel und Genscher bei der FDP. „In Gesprächen zu fünft und zuletzt zu zweit (zwischen Scheel und Schmidt) ist die künftige Kabinettsstruktur so weit festgelegt worden, daß der Bundeskanzler praktisch Gefangener seines eigenen Schweigens geworden ist."[18] Helmut Schmidt war es, der kraft des von ihm ertrotzten „Schatzkanzleramtes" den stärksten Druck auf Brandt ausübte: „Die Hofschranzen, die dem Willy nur nach dem Maul reden, müssen weg. Sonst spiele ich nicht mehr mit."[19]

Die Personen, die Schmidt weg haben wollte, waren Conrad Ahlers, der Regierungssprecher, und Kanzleramts-Chef Horst Ehmke, der, so Schmidt, „seine ganze Arbeitszeit dazu benutzt hat, die Hälfte der Fehler wieder zu entwirren, die er selber angerichtet hat". Zu verbannen sei auch der unter Leitung von Professor Reimut Jochimsen aufgebaute aufwendige Planungsstab im Kanzleramt, „Ehmkes Kinder-Dampfmaschine".[20] In Wirklichkeit, kommentierte der *Spiegel,* „bestimmen nicht Gott, Kanzler und Vizekanzler die Personaldiskussion, sondern Helmut Schmidt".[21]

Schmidt und Wehner betreiben die Ablösung Ehmkes und Ahlers' mit Erfolg. Ehmke wurde Minister für Forschung, Technologie und Kommunikation, Ahlers Hinterbänkler. Damit war Brandt, wie der *Spiegel* meinte, ein herber Schlag versetzt worden. Denn Ahlers und Ehmke gehörten zum engsten Kreis des Kanzlers. Beide hatten, wie auch Egon Bahr, Leo Bauer, Gerhard Jahn und Erhard

Eppler, am Regierungsprogramm der 1. Amtsperiode mitgearbeitet. Brandt vertraute ihnen, nicht nur menschlich: Er gab auch viel auf deren politische Urteilskraft.[22]

Für Ehmke kamen Horst Grabert als beamteter und Karl Ravens als parlamentarischer Staatssekretär ins Kanzleramt. Kein anderes Ressort, auch nicht das Bundeskabinett, wurde so stark verändert wie das Kanzleramt — eine Entwicklung, die negativ beurteilt wurde: „Die neue Konstruktion an der Spitze", schrieb der *Spiegel,* „hat die Gefahr erhöht, daß die Regierungs-Schaltstelle ihren Aufgaben weniger denn je gerecht werden kann." Bahr, Bundesminister für besondere Aufgaben, fühle sich mangels präziser Zuständigkeiten für alles zuständig. Grabert zeige wenig Neigung zur Selbstbescheidung und mache zu viele Fehler. Außerdem seien die Kompetenzen zwischen Grabert und Ravens nicht genau genug abgegrenzt, was Konflikte heraufbeschwöre.[23]

Ganz deutlich ging die Regierungsbildung zu Lasten des Wahlsiegers Brandt, so daß dieser bereits am 10. Dezember 1972, also noch vor der Vereidigung der neuen Regierung, eine Kabinettsumbildung für die Mitte der Legislaturperiode in Aussicht stellte. Brandt schien — und darauf wiesen die liberalen Publizisten immer wieder hin — seinen Spielraum nicht richtig genutzt zu haben.[24] Die FDP dagegen hatte einen optimalen Verhandlungserfolg erzielt: Sie erhielt zu ihren bisherigen Ressorts Auswärtiges, Inneres und Landwirtschaft das Wirtschaftsministerium, stellte mit Rüdiger von Wechmar den Regierungssprecher und hatte zu guter Letzt noch einen Sonderminister ohne festen Aufgabenbereich: Werner Maihofer.

Es war nicht zu übersehen: Brandt hatte eine Niederlage erlitten. Seine Behörde, das Kanzleramt, war ineffektiv besetzt, und die FDP war überproportional im Kabinett vertreten. Kaum ein Jahr später, im Oktober 1973, erkannte der *Spiegel,* daß die Berufungen von Grabert und

Wechmar „die beiden Ursünden der Regierungsbildung im Herbst 1982" gewesen seien. Der Kanzler hatte ernste Zweifel an seinen Führungsqualitäten wachgerufen. „Verloren hat bei der Kabinettsbildung der Kanzler...", schrieb der *Spiegel*. Verloren hätten aber auch die Linken, die außer mit dem obligaten Merkerposten Erhard Eppler (Entwicklungshilfe) nur noch mit einem dünnen Gebinde parlamentarischer Staatssekretäre abgefunden worden seien. Selbst Brandt habe die Lust am Geschäft verloren. Vor der Fraktion habe er geäußert: „Der Wahlkampf hat mehr Spaß gemacht als das, was jetzt läuft."[25]

Auswirkungen auf das tagespolitische Geschehen hatte dies alles jedoch noch nicht. Brandt wurde am 13. Dezember 1972 erneut zum Bundeskanzler gewählt: 269 stimmten für ihn. Nur zwei Abgeordnete der Koalition hatten sich gegen ihn ausgesprochen. Ein eindrucksvolles Ergebnis. Noch war die Reputation des Kanzlers unangefochten. Das Erstaunen über seine Führungsschwäche ging noch nicht tiefer. Niemand hatte die Risse innerhalb der Führungsspitze, innerhalb der SPD oder im Verhältnis zum Koalitionspartner gemerkt — Risse, die das Denkmal Brandt zum Bröckeln bringen sollten.

7. 2 Die Konsolidierungsphase Anfang 1973

Die ersten Monate der neuen Regierung waren — nach außen — geprägt von einer trügerischen Ruhe. Das Mehrheitspolster der Koalition war beruhigend, und die Opposition hatte mehr mit sich als mit dem politischen Gegner zu tun. Doch unter der Oberfläche brodelte es. „Ein merkwürdiges Unbehagen liegt über unserem Land", empfand Hans Heigert. Zwar ginge es nahezu jedem gut „und Jahr für Jahr besser". Trotzdem fühle sich niemand so recht wohl in seiner Haut. „Noch verdichtet sich dies nicht zur

Ahnung von Unheil, aber allgemeine Unsicherheit über die Zukunft scheint weiter verbreitet als noch vor ein paar Jahren."[26]

Die Euphorie des Jahres 1972 war verflogen. Es sah so aus, als ob nach den Machtkämpfen um die Ostverträge und die Bundestagswahl die Beteiligten doch sehr erschöpft seien. Gleichzeitig wuchs das Unbehagen. Die ökonomischen Probleme wurden größer, ohne daß sich Rezepte zu ihrer Lösung aufdrängten. Auf der Suche nach den Ursachen für das diffuse Mißgefühl stieß Heigert auf die fatale Erkenntnis, „daß wesentliche Daseinsprobleme des Menschen in der heutigen Gesellschaft offenbar außer Kontrolle geraten und kaum mehr ‚lösbar' scheinen". Ein Pessimismus griff um sich, der wenige Monate zuvor noch undenkbar gewesen war. Man zog sich ins Private zurück. „Wenn Wollen und Können, Ideen und Wirklichkeit, Lebensziel und Weg sehr weit auseinanderfallen, dann entsteht in der Tat *Frustration*. Sie kann in Flucht, Resignation, Rebellion und in mentale Anarchie umschlagen."[27]

In dieser diffusen und von Unsicherheit geprägten Situation wuchs das Bedürfnis nach klarer politischer Führung. Weil keiner ein Patentrezept anzubieten hatte und weil ein Defizit an theoretischer Grundsatzdiskussion bestand, kam eine Sehnsucht auf nach forschenden Analysen zur Bewältigung der Zukunft und damit eine Sehnsucht nach überzeugender geistiger Führung. Diese klare Führungsrolle jedoch konnte oder wollte Brandt nicht übernehmen. Er erholte sich nur langsam von seiner Krankheit, wollte wohl auch nicht mit dem gleichen kräftezehrenden Einsatz seine Amtsgeschäfte führen wie vor der Bundestagswahl. Hatte es Brandt nach der Wahl 1969 durch zahlreiche internationale Auftritte noch verstanden, ein überzeugendes und unmittelbares Gefühl öffentlicher Präsenz zu vermitteln, so war er jetzt fast völlig aus den Schlagzeilen der Medien verschwunden.

Dafür waren die Schlagzeilen der linksliberalen Presse in jenen Wochen vor dem SPD-Parteitag in Hannover beherrscht von Streitigkeiten der Sozialdemokraten untereinander, von harten und kompromißlosen Forderungen des linken Flügels. „Mit diesem Ergebnis können wir anfangen, das sozialistische Deutschland zu gestalten", hatte Rudolf Schöfberger, der Vorsitzende des SPD-Unterbezirks München, in der Wahlnacht gegenüber der Zeitschrift *Konkret* gemeint.[28] Ein Plan, der den Streit geradezu heraufbeschwor und der auf Unverständnis stieß. Die Vielschichtigkeit der Repräsentanz von den Marxisten bis zu Georg Leber oder Helmut Schmidt habe zwar, kommentierte Hans Reiser in der *SZ*, die Wählbarkeit der SPD insgesamt verbreitert. „Auf längere Sicht ist Zerstrittenheit jedoch kein Konzept..."[29]

Willy Brandt war in einem Dilemma. Er war in einer Zeit, in der er alles etwas ruhiger angehen wollte, plötzlich als entscheidende Instanz gefordert. Er sollte die aufmüpfigen Linken in seiner Partei disziplinieren. Doch der Kanzler mochte sich dazu nicht durchringen. So konnten die Jungsozialisten zunächst frei schalten und walten: Sie produzierten im Vorfeld des SPD-Parteitags in Hannover (der im April stattfand) Ideen und Utopien, die die Öffentlichkeit schreckten. Die Ziele seien ja auch kraß genug, meinte Hans Heigert.[30] Wie kraß, das zeigt der Antrag Nummer 32 des Bezirks Westliches Westfalen: Die SPD sei in eine konsequent sozialistische Partei umzuwandeln, „die ihre Rolle als Grenzträger kapitalistischer Herrschaft" verliere „und sich die Bedingung ihres Handelns weder vom Monopolkapital noch von dessen politischer Agentur, der CDU/CSU, diktieren" lasse.[31] „Spaltet sich die SPD?" fragte angesichts solcher Forderungen die *SZ*.[32]

Die Parteiführung der Sozialdemokraten hatte das Protestpotential in den eigenen Reihen nicht richtig eingeschätzt. Brandt zumindest saß der Fehlkalkulation auf, daß der Hinweis auf die Vorstellungen des liberalen Partners ausreiche, um die Gärungsprozesse und Richtungskämpfe in seiner Partei zu unterdrücken. Dabei übersah der Kanzler jedoch, meinte Hans Reiser, daß die „Versuchung des Wahlsieges zu groß" sei. Außerdem sei „der zu erwartende Pendelrückschlag von der rein pragmatischen Bewältigung der Tagespolitik zur Sehnsucht nach theoretischen Grundlagen zu sehr unterschätzt worden".[33]

Was die Situation für Willy Brandt so unangenehm machte, war die Tatsache, daß die Jungsozialisten immer weniger davor zurückschreckten, ihn selbst anzugreifen, und daß sie mit ihrer Kritik auch zunehmend Gehör in den Medien fanden. Die Zeiten waren vorbei, in denen die Jusos — wie am Abend des 19. November 1972 — mit brennenden Fackeln ihrer Verehrung für Brandt Ausdruck verliehen. Jetzt, Anfang 1973, wandte man sich gegen den Kanzler, weil er den Umfang der innenpolitischen Reformen den wirtschaftlichen Anforderungen unterwerfen wollte. Jetzt waren „die Genossen ... sogar zum Frevel am Parteiheiligtum bereit", schrieb der *Spiegel* am 5. März. „Willy Brandt ist nicht mehr tabu", zitierte das Nachrichtenmagazin ein Mitglied des Frankfurter Kreises. Es bestehe allgemein die Tendenz, „den Parteivorsitzenden kritischer anzugehen als früher".[34]

Innerhalb weniger Wochen hatte sich das innerparteiliche Klima gewandelt. Wo man in Zeiten des oppositionellen Drucks eng zusammenstand, taten sich jetzt Abgründe auf. Zwischen dem konservativen Flügel der Partei und den Linken gab es kein Entgegenkommen mehr. Die Standpunkte über gemeinsame Vietnam-Aktionen von Jusos und Kommunisten, über den Extremistenerlaß oder über die Vermögensbildung (die Brandt der FDP zuliebe in die Regierungserklärung aufgenommen hatte) lagen zu weit auseinander, als daß man auf einen Kompromiß hätte hoffen können. Manche Parteimitglieder vom linken Flügel waren sogar bereit, es zum Äußersten kommen zu lassen. Wenn Brandt die Abstimmung über die Vermögensbildung (die von einer starken Fraktion der Linken abgelehnt wurde) mit der Vertrauensfrage verbinde, zitierte der *Spiegel* den stellvertretenden Juso-Vorsitzenden Johano Strasser, dann sei es „nicht sicher, daß er damit großen Erfolg" habe. „Ich würde ihm raten", so Strasser weiter, „in solchen Sachfragen nicht seine Position aufs Spiel zu setzen. Wenn man so etwas zu oft macht, kann man sehr schnell ein Image verschleißen, auch wenn es noch so hochgeputscht ist."[35]

Zum Äußersten kam es dann doch nicht — nicht zuletzt, weil die Politik der Jusos in der Öffentlichkeit keinen positiven Widerhall fand. Da die linksliberale Presse nämlich die Vorstellungen der Linken fast ausnahmslos als unrealistisch und utopisch abtat, kam Brandts öffentliche Stellung nicht in Verruf. Im Gegenteil: Als der Kanzler schließlich, auf dem mit Spannung erwarteten Parteitag in Hannover (vom 10. bis 14. April), dem politischen Nachwuchs unmißverständlich klarmachte, daß er dessen Ziele als wenig sachdienlich empfand, erhielt er von der Presse ungeschmälerten Beifall.

Brandt war das Problem in seiner Rede vom 11. April zweigleisig angegangen: Auf der einen Seite warb er eindringlich für den Bestand des Bündnisses mit der FDP und entschuldigte alle Abstriche an sozialdemokratischen Reformzielen mit der Rücksichtnahme auf den kleineren Partner. Auf der anderen Seite zeigte er sich verständnisvoll jenen Kräften gegenüber, die ihre sozialistischen Vorstellungen durchsetzen wollten, zeigte ihnen aber auch gleichzeitig deutlich die Grenzen auf. Brandts Rede war „von klarer, knapper Diktion, gespickt mit Sätzen von pointierter Wirksamkeit", schrieb Kempski. „Alles Schwülstige, Wolkige und Literarisch-Romantische, das ihm als Redner in den letzten Monaten im Übermaß zugefallen schien, ist verschwunden." Der Kanzler lege es nicht mehr darauf an, als der ruhende Pol im Zentrum des breiten Spektrums divergierender Kräfte erhaben über den Dingen zu stehen. Diesmal wirke er „als kämpferische Führungsfigur, als ein Mann, dem bewußt geworden ist, daß seine Macht auf tönernen Füßen steht, falls er nicht drastisch die Grenzen der Freundschaft zu solchen jungen Genossen zieht, für deren durch keine Lebenserfahrung gedeckten Reformeifer er im Grunde seines Herzens bisher eine zärtliche Schwäche zeigte".[36]

Und die „jungen Genossen" steckten zurück. Die von allen erwartete Kraftprobe blieb aus. Spätestens zur Halbzeit des Parteitages war den linken Sozialdemokraten klargeworden, daß sie „gegen die geübten Kunstgriffe ihrer Widersacher nicht viel ausrichten konnten".[37] Brandt war hart, aber nicht verletzend. Lediglich den früheren Juso-Vorsitzenden Karsten Voigt, der auf dem Parteitag als Generalsekretär des „Frankfurter Kreises" auftrat, ging Brandt schärfer an. Karsten Voigt, meinte Ulrich Blank im *Stern*, gehöre zu den wenigen Sozialdemokraten, die der Parteivorsitzende absolut nicht leiden könne. „Am dritten Tag war es dann soweit. Die Stimme Brandts, die nach der Stimmbänderoperation immer noch der Schonung bedarf, steigerte sich zum Brüllen, als er mit Voigt ins Gericht ging. Der eifrige Sekretär, der Brandt hervorragend nachahmen kann, bewältigte das Vatererlebnis auf eigene Weise. Abends, in den ‚Herrenhäuser Stuben', hielt er die donnernde Kanzlerrede noch einmal und forderte die Zuhörer auf: ‚Klatscht gefälligst, wenn ein Staatsmann spricht!' "[38]

Der Parteitag war von der Parteiführung exzellent vorbereitet worden, gerade weil die Öffentlichkeit mit einer „Meinungsschlacht"[39], mit einer „Zerreißprobe"[40] gerechnet hatte. In Hannover, so der *Stern* vorher, entscheide sich die Zukunft der Sozialdemokraten: „reformistische Volkspartei oder marxistische Klassenkampfpartei".[41] Brandt, Wehner und Schmidt hatten ein Hauptziel: Sie wollten den

Vertrauensschwund stoppen. Dies sei gelungen mit der Taktik, Helmut Schmidt als den unnachgiebigen Angreifer und Brandt als den um Verständnis werbenden Vermittler auftreten zu lassen. Und Schmidt hatte zu Beginn des Parteitages dem linken Flügel in der Tat einiges zugemutet. „Seine Kritik am Kauderwelsch der Studierstuben-Revolutionäre, sein Plädoyer gegen unduldsame Parteiideologie und für handlungsfähigen Pragmatismus, seine Warnungen vor zunehmender Entfremdung der Arbeiterschaft sowie sein Hinweis auf eine Zukunft, in der es der SPD womöglich widerfahren mag, zur politischen Sekte abzusinken" — das alles „hätte eigentlich Tumulte ... auslösen müssen. Indessen, der Tumult blieb aus".[42]

Die SPD hatte es, allen Unkenrufen zum Trotz, geschafft, sich als eine geeinigte und gefestigte Partei darzustellen. Der Parteitag als „Familienfest", wie Ulrich Blank im *Stern* schrieb.[43] Hannover gab dem größten Teil der Sozialdemokraten das schon angeschlagene Selbstbewußtsein zurück, half die vereinzelt vorhandene Niedergeschlagenheit zu überwinden. Das Treffen „hatte einen hohen Rang", meinte denn auch Hans Heigert in der *SZ*. Das Maß an Energie, Sachverstand, Durchstehvermögen und offenbar fest vereinbarter Solidarität, das die Parteiführung aufgeboten habe, sei imponierend gewesen.[44]

Der Parteitag war ein Erfolg Brandts. Der Kanzler hatte in Hannover deutlicher denn je gezeigt, daß er die SPD nicht als Organisation dogmatischer Volksbeglücker versteht. Er hatte die marxistischen Dogmatiker ebenso in ihre Grenzen verwiesen wie die Parteimitglieder auf dem rechten Flügel, die für eine nachhaltige Abrechnung mit den Linken eingetreten waren. Brandt hatte damit, so das einhellige Urteil, erfolgreich eine Strategie verfolgt, die keiner Seite ernstlich weh tat. Vom „Podest des Nobelpreisträgers" herab habe er, beobachteten Ulrich Blank und Peter Koch, die Richtungskämpfe in seiner Partei mit der ihm eigenen

Gemütsruhe beobachtet.[45] Sogar sein „Erscheinungsbild" sei eindrucksvoll gewesen. „Entweder er hält die Arme über der Brust verschränkt wie weiland Napoleon, hoheitsvoll und abweisend zugleich", beschrieb Hermann Schreiber im *Spiegel* Brandts Art dazusitzen, „oder er lehnt sich, den Kopf himmelwärts erhoben, so weit in seinen Sessel zurück, daß man bangen muß, gleich werde er hintenüber kippen. Cäsarische Körpersprache. Willy Imperator."[46]

Brandt hatte es geschickt verstanden, Lob und Tadel nach allen Richtungen zu verteilen und nie zwischen die Fronten zu gelangen. Er schwebte „wie ein Parteipapst über den Wolken, den das Gezänk in den Niederungen nicht zu erreichen vermochte".[47] Gottvater ähnlich fanden ihn viele[48]; eine „Autorität ohnegleichen" habe Brandt mittlerweile, meinte Hans Joachim Noack in der *FR*, eine Autorität, deren Übermacht „allumfassend, bedrückend und fast schon ein wenig beängstigend" wirke.[49] Der Kanzler hatte nach seinem Tief im Herbst 1972 endlich wieder den Spaß am Umgang mit Menschen zurückgewonnen. Er war *die* Orientierungsfigur für die Wähler und *die* Integrationsfigur seiner Partei, was diese ihm auch dankte: Mit 404 gegen 20 Stimmen (bei 4 Enthaltungen) wurde Brandt als Parteivorsitzender bestätigt. Es war das beste Ergebnis, das ein Parteivorsitzender je erreichte.

7. 3 Die Gefahr der Entrückung

Brandt, der Gottvater[50]; Brandt, der Patriarch seiner Partei.[51] Brandt über den Wolken. Dies waren die Bilder und Vergleiche, die in jenen Wochen nach dem Parteitag in Hannover von den Zeitungen und Zeitschriften verwendet wurden — zunehmend jedoch mit Anmerkungen versehen, aus denen Irration sprach. Die Verklärung hatte jeden realen Bezug verloren. Konnte das — angesichts der drückenden innenpolitischen Probleme — gutgehen, wenn der Regierungschef sich so aus allem heraushielt?

Es sei der Friedensnobelpreis gewesen, meinte man, der jenen fatalen Hang des Kanzlers, sich als über den Dingen schwebend zu empfinden, so verstärkt habe. Seit dieser Ehrung sei Brandt mit einem unsichtbaren Sockel unter sich herumgelaufen. Daß er als „Denkmal" angesehen wurde, schrieb Peter Brügge im *Spiegel*, das stimme ihn „mindestens ebenso ergriffen, wie es ihn isoliert".[52] Seine transzendente Art habe sich verstärkt, seine Distanz zu anderen Menschen sei gewachsen. Parteifreunde trauten sich nicht mehr, ihn zu duzen. Was Brandt nach der Verleihung des Friedensnobelpreises dem *Spiegel* ironisch sagte, sei im Grunde ernst gewesen. Brandt hatte damals auf die Frage, ob er zu den gezielten Angriffen Barzels Stellung nehmen wolle, geantwortet: „Damit habe ich jetzt nichts mehr zu tun. Ich bin nur noch zuständig für große Dinge, für Frieden und so."[53]

Es blieb nicht aus, daß die SPD-Wahlstrategen dieses übersteigerte Persönlichkeitsbild auch für die Zwecke der Partei einzusetzen suchten. Im Juni machte Willy Brandt — organisiert von Wahlkampfexperten aus der Baracke — eine Mammutreise mit der Eisenbahn durch die deutsche Provinz. Der Kanzler wollte sich leibhaftig, und nicht immer nur auf dem Bildschirm, dem Volke zeigen und die Stimmung testen.[54] In zweieinhalb Tagen legte er 1968 Bahnkilometer mit einem Sonderzug zurück, besuchte zwölf Ortschaften. Was als Begegnung, als Dialog mit den Bürgern geplant war, wurde jedoch zu einer Dokumentation der Isolation. „Willy Brandt kommt nicht runter [vom Podest], auch nicht sinnbildlich", beschrieb Heinrich Jaenecke im *Stern* die Distanz zwischen Kanzler und Volk. „Einmal steht auf einem Bahnsteig eine kleine Menschenmenge direkt vor seinem Wagen... Der Kanzler tritt ans offene Fenster, aber er bringt kein Wort heraus. Es ist fast wie eine Pantomime. Stumm stehen sich Bürger und Regierungschef gegenüber, nur einen Meter voneinander entfernt... Als der Zug langsam anrollt, steht er noch immer unbeweglich... Er hinterläßt einen Eindruck von großer Ferne."[55]

Diese selbstgewollte Distanz hatte auch Einfluß auf die Art und Weise, wie der Kanzler ein für ihn ungelöstes Problem anging. Brauche er Rat, schrieb Wibke Bruhns im *Stern,* so stelle er zunächst verschiedenen Leuten Fragen. „Hier mal eine, eine andere dort. Für den Angesprochenen gibt das keinen Sinn. Willy Brandt aber sammelt Mosaiksteine."[56] Es wurde immer deutlicher: Die Fähigkeit, unmittelbaren Kontakt aufzunehmen, war Brandt nicht gegeben. Ihn quälte der Small-talk, diese Plauderei über Belangloses. Sah er sich gezwungen, fremden Menschen gegenüber liebenswürdig zu sein, wirkte er lähmend unbeholfen. „Der örtliche Feuerwehrmann, die Vorsteherin eines Gemeindezentrums — Willy Brandt findet keinen Zugang zu ihnen." Sein Engagement „für die Menschen schlechthin" gehe Hand in Hand mit der Schwierigkeit, zu einzelnen eine wirkliche Beziehung aufzunehmen. Er orientiere sich daher auch stets zuerst an der Aufgabe und dann erst an der Person. „Er ist Sozialdemokrat aus Überzeugung, nicht aus Gefühl."[57]

Brandt zeigte nicht mehr nur seine Macht, er zelebrierte sie. Als Leonid Breschnew (zwischen dem 18. und 22. Mai) die Bundesrepublik besuchte, da „gönnte Brandt sich und der Republik ein historisches Schauspiel": Er empfing den Generalsekretär der KPdSU „mit großem Zeremoniell". Im Gegensatz zu dem Treffen in Oreanda zwei Jahre zuvor, wo Brandt noch um den Erfolg seiner Ostpolitik bangen mußte, trat dem Kreml-Herrn nun ein völlig anderer Willy Brandt entgegen: „als Regierungschef mit klarer Parlamentsmehrheit unangefochten, als Ost-West-Entspanner im eigenen Land und bei den Verbündeten akzeptiert.[58]

Willy Brandt hatte ein Selbstbewußtsein gewonnen, das ihm auf der internationalen Bühne Töne erlaubte, die anzuschlagen ein deutscher Bundeskanzler sich bislang nicht getraut hatte. Bei seinem Besuch in Israel im Juni hatte Brandt seinen Gastgebern deutlich gemacht, daß Bonn im arabisch-israelischen Konflikt nicht a priori auf Seiten der Israeli stünde, sondern seine Politik an der jeweiligen Situation und an den vitalen Interessen der Bundesrepublik ausrichte. „Dies hat", meinte Hermann Schreiber im *Spiegel*, „so unverblümt — und zugleich so unwidersprochen — in Israel noch kein deutscher Politiker gesagt."[59] Und als Brandt nach Washington reiste, da fühlte sich der Kanzler in einer Position wie selten zuvor ein Bonner Regierungschef. Er traf auf einen US-Präsidenten, der tief in den Watergate-Skandal verstrickt war. Ein Kanzlerberater beschrieb die vertauschten Rollen: „Diesmal waren die Amerikaner froh, daß wir sie an die Brust genommen haben."[60]

All dies konnte jedoch nicht darüber hinwegtäuschen, daß des Kanzlers Position im eigenen Lande schwächer wurde. Die großen Auftritte auf internationaler Bühne verdeckten nur zeitweilig die Unzufriedenheit mit seinem Regierungsstil und seiner Arbeitsleistung. Finanzminister Helmut Schmidt mokierte sich über „Brandts zunehmenden Hang zur Entspannung": Je näher des Kanzlers 60. Geburtstag (am 18. Dezember 1973) komme, schrieb der *Spiegel*, desto deutlicher werde, daß Brandt sich auf dem Höhepunkt seiner Karriere wähne, die Regierungsgeschäfte schleifen lasse und einem angenehmen Leben den Vorzug gebe. „Brandts go-slow kommt reichlich früh." Denn gerade in den folgenden Monaten brauchten Kabinett wie Partei den vollen Einsatz des Regierungschefs. „Die großen innenpolitischen Reformpläne", zog der *Spiegel* das Fazit, „haben in dieser Legislaturperiode nur dann eine Chance, wenn sie im kommenden Herbst auf den Weg gebracht werden."[61]

8. Verfall der Macht

Im Juli 1973 „glänzte Brandts Popularität noch wie frisch lackiert". Bei 76 % der Befragten war der Kanzler wohlgelitten.[1] Zehn Monate später war seine Reputation ins Bodenlose gefallen. Was war geschehen?

Eine einfache Erklärung für den ungewöhnlichen Verfall der Popularität gibt es nicht. Vieles traf zusammen: Eine zunehmend kritischer und unduldsamer urteilende Presse, die auf der einen Seite Verkünder des allgemeinen Mißbehagens war, andererseits aus eigenem Antrieb Brandt und seiner Koalition die publizistische Unterstützung entzog. Dieser Wandel in den Redaktionen kam nicht von ungefähr: Er korrespondierte mit dem Unbehagen über die wirtschaftliche Entwicklung, ausgelöst durch den inflationären Preisauftrieb. Es gab zu viele Versäumnisse, Skandale und Ungereimtheiten, als daß man der an sich geschätzten Regierung weiter unangefochten die Stange hätte halten wollen. Da war die Steiner-Wienand-Affäre; die spektakuläre Schelte Herbert Wehners aus Moskau, die eine breite Diskussion über die Führungsqualitäten Brandts auslöste; die Ernüchterung in der Ostpolitik; die endlose und quälende Auseinandersetzung um die Arbeitsverweigerung der Fluglotsen. Das Verhältnis der Regierenden untereinander litt unter persönlichen Spannungen. Der Zusammenhalt der Koalitionspartner bröckelte, Mißtrauen trat an die Stelle von Vertrauen, angestauter Groll brach öffentlich aus.[2] Sogar die Solidarität unter den sozialdemokratischen Führungspersönlichkeiten schwand dahin. Man beleidigte sich, äußerte sich abfällig, kittete die Konflikte notdürftig. „Es geht um das Selbstverständnis der sozial-liberalen Koalition, um ihre weitere Rechtfertigung", zog Hans Reiser zu Beginn des Jahres 1974 die Bilanz der Enttäuschungen. Es gehe um die Frage, „ob die Koalition mit der ostpolitischen Bereinigung der Nachkriegszeit ihren Zweck schon als erfüllt ansehen soll oder ob sie selbst noch daran glauben darf, sie sei auch zu größeren Reformen fähig".[3]

Hatte Brandt während seiner ersten Regierungszeit als Kanzler noch über politische Formeln verfügt, die einen breiten Konsens in der Wählerschaft erzielten, so fehlten ihm während seiner zweiten Legislatur entsprechende Schlagworte mit Überzeugungskraft. Die neue Ostpolitik war zu einem vorläufigen Ende gelangt, „Entspannung" hatte seinen faszinierenden Reiz verloren, und „innere Reformen" waren wegen der wirtschaftlichen Engpässe immer weniger möglich. Je deutlicher sichtbar wurde, daß Reformen gar nicht oder nur mit Abstrichen zu bezahlen waren, um so mehr verloren sie an Wirksamkeit.

So stellte sich für Willy Brandt erneut die Frage nach den Zielen seiner Politik. Er setzte auf den Begriff „compassion", auf die „Fähigkeit, barmherzig zu sein". Dieser Begriff dokumentierte den Wandel des Brandtschen Orientierungssystems: Keine konkrete Formel sollte mehr die Wählerschaft an die Regierung binden, sondern ein abstrakter und verschwommener Begriff, der in seiner Unbestimmtheit — so hoffte Brandt — den Erwartungen einer weit gefaßten „neuen Mitte" entsprechen würde. Andererseits zeigte diese Formel des Kanzlers Hang zu einer religiösen Untermauerung seines politischen Handelns, was mit seinem individuellen Rückzug vom Tagesgeschehen auf den „Olymp"[4] korrespondierte. Damit fehlte es der zweiten Regierung Brandt jedoch an Orientierungspunkten für das Einordnen der politischen und sozialen Ereignisse. Das rasche Abbröckeln der Zustimmung machte deutlich, daß es der SPD nicht gelungen war, einen überzeugenden Konsens in der Wählerschaft für ihr politisches Konzept zu finden — nicht zuletzt wohl auch deshalb, weil die politischen Skandale sowie das Verhalten der führenden Politiker untereinander alles andere zeigten als „die Bereitschaft, barmherzig zu sein".

8.1 Politische Skandale

Im Juni 1973 kam die sozial-liberale Koalition das erste Mal so richtig ins Stolpern. Es wurde bekannt, daß die Regierungsparteien SPD und FDP beim konstruktiven Mißtrauensvotum im April 1972 Abgeordnete mit Geld für die Unterstützung Brandts zu ködern versucht hatten. Der ehemalige FDP-Bundestagsabgeordnete Walter Peters bekannte, daß er seinen Fraktionskollegen Helms mit einem hohen Betrag von einem Übertritt in die CDU habe abhalten wollen.[5] Und der CDU-Bundestagsabgeordnete Julius Steiner behauptete, sich bei dem Mißtrauensantrag Barzels der Stimme enthalten und damit zum Erfolg Brandts beigetragen zu haben.[6]

In den Medien wurde daraufhin die Frage diskutiert, ob und inwieweit das Scheitern des konstruktiven Mißtrauensvotums durch politische Korruption begründet war. Zentrale Figur der Angriffe wurde der SPD-Fraktionsgeschäftsführer Karl Wienand, dem nachgesagt wurde, Julius Steiner mit einer erheblichen Geldsumme bestochen zu haben. Der Verdacht gegen Wienand gründet sich im wesentlichen auf die Aussagen Julius Steiners und Hans Joachim Baeuchles[7], der für die SPD zwischen 1969 und 1972 im Bundestag gesessen hatte. Steiner behauptete, 50 000 Mark von Wienand erhalten zu haben. Und Baeuchle gab zu Protokoll, daß Wienand bei einem Treffen mit Steiner in seinem, Baeuchles, Haus vier Wochen vor dem Mißtrauensvotum habe durchblicken lassen, daß ein Abgeordneter, der mit der SPD stimme, „einen Betrag ... zwischen 200 000 und 250 000 Mark wert sei".[8]

Ob jedoch Steiner für seine Stimmenthaltung am 27. April 1972 tatsächlich eine Geldsumme von Wienand erhalten hat, und, wenn ja, wieviel, konnte nie geklärt werden. Auch der Untersuchungsausschuß, der am 15. Juni 1973 zusammentrat und sich bis zum 13. März 1974 bemühte, die Hintergründe der Affäre auszuleuchten, konnte die Zusammenhänge nicht aufdecken.⁹ Die linksliberale Presse jedoch glaubte an ein schuldhaftes Verhalten Wienands. Der *Spiegel* zählte die Indizien auf, die für eine Zahlung sprachen: Da war einmal der Brief Wienands vom 16. Juni 1972 an den SPD-Landesvorsitzenden von Baden-Württemberg, Heinz Bühringer, in dem zu lesen war: „Lieber Heinz, bezugnehmend auf unser am 13. Juni 1972 geführtes Telefongespräch möchte ich nochmals bestätigen, daß unser Freund Hans-Joachim Baeuchle durch eine besondere Initiative mir gegenüber, die Anfang April erfolgte, uns in die Lage versetzte, mit besonderen Schwierigkeiten fertig zu werden..."¹⁰ Zum zweiten schienen die Ausführungen Baeuchles wahrscheinlich zu sein: Baeuchle erinnerte sich, auf seine Frage, „ob Kollege Steiner allein aus Überzeugung gehandelt habe", von Wienand ein deutliches „Nein" gehört zu haben.¹¹

Die linksliberale Presse reagierte auf diese Enthüllungen mit ungläubigem Erstaunen. Daß gerade diese Koalition und besonders dieser Kanzler, die ja stets mit einem hohen moralischen Anspruch aufzutreten pflegten, in diesem Sumpf von Korruption verstrickt zu sein schienen, das nahm man übel, das wertete man als unanständig, als doppelzüngig. Die sozial-liberale Koalition erlebe „eine Art Watergate", schrieb Rolf Zundel in der *Zeit*. „Die Bürger, die die Koalition gewählt haben, wollten ja nicht nur den Wechsel, wünschten nicht nur eine neue Politik, viele von ihnen glaubten auch an eine moralische Erneuerung."¹²

Gerade diese Bürger fühlten sich nun verraten. Hatte die CDU/CSU im Wahlkampf 1972 unter den Folgen des als unfair gewerteten Mißtrauensvotums zu leiden gehabt, so schlug dies nun voll auf die SPD zurück. Die Praktiken, mit denen die Sozialliberalen ihre Mehrheit in jenem April 1972 zu sichern versucht hatten, verzieh man der SPD viel weniger als den Konservativen. Hatte man nicht stets die Bemühungen um mehr Transparenz, um mehr Glaubwürdigkeit gepriesen? Und nun diese Undurchsichtigkeit der Figuren und der Aufklärung. Julius Steiner zum Beispiel: Er, der durch sein Geständnis die Affäre ins Rollen gebracht hatte, war nach eigenen Angaben seit dem Jahreswechsel 1972/73 ein Doppelagent. Er gab „Spielmaterial, zum Teil dosierte Fakten", über die CDU an DDR-Behörden weiter und berichtete gleichzeitig dem baden-württembergischen Landesamt für Verfassungsschutz über seine Kontakte mit Ost-Berlin.[13]

Oder die Rolle Karl Wienands: Warum, so fragten die Kommentatoren empört, gestand Wienand erst nach Vorlage der Beweise, daß er Anfang April mit Steiner im Hause Baeuchles zusammengetroffen war? Im Zusammenhang mit den Recherchen nach den zwielichtigen Unternehmungen Wienands zerrte die Presse dann auch wieder die Affäre um die Charterfluggesellschaft Paninternational ans Tageslicht, was dem Leumund des Fraktionsgeschäftsführers nicht gerade nutzte. Wienand war damals vorgeworfen worden, für Beratungen hohe Geldsummen von Paninternational erhalten zu haben. Ein parlamentarischer Untersuchungsausschuß hatte 1971/72 erfolglos versucht, Wienand seine Beratertätigkeit nachzuweisen. Die Zahlungen, die der SPD-Fraktionsgeschäftsführer von Paninternational erhalten hatte, seien, so hatte Wienand damals dem Untersuchungsausschuß erzählt, Rückzahlungen aus einem Darlehen gewesen. Im Juni 1974 gab dann jedoch der ehemalige Geschäftsführer der Charterfluggesellschaft, Tassilo Trommer, zu, daß die Version der Darlehensrückzahlung eine Falschaussage gewesen sei.[14]

Das wußte man zwar Mitte 1973 noch nicht, aber auch zu diesem Zeitpunkt glaubte niemand mehr den Beteuerungen Wienands.[15] Da sei einem doch „der Kragen geplatzt", schrieb Rudolf Augstein, „als Wienand in der

Steiner-Affäre ein Dakapo seiner Paninter-Vorstellung über die Rampe brachte".[16] Der Fraktionsgeschäftsführer, die ganzen zwielichtigen Machenschaften paßten nicht in das Bild, das sich die linksliberale Presse von der sozial-liberalen Koalition gemacht hatte. Man war enttäuscht. „Die ... Koalition, die bisher auf hohem Kothurn moralischer Rechtschaffenheit wandelte", schrieb Zundel, „ist ins Stolpern geraten."[17]

Wienand versuchte zwar von Anfang an, die Regierung aus der Affäre herauszuhalten und alle Vorwürfe auf sich zu ziehen. Doch seine spezielle Nähe zu Wehner — er war Freund und Vertrauter des Fraktionsvorsitzenden — sowie die Solidarität der SPD-Fraktion machten diese Bemühungen zunichte. Als Wienand — nach Bekanntwerden der Anklagen Baeuchles — anbot, ihn bis zur Klärung der gegen ihn erhobenen Vorwürfe zu beurlauben, lehnten dies die Sozialdemokraten ab. In der Sitzung vom 12. Juni 1973 stellte sich die Fraktion nahezu geschlossen hinter ihn.[18]

Die Kommentatoren reagierten zornig. Rudolf Augstein zum Beispiel meinte, daß die Bestechung an sich nicht skandalös sei. „Skandalös ist, daß nahezu die gesamte SPD-Fraktion ihrem wichtigsten und einflußreichsten Geschäftsführer das Vertrauen und dazu noch den Dank ausspricht, obwohl dieser ganz offenkundig nicht in der Lage ist, sich gegen die ... gegen ihn erhobenen Vorwürfe zu verteidigen ... Wer mit seinen Beteuerungen nirgendwo mehr Glauben findet ... der muß eben verschwinden, und nach dem verheerenden Vertrauensvotum einer benebelten Fraktion nicht ... einstweilig, sondern ganz ..."[19]

Die Koalition war im Urteil der Öffentlichkeit ins Schwanken geraten, nicht zuletzt auch durch die Form, in der die Hintergründe der Steiner-Wienand-Affäre publik wurden. Die Enthüllungen erfolgten nicht auf einen Schlag, sondern kamen Stück für Stück ans Tageslicht. Über mehrere Wochen war diese Affäre Hauptgesprächsthema, wohl auch deshalb, weil die Betroffenen immer nur so viel zugaben, wie unzweifelhaft feststand. Das förderte natürlich den Ehrgeiz der Medien, keine Ruhe zu geben und immer bohrendere Fragen zu stellen. Der Untersuchungsausschuß zum Beispiel tagte neun Monate lang, was zur Folge hatte, daß die Diskussion über die Vorgänge die Regierung während dieses gesamten Zeitraums belastete. Stand zu Anfang der Affäre noch das CDU-Mitglied Steiner im Vordergrund, so verdichtete sich von Woche zu Woche der Verdacht gegen Wienand. Damit verlagerten sich die Recherchen der Presse zwangsläufig auf die Regierungsseite: Stand etwa hinter allem Herbert Wehner? Oder gar der Regierungschef?

Willy Brandt geriet in die Schußlinie: Der Bundeskanzler, der den Unionsparteien im Wahlkampf 1972 noch vorgeworfen hatte, daß bei den Fraktionswechseln Korruption im Spiel gewesen sei, mußte sich fragen lassen, ob er von dem möglichen Bestechungsversuch Wienands Kenntnis hatte.[20] Habe Brandt, so fragte Bergdoll in der *SZ*, bei einer Summe von 50 000 Mark aus der Parteikasse von der Zuwendung an Steiner nicht wissen müssen?[21] „Jener Vorwurf, den Brandt damals, als der Parteiwechsel grassierte, gegen die Opposition erhob", meinte Zundel, „fällt nun auf die Partei zurück."[22]

Ende August 1973 sah es dann wirklich so aus, als ob das Bundeskanzleramt Kenntnis von all diesen Vorgängen gehabt habe. Es wurde bekannt, daß Horst Ehmke — damals noch Chef des Kanzleramtes — zwei Tage vor dem Mißtrauensvotum, also am 25. April 1972, bei der Bundeshauptkasse in Bonn 50 000 Mark für den persönlichen Fonds des Kanzlers abheben ließ. Der Kreis schien sich nach Ansicht der Presse zu schließen: Dort 50 000 Mark, die Ehmke besorgte, hier 50 000 Mark, die Steiner zwei Tage später einzahlte. Dort ein „Auszahlungsbeleg, an dem niemand deuten konnte"[23], hier eine Einzahlungsquittung und die Behauptung Steiners, er habe das Geld am 27. April von Karl Wienand bekommen.

Horst Ehmke erklärte dieses auffällige Zusammentreffen mit einem „Komplott". Irgend jemand, führte er Anfang September 1973 vor dem Untersuchungsausschuß als Zeuge aus, habe wohl die „Information" weitergegeben, daß am 25. April 1972 eine bestimmte Summe bei der Bundeshauptkasse angefordert worden sei. Irgend jemand anderes habe daraufhin Julius Steiner veranlaßt, die gleiche Summe zwei Tage später auf seiner Bank zu deponieren. Als Beweis konnte Ehmke eine Bescheinigung vorlegen, aus der sich ergab, daß „seine" 50 000 Mark weder an Karl Wienand noch direkt an Julius Steiner gegangen waren.[24]

Dies alles trug nicht dazu bei, die Koalition aus dem Zwielicht zu bringen. Im Gegenteil: In jenem Sommer 1973 wucherten — mangels konkreter Beweise — die abenteuerlichsten Theorien über die wahren Hintergründe der Affäre, was einzig und allein der Koalition und dem Kanzler schadete. Geheimfonds seien doch „das offene Eingeständnis der Kalkulation mit der Bestechlichkeit", meinte Hans Reiser in der SZ. Ehmkes „Komplott-Theorie in Stufen (Steigerung von Wienand über Ehmke zu Brandt)" wirke so gekünstelt, daß sie keine ausreichende Erklärung für die Affäre selbst biete.[25] Jenseits der juristischen Überlegungen stelle sich deshalb die Frage, schrieb Carl Christian Kaiser in der Zeit, wie es die sozialdemokratische Bundestagsfraktion mit Wienand nun halten wolle. „Paninter, Steiner, die ... Steueraktion der Staatsanwaltschaft — da sind zwar nirgends eindeutige Beweise; aber wie lange soll noch Zwielicht herrschen? Es geht ja nicht um die Verurteilung Wienands in einem Strafverfahren. Es geht ... letztlich um das Ansehen des Parlaments."[26]

8.2 Die Ernüchterung in der Ostpolitik und das Aufbegehren Wehners

Die Reputation Brandts basierte — wie ausgeführt — im wesentlichen auf seinen außenpolitischen Fähigkeiten. Diese konnte der Bundeskanzler nach dem Abschluß des Grundvertrags jedoch nicht mehr in dem Maße unter Beweis stellen wie in den Jahren 1969 bis 1972. Mit der Ratifizierung der Ostverträge war die wichtigste Phase der Verhandlungen abgeschlossen. Was jetzt folgte, war die Bewährungsprobe. Es mußte sich zeigen, ob die Zusicherungen der östlichen Vertragspartner der Anfang einer allgemeinen Entspannungsbewegung waren oder nur ein einmaliges Entgegenkommen als Preis für die Festschreibung der Grenzen nach 1945. Es standen keine großen und weltbewegenden Aktivitäten mehr an, sondern tagespolitische Kleinarbeit: Verbesserung der Verkehrswege, kultureller Austausch, Entwürfe für gemeinsame wirtschaftliche Aktionen. All diese „Kleinarbeit" erforderte nicht mehr den Bundeskanzler, sie konnte vom Außenminister, von Staatssekretären, vom ständigen Vertreter in Ost-Berlin gemacht werden.

Brandt war seiner Domäne beraubt. Es gab keine spektakulären Auftritte mehr, was nach dem Urteil der linksliberalen Medien den Bundeskanzler lustlos machte. „Nicht ohne eigene Schuld, nämlich durch unangemessenes Schweigen", schrieb Hans Schuster in der *SZ*, „hat die Bundesregierung die Ostpolitik ins Gerede kommen lassen." Dies gelte vor allem für das Verhältnis zwischen Bonn und Ost-Berlin. „Daß nach den ‚Flitterwochen' (Bahr) die Bewährung im grauen Alltag folgen würde — nur Illusionisten haben daran gezweifelt." Was jetzt nicht nur Gegner, sondern auch die Befürworter der Ostpolitik irritiere, sei die Art, „wie die Bundesregierung auf manche Erscheinungen des Alltags reagiert oder auch nicht reagiert".[27]

Besorgt beobachteten sozialdemokratische Brandt-Kritiker Indizien für eine laxe Arbeitsmoral des Partei- und Regierungschefs. Nach dem erfolgreichen Abschluß seiner Ost- und Deutschlandpolitik, meinte der *Spiegel,* gefalle sich der Kanzler „immer besser in der Rolle des Staatsmannes, der seine historische Aufgabe erfüllt habe und seinem Werk nichts Entscheidendes mehr hinzufügen könne".[28] Dabei war einiges zu tun, wenn es auch mehr im Atmosphärischen lag. Das deutsch-sowjetische Verhältnis kühlte sich ab. Moskau war enttäuscht. Seine wirtschaftlichen Hoffnungen gingen nicht in Erfüllung. Die westdeutsche Industrie zögerte, sich auf Großprojekte mit der sowjetischen Staatswirtschaft einzulassen. Und Bonn war ungehalten darüber, daß die Sowjetunion auf allen Ebenen die vom Berliner Viermächteabkommen gebilligte Zuordnung West-Berlins zum Bund zu hintertreiben suchte. „Nur drei Wochen nach der spektakulären Breschnew-Visite in Bonn", beschrieb der *Spiegel* das veränderte Klima, „hat sich hier wie dort Verdrossenheit, ja Enttäuschung ausgebreitet."[29]

In der Presse, zunehmend aber auch in der Bevölkerung, war man ernüchtert über das Verhalten der Vertragspartner im Osten. An der Mauer wurde weiterhin geschossen, die Familienzusammenführung verlief schleppend, die Sowjetunion sperrte sich bei Ausreiseanträgen deutschstämmiger Russen. Das wurde berichtet und auch entsprechend kommentiert, was die Sowjetunion wiederum verstörte. Die empfindlichen Russen, meinte der *Spiegel,* seien beunruhigt über „eine, wie sie glauben, antisowjetische Kampagne in der westdeutschen Öffentlichkeit, die an die schlimmen Zeiten des Kalten Krieges in den fünfziger Jahren erinnere".[30] Die Verfolgung von Regimekritikern in der UdSSR (Solschenizyn, Sacharow), aber auch in der DDR, wurde härter, wohl aus Angst vor der innenpolitischen Unruhe, die die Öffnung zum Westen bewirkte.

Das alles hatte natürlich auch seine Auswirkungen auf

das Meinungsbild der Wählerschaft. Von Juli/August 1973 bis zum Februar 1974 stieg der Anteil der Bürger, die eine energischere Politik gegenüber den Ostblockstaaten forderten, von 39 % auf über 50 %. Zum Vergleich: Im Juni 1972, also kurz nach der Ratifizierung der Ostverträge, hatte der Anteil nur 29 % betragen.[31]
Der Bundesregierung wehte — ausgerechnet auf dem Gebiet, auf dem sie bislang durch Erfolge verwöhnt war — der Wind ins Gesicht. Es war Herbert Wehner, der erkannte, daß diese Entwicklung der SPD alle Chancen für die Bundestagswahl 1976 kosten könnte. Und Wehner war es auch, der die Schuld in erster Linie nicht bei den störrisch reagierenden Vertragspartnern suchte, sondern bei dem Regierungschef und dessen „go-slow".[32]
Wehner hielt dieses Jahr 1973, in dem keine Landtagswahlen stattfanden, für vertan, er hielt, wie viele Kommentatoren, die Ostpolitik für festgefahren. Seiner Ansicht nach bemühte sich Brandt zu wenig, die Ostverträge mit Leben zu füllen. So verzieh er es dem Kanzler nicht, daß dieser das Problem der deutsch-deutschen Familienzusammenführung sowie die Freilassung politischer Häftlinge auf der Basis wirtschaftlicher Gegenleistungen schleifen ließ. Vor dem Abschluß des Grundvertrages waren gegen Geldleistungen in Millionenhöhe Familien zusammengeführt und Häftlinge „freigekauft" worden. Seit der Unterzeichnung des Grundvertrages am 21. Dezember 1972 (als man verabredete, die Ausreisequoten offiziell festzulegen), war in dieser Hinsicht nichts mehr geschehen. Denn eine Regelung ließ auf sich warten.
So bemühte sich Wehner persönlich, zur alten, diskreten Praxis — Ausreise gegen Geld — zurückzukehren. Er fuhr nach Ost-Berlin und traf, am 31. Mai 1973, mit Erich Honecker zusammen — ein Treffen, das bei der Opposition wie in der Öffentlichkeit zahlreiche Spekulationen hervorrief und mit großem Mißtrauen beobachtet wurde. Das Ge-

spräch mit Honecker war erfolgreich: Von diesem Zeitpunkt an galt wieder die alte Regelung *und* — parallel dazu — die neuen, von Bahr ausgehandelten Quoten.³³

Das Engagement Wehners zeigte, daß die Regierung den Überblick über Notwendiges und Machbares in der Ostpolitik verloren hatte. Was konnte man von der Regierung überhaupt noch erwarten, fragte man sich in den Redaktionen, wenn schon der Fraktionsvorsitzende (und nicht der Regierungschef) die Beziehungen wieder in Gang bringen mußte? Wehner war — das wurde immer deutlicher — zu der Einsicht gekommen, daß in diesem Jahr 1973 Willy Brandt der falsche Mann war für die Lösung der anstehenden Probleme. Warum hatte der Bundeskanzler nicht sein Veto eingelegt gegen den Plan Genschers, das neue Umweltbundesamt in West-Berlin zu errichten?³⁴ Warum nur zeigte Brandt so wenig Interesse an den Verhandlungen mit Prag?³⁵ Willy Brandt mußte weg — doch wie und wann, das war noch offen.

All diese Ereignisse, Überlegungen und Spekulationen Wehners fanden in den Medien zunächst keinen Niederschlag. Wehners Grollen wurde nicht gehört, oder man wollte es nicht hören. Zu fest schien die Position Brandts zu sein. Erst als der Fraktionsvorsitzende nach Moskau fuhr und von dort den Regierungschef scharf angriff, kam eine Lawine ins Rollen, die kurzfristig der Reputation Wehners schadete, langfristig jedoch Brandt den Kopf kosten sollte. Nach der Attacke Wehners sank das Renommee des Kanzlers rapide. Die *Deutsche Zeitung* schrieb: „Des Kanzlers Sterne leuchten blasser." Der Berliner *Tagesspiegel* meldete plötzlich „Zweifel an Brandts Führungskraft".³⁶ Und die *Zeit* schließlich fragte sich zweifelnd: „Wäre Brandt wirklich der richtige Kanzler für eine richtige Krise?"³⁷

Was nun war geschehen? Herbert Wehner hatte — gemeinsam mit Annemarie Renger, Richard von Weizsäcker,

Wolfgang Mischnik sowie Richard Stücklen — der Sowjetunion einen offiziellen Besuch abgestattet. Das war zwischen dem 24. September und dem 1. Oktober 1973 gewesen. Dort, in Moskau, am Rande seiner offiziellen Gespräche, kritisierte Wehner in verschiedenen Interviews mit deutschen Journalisten die Führungsqualitäten Brandts. In Bonn mache man, so Wehner, eine Politik „der großen Klappe". Allerdings: Wehner nannte keine Namen. Doch alle mitreisenden Journalisten bezogen die Kritik auf den Kanzler. Liest man den *Spiegel,* so waren die Ausführungen des Fraktionsvorsitzenden von einer bestechenden Deutlichkeit. Brandt, die „Nummer eins", sei entrückt und abgeschlafft, eigentlich regierungsunfähig, zitierte der *Spiegel* Wehner. „Der Kanzler badet gern lau — so in einem Schaumbad." Und: „Was der Regierung fehlt, ist ein Kopf."[38]

Wehners Kritik hatte drei Stoßrichtungen: Brandt versage in der Außenpolitik, in einzelnen Bereichen der Innenpolitik und als Parteivorsitzender. Die Regierung sei im Begriff, „alte Politik mit neuen Verträgen" zu praktizieren. Brandt unterlasse es, die Bürokraten in Walter Scheels Auswärtigem Amt von juristisch diplomatischen Bremsmanövern abzuhalten. Schlimmer noch: Der Kanzler, so Wehner, habe dem „Buchhalter" im Außenamt, Staatssekretär Paul Frank, das „Sagen" über den Fortschritt der Ostpolitik übertragen. „Schauerlich", meinte Wehner laut *Spiegel,* „was die Beamten da machen. Die machen alles kaputt."[39]

Brandt trage an allem die Schuld. Er habe die Aufnahme diplomatischer Beziehungen mit der ČSSR durch überzogene Berlin-Forderungen blockiert und die Tschechoslowakei mit der Absage seiner Reise nach Prag brüskiert. Es genüge nicht, sagte der Fraktionsvorsitzende süffisant, „Autogramme zu sammeln und den Rest der Politik dem Auswärtigen Amt zu überlassen".[40] Außerdem erzürnte Wehner, daß ein sozialdemokratischer Kanzler, ausgestattet mit einer Majorität wie nie zuvor, „wichtige gesellschaftspolitische Reformen* nicht hart genug, notfalls auch gegen Widerstände aus der FDP, vorantreibt". Nicht genug: Auch mit der Arbeit Brandts als Parteivorsitzender war Wehner nicht zufrieden. Er warf ihm vor, nicht genügend gegen die lokalen Streitereien in München, Frankfurt und Bremen unternommen zu haben. Das Verhalten des Kanzlers zeige deutlich Führungsschwäche.[41]

Der spektakuläre Alleingang Wehners[42] schlug ein wie eine Bombe. Alle Zeitungen berichteten und kommentierten die Angriffe des Fraktionsvorsitzenden. Doch anders als zunächst erwartet nahm die linksliberale Presse nicht den Kritisierten, sondern den Kritiker ins Visier. Zwar seien, so der Gesamttenor, die Auslassungen Wehners insgesamt nicht unberechtigt; im Stil jedoch seien sie völlig überzogen und deshalb nicht zu rechtfertigen. Wehners Verhalten in der Sowjetunion sei unverzeihlich. Dies gehe beträchtlich über die Toleranz hinaus, die „hierzulande" in Stilfragen gewährt werde, meinte Dieter Schröder in der *SZ*. „Wehner trägt einen Streit im Kabinett um die Auslegung des Berlin-Abkommens ausgerechnet auf dem Boden jenes Landes aus, mit dem die Bundesregierung über ihren bisher eingenommenen ... Standpunkt verhandeln muß."[43]

Die Position Brandts war also zunächst weniger erschüttert als die des Fraktionsvorsitzenden. „Das Ende der Ära Wehner hat begonnen", schrieb der *Spiegel*[44] — nicht das Ende der Ära Brandt. Der große alte Mann der deutschen Sozialdemokraten habe das sozial-liberale Bündnis in eine Krise gestürzt, „die so lange währen muß, wie er im Amt bleibt". Wehner, „alternd und kränkelnd", sehe seinen Einfluß schwinden. Statt verantwortlich zu delegieren, ziehe er mißtrauisch alles an sich. „Unmotiviertes Brüllen" setze er ebenso als Führungsmittel ein, wie er es genieße, „Gesprächspartner, Brandt inklusive, durch minutenlanges

---

* Gemeint sind in erster Linie die Reformpläne im Bodenrecht, der Mitbestimmung und der Vermögensbildung.

Schweigen einzuschüchtern". Der Fraktionsvorsitzende habe, so das allgemeine Fazit, die Grenze des Zumutbaren überschritten: „Während Wehner bislang bei seinen bissigen Attacken stets sorgsam auf das Wohl der Partei und die Stärke der eigenen Autorität bedacht war", formulierte der *Spiegel,* „verließ ihn bei seinem Sowjet-Trip erstmals der sichere Instinkt für die Wirkung seiner Ausfälle."[45]

Entsprechend fiel die Reaktion der SPD-Fraktion aus. Sie verpaßte Anfang Dezember, bei der turnusmäßigen Wahl des Fraktionsvorsitzenden, Wehner einen Denkzettel. 47 Abgeordnete, also knapp ein Fünftel derjenigen, die gewählt hatten, versagten ihrem Vorsitzenden die Stimme — „ein Vorgang", schrieb Klaus Dreher in der *SZ,* „den niemand in der SPD und Wehner am wenigsten auf die leichte Schulter nehmen kann".[46] Bis in den Dezember des Jahres 1973 also hielt die Verstimmung an. Wie spektakulär das Wahlergebnis war, zeigt der Vergleich zum Vorjahr: Da hatten sich nur 13 Mitglieder der Fraktion gegen Wehner ausgesprochen.

Wehner selbst wehrte sich in den Wochen nach seiner Rückkehr aus Moskau heftig gegen die Lawine, die er ins Rollen gebracht hatte. Die Formulierung „Was der Regierung fehlt, ist ein Kopf" sei aus dem Zusammenhang gerissen worden. Hermann Schreiber, der Reporter des *Spiegel,* habe sie auf Brandt gemünzt, er, Wehner, habe sie jedoch auf keine Person bezogen. In einem empörten Brief an den *Spiegel* schrieb er, daß er das über Brandt nie gesagt habe.[47] Das gab Schreiber ihm schließlich zu, widersprach aber in einem wichtigen Punkt: Der Satz passe doch ganz in den Sinnzusammenhang dessen, was Wehner in der Sowjetunion über Brandts Versäumnisse, über dessen leeren Platz wiederholt geäußert habe.[48]

Rückblickend bekannte Wehner, er habe einen schweren Fehler begangen, der lange zur Verstimmung beigetragen habe durch seine „verfälschte" Wiedergabe. „Ich habe", sagte er in einem Fernsehinterview am 6. Januar 1980, „... in Moskau gesagt, was der Regierung ... fehlt, das ist ein Kopf, der weder Kanzler sein will, noch Wirtschaftsminister, noch Außenminister, sondern der als Kopf allen diesen genannten und auch faktisch damit dem ganzen Kabinett hilft... Und was ist dann gekommen mit dieser verfälschenden Balkenüberschrift ‚Wehner: Was der Regierung fehlt, ist ein Kopf'. Der Verfasser dieses Berichts hatte mir seinerzeit zugegeben: ‚Ja, Sie haben recht, das haben Sie nie gebraucht'."[49]

Der Stein, der die Kritik am Bundeskanzler ins Rollen brachte, war somit — schenkt man Wehners Worten Glauben — gar nicht direkt gegen Brandt gerichtet. Aus den verwinkelten Sätzen des Fraktionsvorsitzenden klingt heraus, daß seine Angriffe vielmehr gegen die unzureichenden Berater Brandts, gegen die sogenannten Koordinatoren im Kanzleramt gerichtet waren. Somit zeigt die spezielle Adaption der Äußerungen Wehners durch die linksliberale Presse — insbesondere des *Spiegels* — was man in den Redaktionen hören *wollte* und nicht, was man tatsächlich *hörte*. Den Autoritätsverlust, den die Presse zunehmend Brandt nachsagte, bewirkte sie somit erst: Indem sie die allgemein gehaltenen Äußerungen Wehners so uminterpretierte, daß diese gegen den Kanzler gerichtet waren, schaffte sie erst den Rahmen für den Rückgang der Reputation.

Wehner allerdings — nach eigener Ansicht also zu Unrecht Urheber oder Anstoß dieser Entwicklung — machte sich diese jedoch zunutze, als er deren langfristigen Wert für seine Ziele erkannte. In dem Gespräch vom Januar 1980 sagte er: „Als ich die Absätze [des Interviews im *Spiegel*[50], aus dem hervorging, daß das Hamburger Magazin die Kritik eindeutig auf den Regierungschef bezog] gelesen habe, die Abzüge gelesen habe, habe ich es auch nicht geändert, denn es paßte gut ins Bild."[51] Willy Brandt war — das hatte Wehner erkannt — nicht der Innenpolitiker, der mit Kraft und ausreichendem Sachverstand die anstehenden Probleme zu lösen in der Lage war. In Schmidt hingegen sah Wehner den Mann, „der die Zeit ..., in der wir mit Wechsel von 1973 auf 1974 mit Ölkrise und vielen anderen Rezessionen und anderen schweren internationalen Wirtschaftserscheinungen zu tun haben, wußte, wie damit umzugehen... Insoweit wurde noch aus der Not eine Tugend. Das war Glück."[52]

So klar äußerte sich Herbert Wehner 1980. Im Herbst 1973 jedoch war er zunächst erzürnt über die verfälschende Wiedergabe seiner Worte in Moskau. Und Wehner machte auch gleich den Schuldigen aus: die Presse, die er erst einmal heftig anging — was ein großer Fehler war. Denn jetzt fühlten sich plötzlich die alten Freunde angegriffen, zu Unrecht angegriffen. Die linksliberale Presse stand das erste Mal seit dem Regierungsantritt Brandts in einer Art unversöhnlicher Frontstellung zur Koalition. Man war beleidigt und verärgert. „Diese Methode", schrieb Hans Heigert unmißverständlich in der *SZ*, „ist so gewöhnlich wie abgeschmackt: Wenn es in einer Regierung Schwierigkeiten über den politischen Kurs gibt, wenn diese sich in einem solennen Krach manifestieren, dann wird auf dessen Höhepunkt gewaltiger Theaternebel produziert, aus dessen Schwaden immerzu Schuldsprüche donnern — an die Adresse aller anderen." Man sei versucht, Wehners Kritik an der eigenen Regierung zu variieren: Es sei alles recht „adenauerisch, aber ohne das Können", auch im Stil der Abwehr. „Wir möchten einen weiteren Unterschied verzeichnen: Bei Adenauer waren solche Verschleierungsaktionen von zynischem Augenzwinkern und viel Ironie begleitet. Bei Brandt und seinen Büchsenspannern, die gerne als Moralisten auftreten, mißrät die Taktik zur Arroganz und Kaltschnäuzigkeit. Aber sei's drum: Miserabler Stil richtet sich selbst. Die Folgen werden niemand wundern müssen."[53]

Deutliche Worte. Die Schelte Wehners aus Moskau sowie seine anfänglichen Versuche, die Zielrichtung zu verschleiern, hatten die liberale Presse gründlich verärgert. Das hatte natürlich auch Auswirkungen auf das Bild Brandts. War nicht etwas dran an der Kritik Wehners, fragte man sich. Waren diese ganzen Turbulenzen nicht ein Zeichen dafür, daß dem Kanzler alles aus den Händen zu gleiten drohte? Die Koalition kranke an „ausgesprochenen Zerfallserscheinungen der sozialdemokratischen Partei" sowie an „allzu frühen Profilneurosen der Freien Demokraten", meinte Hans Reiser zwei Tage nach dem zornigen Leitartikel Heigerts. „Und über allem thront Willy Brandt auf einem entrückten Olymp, anscheinend entschlossen, das nicht zur Kenntnis zu nehmen, was ihn zwänge, in die Niederungen hinabzusteigen und nicht nur in Jubiläumsreden vielfältig interpretierbar Stellung zu beziehen. Er hat kein sichtbares Interesse daran, den Nebel zu vertreiben, vielleicht, weil er sich immer noch in der Sonne sieht."[54]

Der Zeitpunkt, in der die Einstellung der linksliberalen Presse zu Willy Brandt endgültig umkippte, war erreicht. Kabinettsmitglieder wurden zitiert, die sich beklagten über des Kanzlers Art, die Regierungsgeschäfte zu führen und Entscheidungen auszuweichen oder vor sich herzuschieben. Brandt falle in der Innenpolitik immer wieder wegen mangelnder Vorbereitung und Koordination „auf die Nase".[55] Die Partei machte eine ruinöse Entwicklung durch. „Wenn Horst Ehmke etwa öffentlich Hans-Jochen Vogel abkanzelt, so ist ... das auch ein Zeichen der Führungsschwäche des Kanzlers."[56]

Überall schwand der Respekt vor Brandt, sogar in der SPD-Bundestagsfraktion. Als der Bundeskanzler seinem Postminister Horst Ehmke mit einem Plädoyer für die unpopulären Gebührenerhöhungen beispringen wollte, ging sein Vermittlungsversuch im Spektakel unter. Der *Spiegel* beschrieb die Szene so: „Brandt hob an: ‚Ich weiß, daß ich für das, was ich jetzt sage, keinen Beifall bekommen werde.' Da brandete Applaus auf allen Seiten auf."[57] Und als der Regierungschef geendet hatte, stimmte die Fraktion gegen Ehmke und seinen Fürsprecher.

Brandt hatte nicht nur die Unterstützung eines maßgeblichen Mitstreiters — nämlich Wehners —, hatte nicht nur die Zustimmung großer Teile in Fraktion und Partei verloren, er hatte durch sein zögerliches Verhalten auch die ihm lange wohlgesinnte linksliberale Presse nachhaltig verärgert. Die Bilanz des Herbstes 1973 war deprimierend. Wehner jedoch schien die Krise unversehrt überwunden zu haben. Die Mehrheit der Fraktion sah nicht mehr in Brandt, sondern in Wehner ihren Sprecher. Die Attacken des Fraktionsvorsitzenden, meinte Wibke Bruhns im *Stern*, hätten offiziell gemacht, was die Parteibasis schon seit längerer Zeit meinte, wenn sie „den Kanzler als ‚Gottvater' bespöttelt". Wehners Kritik wurde schließlich vom Parteivorstand mit zwölf zu elf Stimmen sanktioniert, obwohl Brandt eine Abstimmung hatte verhindern wollen.[58] Der Kanzler habe eben nie seine Hilfstruppen organisiert, wie es Adenauer getan habe, schrieb Rolf Zundel Ende des Jahres. Brandt habe dies lange Zeit auch gar nicht nötig gehabt. Jetzt aber zeige sich, daß manche Linken mit ihm unzufrieden seien, weil sie zunehmend konservative Züge an ihm entdeckten „und in ihm überdies die Personifizierung einer immer unwilliger ertragenen Koalition sahen". Die Rechten aber seien ihm gram, weil ihn sein Konservatismus nicht daran hindere, die Linken mit Toleranz zu behandeln.[59]

Doch noch war Brandt als Kanzler unersetzbar. Er wankte, von den Schlägen der Kritik hart getroffen, aber er fiel nicht. Selbst Wehner sah in diesem Herbst 1973 keine Alternative zu Brandt. „Wenn Sie mich fragen", sagte der Fraktionsvorsitzende im Oktober, „kenne ich keinen, der an Stelle des Bundeskanzlers und Vorsitzenden der SPD mein Vertrauen in diesem Maße haben könnte."[60] Hatte in den Jahren seit 1969 in dem Dreigespann Wehner-Schmidt-Brandt der Bundeskanzler die maßgebende Rolle gespielt, so war es nun der Fraktionsvorsitzende, der die zentrale Macht besaß. Daran konnte auch das mäßige Ergebnis bei seiner Wiederwahl im Dezember nichts ändern. Wehner hatte erfolgreich Brandts Plan, ihn vom Fraktionsvorsitz zu entbinden, zurückgeschlagen, war überhaupt ohne nennenswerte Blessuren aus dem Machtkampf herausgekommen. „Schien es eine Weile so", meinte Eduard Neumaier im *Zeitmagazin,* „als ob Willy Brandt die Klammer der sich streitenden Flügel sei, so muß man sich da wohl korrigieren: Ohne Wehner geht es nicht."[61]

Brandt hatte den Kampf gegen Wehner verloren. Er hatte weder den Fraktionsvorsitzenden in die Schranken gewiesen, noch dem Gerede über seine Führungsschwäche Einhalt geboten. Es durfte nicht mehr viel passieren, wollte er nicht jede Unterstützung verlieren.

8. 3 Die innenpolitischen Schwierigkeiten

Aber es passierte einiges und zum Teil Unvorhergesehenes. Die wirtschaftlichen Schwierigkeiten häuften sich: Die Verbraucherpreise stiegen 1973 auf 6,9 %. Die Schätzungen der Deutschen Bundesbank und der Sachverständigen ergaben für 1974 eine Inflationsrate von nahezu 10 %, eine Zahl, die sich dann auch in den Tarifabschlüssen niederschlug.[62] Allenthalben machte sich Ernüchterung über die Innenpolitik Brandts breit. Eine konstruktive Reformpolitik konnte angesichts der angespannten finanziellen Lage und der Prognosen für 1974 nicht mehr betrieben werden. Weder die Mitbestimmung, noch die Steuerreform, weder die Bildungspolitik, noch die Verkehrspolitik hatte man nach Ansicht der linksliberalen Presse überzeugend in Angriff genommen.* Die Pläne zur langfristigen Sicherung der Energieversorgung fehlten ebenso wie Konzeptionen des Städtebaus und des Umweltschutzes. Wer anders als der Regierungschef war für diese Versäumnisse verantwortlich? Der „Mangel an konzeptiver Kraft und ein Übergewicht eines eher konservativen Staatsverständnisses lassen Brandt", meinte der *Spiegel,* „die ausgelobten Reformen ... als beinahe lästiges ... Beipack einer sich selbst genügenden Regentschaft verstehen." Freunden habe der Kanzler schon im Wahlkampf 1969 die Formel für jene Reformen anvertraut, mit denen ein sozialdemokratischer Regierungschef aufgeklärte Bürgerschichten auf die Seite des Fortschrittes ziehen wolle: „,Wir müssen ein Reformpaket machen, mit dem wir die Zahnärzte für uns gewinnen können!' Nun", meinte der *Spiegel* süffisant, „die Zahnärzte halten immer noch zur CDU..."[63]

Ein weiterer Grund, warum in der Öffentlichkeit der Eindruck entstand, die Regierung sei nicht mehr in der Lage, die innenpolitischen Schwierigkeiten zu meistern, lag in der Zersplitterung der Wirtschaftssolidarität. Die „konzertierte Aktion" gab es nicht mehr. Die Gewerkschaften hielten es nicht mehr für notwendig, sich in ihren Forderungen zurückzuhalten, galt die Koalition seit dem 19. November 1972 doch als stabil und unverletzbar. Und von der Wirtschaft war erst recht kein Wohlverhalten zu erwarten, befand sich diese seit dem Wahlkampf 1972 und angesichts der Linkstendenzen in der SPD doch in einer ausgesprochenen Frontstellung. Den Schaden hatte die Re-

---

* In der sechsten Legislaturperiode (1969—1972) war das alles einfacher gewesen. Damals gab es nicht so viele innenpolitische Stolpersteine. Die umstrittenste Frage, die betriebliche Mitbestimmung, hatte man 1969 gleich ganz ausgeklammert. Jetzt lag sie auf dem Tisch.

gierung, die es an kraftvoller und beharrlicher Arbeit fehlen ließ.

Und dann war es zu spät. Die Ölkrise brach im Gefolge des Yom-Kippur-Krieges (der am 6. Oktober 1973 begann) über die westliche Welt herein. Die ölexportierenden Länder (OPEC) erhöhten drastisch die Preise, sprachen — am 27./28. Oktober — gegen einzelne westliche Länder, auch gegen die Bundesrepublik, zeitweilig einen Ölboykott aus, weil diese Länder Israel unterstützten. Die Bundesrepublik mußte 1974 17 Milliarden Mark mehr für Öl bezahlen als 1973 und das, obwohl sie 6 % weniger Öl einführte. Riesensummen, die für Reformen eingeplant waren, standen nicht mehr zur Verfügung. Die Bundesregierung mußte endgültig ihre reformpolitischen Vorstellungen ad acta legen.

8. 3. 1 Der Streik der Fluglotsen

Das erste, deutlich sichtbare Zeichen der Ungeschicklichkeit und Unentschlossenheit hatte die Regierung Brandt mit ihrer Behandlung des Fluglotsen-„Streiks"* gesetzt. Zwar stand zunächst nicht Willy Brandt im Kreuzfeuer der Kritik, sondern Verkehrsminister Lauritz Lauritzen; doch nach Ansicht der Kommentatoren beging der Kanzler den Fehler, seinen Verkehrsminister zu lange und zu unglücklich gewähren zu lassen.

Die Streikmaßnahmen der beamteten Fluglotsen begannen am 31. Mai 1973. Der Konfliktpunkt: Die Lotsen fühlten sich gegenüber den Piloten unterbezahlt. Das Gehalt, so meinten sie, stehe in keinem Verhältnis zur Arbeitsbelastung. Der Bund als der Arbeitgeber wollte jedoch keine Sonderregelung zulassen. Er befürchtete einen Präze-

---

* Der Begriff ist nicht arbeitsrechtlich zu verstehen: Die Fluglotsen machten einen „Dienst nach Vorschrift".

denzfall: Die Besoldungsbalance in der gesamten Beamtenschaft geriete, so die Argumentation, aus dem Gefüge.

Lauritzen reagierte auf den „Dienst nach Vorschrift" mit einem Bündel juristischer Aktionen: Sperrung der Gehälter, Strafverfolgung, Regreßandrohung — aber erst Anfang Juli. Zu diesem Zeitpunkt jedoch war der Konflikt schon fünf Wochen alt und damit fünf Wochen in den Schlagzeilen der Zeitungen. Wertvolle Zeit war vertan — ein, wie die *FR* meinte, „kaum erträglicher Autoritätsverlust des Staates, der sich zum Trottel degradiert".[64] Hatte der Konflikt bislang die Mehrheit der Bevölkerung nur am Rande tangiert: Nun wurde er zum Hauptgesprächsthema. Die Reisesaison hatte nämlich begonnen. Die Schlangen auf den Flughäfen der Bundesrepublik wurden von Tag zu Tag länger. Manche Maschinen fielen völlig aus. Viele Urlauber gelangten verspätet oder nur auf Umwegen an ihre Reiseziele. Der Groll auf die Bundesregierung wuchs: Warum, so fragte man sich, war Bonn nicht in der Lage, dieser kleinen Gruppe von Protestierenden das Handwerk zu legen? „Versagen in netter Form" bescheinigte Hermann Schreiber dem Verkehrsminister.[65] War das nicht eine Überschrift, die für die ganze Regierung Brandt gelten konnte? Der Verkehrsminister, schrieb Theo Sommer in der *Zeit*, manövriere sich ratlos aus einer Sackgasse in die nächste und verschleiße dabei die Staatsautorität bis zum Punkte „absoluter Lächerlichkeit". Dem Kanzler sei vorzuwerfen, daß er den glücklosen Lauritzen nicht einfach „an die Luft" setze, daß er keinen Schlichter von Format bestelle und lediglich versichere, „daß sich die Bundesregierung von den Lotsen nicht unter Druck setzen läßt".[66]

Mittelmaß, so der Eindruck der Presse, schien das Bonner Handeln zu beherrschen; keine kraftvollen, vernünftigen und geschickten Aktionen, sondern zögerndes Abwarten nach dem Prinzip: Es wird sich alles schon von alleine auflösen.[67] Aber nichts löste sich von allein. Bis zum 23. November dauerte der Konflikt mit den Fluglotsen, bis in den Herbst hinein beschäftigte er die Öffentlichkeit. Eine Farce angesichts der Schwere des Problems. Wo war die Führungsperson, die das verhinderte? Sogar als der Konflikt zu Ende ging, machte Lauritzen noch eine unglückliche Figur. „Der Verkehrsminister blieb sich auch am 179. Tage des Fluglotsenbummels treu", kommentierte Eduard Neumaier in der *Zeit* süffisant: „Er formulierte einen amtlichen Irrtum." Etwa vier bis fünf Tage, habe Lauritzen gesagt, werde es dauern, bis sich der Flugverkehr normalisiere. „Es dauerte kaum einen Tag, da war die Überraschung perfekt."[68] Die Fluglotsen meldeten sich zum Normaldienst zurück. Es war nicht zu übersehen: Die Fehler Lauritzens waren nach Ansicht der Presse die Fehler der Führung, die Fehler des Kanzlers. War dieser Fluglotsenstreik und die Unmöglichkeit, ihn rasch zu beenden, nicht ein Beweis für die zunehmende Schwäche Brandts?

8. 3. 2 Die Ölkrise

Es sollte noch schlimmer kommen: Infolge des vierten Nahost-Krieges, des Yom-Kippur-Krieges, erhöhten die ölexportierenden Länder die Preise drastisch. Ende Oktober sprachen sie gegen mehrere westliche Länder, darunter auch gegen die Bundesrepublik, einen Ölboykott aus. Ziel dieser Maßnahmen: Die USA, aber auch Westeuropa und Japan sollten gezwungen werden, Israel nicht weiter zu unterstützen.

Für Brandt brachte die Nahost-Krise eine kurzfristige Chance zur Stabilisierung seiner angeschlagenen Position. Der Kanzler, der seine Reputation ja primär im Bereich der Außenpolitik gewonnen hatte, stand plötzlich im Zentrum außenpolitischer Erwartungen. War es nicht Brandt gewesen, der im Juni bei seinem Besuch in Israel den Gastgebern mitgeteilt hatte, im Konfliktfall seine Politik nach den Interessen der Bundesrepublik auszurichten und nicht a priori auf Seiten Tel Avivs zu stehen? War Brandt durch seine ostpolitischen Erfolge nicht ausgewiesen als ein geschickter, integrer und glaubwürdiger Staatsmann, der unüberbrückbare Gräben zu überspringen vermochte?

Die Erwartungen waren da, doch ihre Erfüllung war unmöglich. Brandt konnte die Gelegenheit nicht nutzen, weil es keine Position gab, die in der Bevölkerung konsensfähig war. Die Öffentlichkeit war ja auf Seiten der Israeli; die Regierung konnte jedoch Tel Aviv nicht unterstützen, da das Druckmittel Öl zu stark war. Obwohl also die Bundesregierung das Verhalten Israels aus *moralischen* Gründen für richtig hielt, rang sie sich aus *politischen* Gründen zu einer Neutralität durch, hielt erst einmal still und wartete ab — was nicht verstanden wurde. „Die Bagatellisierung der Schwierigkeiten", las Theo Sommer der Regierung die Leviten, „die Bagatellisierung der Schwierigkeiten, die im Gefolge des arabischen Ölboykotts auf uns zukommen können, ist typisch für eine Beruhigungspolitik, die der Illusion huldigt, daß Aufregungen, die man nicht zur Kenntnis nimmt, einem in der Praxis dann auch erspart bleiben".[69]

Um sich der arabischen Drohung zu entwinden, riskierte Brandt schließlich sogar den Konflikt mit den USA. Die Vereinigten Staaten hatten Ende Oktober — ohne vorherige Abstimmung mit Bonn — in Bremerhaven israelische Schiffe mit amerikanischen Waffen beladen. Bonn protestierte — eingedenk seines Neutralitätskurses — heftig und untersagte den Amerikanern den Waffennachschub für Israel über deutsche Umschlagplätze. Wie aber sollte die Bevölkerung ein solches Verbot verstehen, wo man doch hoffte, daß Israel den Krieg gewann? Man verstand die Regierung nicht mehr, verstand nicht das Dilemma zwischen moralischem Anspruch und realpolitischer Erwägung. „Auf Krisenbewältigung, einst seine Stärke", schrieb Theo Sommer enttäuscht, „scheint Willy Brandt diesmal nicht eingestellt zu sein..."[70]

Der Kanzler war in einer Zwickmühle: Auf der einen Seite konnte die Bundesrepublik wegen des engen Zusammenspiels mit den übrigen europäischen Ländern keine eigenständige Position beziehen. Auf der anderen Seite wuchsen die Schwierigkeiten mit den USA: Die Bonner Verhandlungsbasis bei den anstehenden Gesprächen über die Devisenhilfe für die in der Bundesrepublik stationierten US-Truppen war schwächer geworden. Und als sich schließlich herausstellte, daß der mühsam erkämpfte Konfliktkurs auch zu Einschränkungen des einzelnen führte*, verlor Willy Brandt weiter an Reputation. Und was hätte er machen sollen? „Hart und entschlossen auf Notstand umschalten", wies Diether Stolze in der *Zeit* den Weg. Das allerdings hätte eine frühzeitige Rede des Kanzlers erfordert, „wenn schon nicht mit dem Ruf nach Blut, so doch mit dem nach Schweiß und Tränen", so wie eine unverzügliche Verabschiedung entsprechender Gesetze. „Willy Brandt aber mochte, wie so oft, nicht vom Olymp herunter."[71]

---

* Erinnert sei an die Sonntagsfahrverbote, die drastische Steigerung der Heizöl- und Benzinpreise sowie die Geschwindigkeitsbegrenzung auf den Autobahnen.

9. Verlust der Macht

9. 1 Die Situation Ende 1973

Im Dezember 1973 hatte der Kanzler den vorläufigen Tiefpunkt seiner Popularität erreicht. „Brandt hat eine schlechte Presse", erkannte Hans Reiser.[1] Plötzlich schien alles an diesem Manne problematisch zu sein. Die Zeitungen setzten sich in umfangreichen Geschichten mit dem Machtverfall Brandts auseinander — wenn auch mit unterschiedlichem Tenor: Der *Spiegel* verurteilend[2], die *FR* verteidigend[3], die *Zeit* ausgewogen.[4] Der Kanzler sei im fünften Jahr seiner Regierungszeit nun endgültig an die Grenzen seiner Führungskunst geraten, schrieb der *Spiegel* in einer groß aufgemachten Titelgeschichte, die ausschließlich dem Regierungschef gewidmet war.[5] Die Ostpolitik stagniere; das Programm der inneren Reformen komme kaum voran; in der Partei habe die integrierende Kraft des Vorsitzenden nachgelassen, und der FDP lasse Brandt zuviel Freiheit. „Der Gedanke an seinen Sturz ist nicht mehr tabu."[6]

Nur ein Jahr nach seinem größten Triumph, ja, nur acht Monate nach seinem eindrucksvollen und umjubelten Auftritt auf dem Parteitag in Hannover mußte der Friedenskanzler, Nobelpreisträger und strahlende Wahlsieger vom 19. November 1972 mitansehen, wie Freund und Gegner seine Macht und seine Autorität unterhöhlten. „Von der Jubelstimmung der Genossen und dem Wohlwollen der Welt einst emporgetragen auf den politischen Olymp", schrieb der *Spiegel*, „muß der nunmehr 60jährige Kanzler fürchten, unversehens vom Sockel zu rutschen."[7] Seine Verdienste seien zwar unbestritten, meinte der *Stern*, aber leider schon Vergangenheit; die erlebten Erfolge seien Nachrufe. „Denn was jetzt aufgezählt wird, sind die Versäumnisse der Gegenwart."[8]

Nahezu alle Analysen sahen in dem Führungsstil des Kanzlers den Schlüssel für den Niedergang seines Ansehens. Je wichtiger die innenpolitischen Probleme und je deutlicher die Unterschiede zwischen SPD und FDP würden, desto offenkundiger träten Brandts Schwächen im Führungsstil sowie seine Unlust hervor, die Regierungsarbeit zu organisieren. Die politischen Antennen, konkretisierte Rolf Zundel, arbeiteten einfach nicht mehr störungssicher; Brandt habe oft falsche Vorstellungen über die Stimmung in der Fraktion und in der Bevölkerung.[9] „Willy Brandt", meinte Rudolf Augstein, „erkennt in seinem jetzigen Bild seine frühere Identität nicht mehr wieder."[10]

Ordnet man die Ausführungen der professionellen Beobachter, so kristallisieren sich als Gründe für den rapiden Machtverfall Brandts zwei zentrale Punkte heraus: die angesichts drückender wirtschaftlicher Probleme steigende Sehnsucht der Bevölkerung nach starker und sicherer Führung auf der einen Seite; und, auf der anderen Seite, die Müdigkeit des Regierungschefs, der sich nach den harten politischen Kämpfen sowie schwerer Krankheit viel Zeit zum Nachdenken nimmt, der seine Menschenscheu deutlicher zeigt als in früheren Jahren.[11] „Jene Sprödigkeit, die Brandt neuerdings im Umgang mit der öffentlichen Meinung und auch manchmal mit Politikern zeige", meinte Zundel, „ist die negative Kehrseite einer positiven Eigenschaft: Er mag nicht mehr Stimmung machen... Manchmal erscheint ihm das Aktenstudium weit erträglicher als der Umgang mit Menschen."[12]

Je weiter die Schere zwischen Erwartungshaltung und Erfüllungsbereitschaft auseinanderklaffte, um so deutlicher wurde der Popularitätsverfall, um so deutlicher aber auch bezogen die linksliberalen Medien Position. Je nach Standort des einzelnen Kommentators fiel dann das Urteil aus: Fühlte er mit den Enttäuschten, kritisierte er hart; hatte er Verständnis für das Ruhebedürfnis Brandts, verteidigte er den Führungsstil des Kanzlers. Bei der kritischen Auseinandersetzung mit der Regierung, meinte zum Beispiel Werner Holzer in der *FR,* gehe es „um jene modische Besserwisserei von Leuten", die einst nicht müde geworden seien, den „eher widerwilligen Willy Brandt auf einen hohen Denkmalssockel zu hieven und die nun mit spitzzüngiger Polemik den von ihnen selbst errichteten Sockel wieder abtragen". Es sei einfach ärgerlich, wenn angebliche Freunde laut nörgelnd den Kanzler zum Sündenbock machten: Da sei das modische Wort von der „Führungsschwäche"; da sei der törichte Vorwurf, Brandt habe sich gewissermaßen selbst „der politischen Realität entrückt": Wer nach dem Kern der Vorwürfe gegen den Stil des Kanzlers suche, der stoße „sehr bald auf den ureigenen deutschen Traum vom starken Mann, der alles schon regeln wird".[13]

Dieser Gedanke klang plausibel: Der Unmut der Öffentlichkeit und eines Teils der Medien über die Führungsqualitäten Brandts war wesentlich bestimmt durch einen wenig faßbaren Wandel im Atmosphärischen. Die Prämissen politischen Handelns hatten sich gegenüber den Jahren zuvor unmerklich geändert. Der Schwung der Aufklärung, der sich innenpolitisch in der Reformpolitik und außenpolitisch in der Friedenspolitik manifestiert hatte, dieser Schwung war an seine machtpolitischen, ökonomischen und psychologischen Grenzen gestoßen. Manche Beobachter bezeichneten diesen Wandel als Tendenzwende. „Das eigentliche Kuriosum besteht darin", meinte denn auch Zundel, „daß eine eher überdurchschnittlich aktive Regierung im Urteil der Öffentlichkeit so schlecht wegkommt." Eine der Ursachen könne sein, daß sich jeder politische Stil abnütze; dies gelte auch für den Stil Brandts, der auf behutsame Entwicklung, auf Integration ziele. „Warum also jene in der Presse öffentlich und in der SPD halböffentlich geführte Diskussion um die Führungsqualitäten Brandts?"[14]

So vernünftig diese Gedankengänge auch waren: Der Popularitätsverfall Brandts war ebensowenig zu stoppen wie die lauthals geäußerte Kritik einst guter Freunde. Angefangen hatte alles mit einem Text von Günter Grass, den der *Vorwärts* am 29. November abgedruckt und den Grass drei Tage zuvor im ARD-Magazin *Panorama* verlesen hatte. Der Titel: „Koalition im Schlafmützentrott." Der Schriftsteller griff Brandt heftig und direkt an, sprach von „lähmender Selbstgefälligkeit", von einem „uninspirierten Wursteln... Begabt mit starker Ausstrahlungskraft, strahlt er zur Zeit nicht gerade Tatkraft, eher Lustlosigkeit aus!"[15] Es folgten Parteifreunde: Sie rügten, daß Brandt nicht mehr die Regie führe, bemängelten seine Neigung zu langatmigen Diskussionen. Allzu oft lasse der Kanzler „ein und dasselbe Thema mehrfach durchhecheln", und allzu oft ende alles auf dem kleinsten gemeinsamen Nenner. „Was sind wir denn?", griff Helmut Schmidt den Kanzler in versteckter Weise an: „Im Grunde eine etwas bessere CDU-Regierung. Wir machen alles so recht und schlecht. Die Frage ist nur, ob das Land dabei vorankommt."[16]

Und plötzlich gab es etwas, das in der Bundesrepublik bislang und in dieser Schärfe unbekannt war: Witze über den Regierungschef. Rudi Carrell engagierte den Brandt-Imitator Achim Striezel als Eröffnungsredner einer fiktiven Handelsmesse. Die Kanzlerstimme redete per Telefon Gemeinplätze zunächst ins Publikum und dann — bis zum Ende der Sendung — in ein schwarz-rot-goldenes Kissen, auf das Carrell die Muschel gelegt hatte.[17]

Die sarkastischen Pointen suchten sich ihre Opfer zunehmend unter der regierenden Prominenz. Brandt und Bahr, Scheel und Wehner avancierten zu den Lieblingsfiguren des bösen Witzes. Wie böse, das zeigt dieses Beispiel: Brandt und Scheel fliegen mit dem Flugzeug über einer Stadt. Sagt Scheel: „Wenn ich jetzt hundert Mark rauswerfe, das gäbe einen Jubel." Sagt Brandt: „Und wenn ich tausend Mark rauswerfe, das gäbe noch größeren Jubel!" Sagt der Pilot: „Und wenn ich euch beide rauswerfe, was das erst für einen Jubel gibt."[18] Dies alles sei „so abgestanden, so ranzig", schrieb Dieter Hildebrandt in der *Zeit*. Diese „neue Witzwelle" sei „beunruhigend, ja, so empörend", weil sie ein Haßklima unterstelle, die „Insinuation einer Machtstruktur, die es bei uns nicht gibt".[19] Die Brandt-Witze, meinte auch Heigert in der *SZ*, seien weder zum Lachen, noch wirkten sie befreiend. Sie bewirkten das Gegenteil: „Herabwürdigung, Abneigung, Antistimmung."[20] Man wende Anti-Diktatur-Pointen gegen Männer, die sich, so Hildebrandt, allenfalls zu einer Richtgeschwindigkeit auf den Autobahnen verstiegen. Der Gebrauch dieser Scherze löse deshalb nicht Erregung, sondern schüre sie. „Dieser ‚neue' politische Witz ist nicht Ventil, sondern Blasebalg"[21] — und Indikator für die Wertschätzung, die Willy Brandt in diesem Winter 1973/74 noch genoß.

9. 2 Der Tarifstreit im öffentlichen Dienst

Die Ereignisse um die Tarifverhandlungen im öffentlichen Dienst zeigten schließlich, daß niemand mehr Rücksicht nahm auf das ramponierte Image Brandts. Die Gewerkschaft ÖTV hatte — trotz Ölkrise und einem Wirtschaftswachstum nahe der Null-Grenze — eine Erhöhung der Gehälter um 15 % gefordert. Diese Forderung orientierte sich an der erwarteten Inflationsrate: Schätzungen der Deutschen Bundesbank und der Sachverständigen rechneten mit einem Verfall von 10 % (die tatsächliche Inflationsrate lag dann 1974 bei 7 %). Brandt wies die Forderung der ÖTV als maßlos zurück. Die Auseinandersetzungen zogen sich über mehrere Wochen hin und erreichten ihren Höhepunkt am 7. und 8. Februar, als die Gewerkschaft Kampfmaßnahmen — also Streik — beschloß.

Für den Kanzler wurde der Tarifstreit zu einem persönlichen Debakel, weil er sich öffentlich für eine einstellige Erhöhung der Löhne und Gehälter verbürgt hatte. Am 30. November 1973 sowie am 24. Januar 1974 hatte er im Parlament erklärt, daß „zweistellige Ziffern bei den Tarifen" nicht möglich sein würden.[22] Damit hatte sich der Regierungschef festgelegt und sein Prestige mit dem Ergebnis der Auseinandersetzung verknüpft.

Das Pikante dieses Tarifkonflikts lag darin, daß sich nicht Industriegewerkschaften und private Unternehmen gegenüberstanden, sondern eine sozialdemokratisch geführte Bundesregierung und eine Vertretung öffentlich Bediensteter, die sich ja eigentlich der Allgemeinheit in besonderem Maße verpflichtet fühlen müssen. „Die Arbeitnehmer haben die Technik der Unternehmer kopiert", meinte Rolf Zundel. „Sie nehmen, was ihre Macht erlaubt und der Markt hergibt."[23] Und ihre Macht gab einiges her. Anfang Februar 1974 kam es zu punktuellen Streiks, die den Druck auf die Regierung so verstärkten, daß diese nachgab: Die Arbeitgeberseite — Bund, Länder und Gemeinden — akzeptierten Einkommensverbesserungen in Höhe von 11 %.

Brandt hatte den Fehler begangen, die Streikbereitschaft nicht richtig eingeschätzt zu haben. Noch wenige Tage vor Beginn der Kampfmaßnahmen glaubte der Kanzler an ein Scheitern der Urabstimmung.[24] „Kann der Staat seine Ohnmacht auffälliger darstellen, als dies in den Tarifverhandlungen mit dem öffentlichen Dienst geschehen ist?" fragte Zundel. Daß der Kanzler sein Prestige in die Waagschale geworfen habe, um die Forderungen zu bremsen, könne man ja noch anerkennen. Aber warum habe die Bundesregierung nur so wenig unternommen, um die Verhandlungen zu ihren Gunsten zu beeinflussen? Brandt hatte während der Streiktage nicht einmal mit ÖTV-Chef Kluncker oder dem DGB-Vorsitzenden über die bedrohliche Lage gesprochen. Und auch in den Wochen zuvor hatte es keine einheitliche Abwehrstrategie und keine geschlossene Arbeitgeberfront, weder unter den verschiedenen Arbeitgebern noch im Kabinett gegeben. Am Ende fühlte sich der Bundeskanzler mal wieder von allen enttäuscht. „Die Koalition", meinte Zundel, „ist gegenwärtig nicht mehr voll handlungsfähig."[25]

Nahezu hilflos mußte der Kanzler mitansehen, wie sein innenpolitisches Konzept und seine außenpolitische Vision zerbröselten. Brandt hatte für die Öffentlichkeit erneut das Bild eines Kanzlers ohne Standfestigkeit und Tatkraft abgegeben. Mehr noch: Die Gewerkschaften insgesamt waren verstimmt. Sie hatten Härte gegen die ÖTV, nicht aber Konzessionsbereitschaft erwartet. Der ÖTV-Abschluß spaltete den DGB. Wie sollten die Industriegewerkschaften die von Kluncker gesetzten Lohndaten einhalten? Brandt mußte sich den Vorwurf gefallen lassen, „dem öffentlichen Dienst eine Schrittmacherrolle erlaubt zu haben".[26]

Ohne Zweifel: Brandt war aus eigener Schuld in einem Tief — und nicht nur vom Glück verlassen. Er jedoch sah dies anders. Er sah sich, meinte der *Stern,* als König Artus, den die Ritter der Tafelrunde verlassen hatten.[27] „Die Autorität des demokratischen Staates wurde, alles in allem, hart strapaziert", schrieb Brandt in seinen Erinnerungen. „Schreibende Zeitgenossen, die mit uns durchaus sympathisierten, meinten, einer mit solider Mehrheit ausgestatteten Regierung könne etwas Gegenwind nicht schaden."[28]

Brandt hatte die Stimmung in den Redaktionen richtig erfaßt — bis auf einen Punkt: Was ihm da entgegenblies, war nicht „etwas Gegenwind", sondern bereits eine steife Brise. „In diesem Streik", schrieb Zundel hart und unmißverständlich, „hat sich gezeigt, daß die Gewerkschaften die Macht haben, staatliche Souveränität einzuschränken. Und die Bundesregierung hat dafür gesorgt, daß dies auch noch dem Letzten im Lande deutlich wurde... Der Verlust an Staatsautorität ... läßt sich auf keine Weise rechtfertigen."[29]

Bundeskanzler Willy Brandt war — so schien es — am Ende. Er hatte nicht mehr die Kraft, vielleicht auch nicht mehr den Willen, gegen den Popularitätsverfall anzukämpfen. Der Kanzler empfand seine Amtstage nur noch als „eine Kette unablässiger Enttäuschungen".[30] Er war nicht nur psychisch — worauf seine resignativen Rücktrittsgedanken hindeuteten —, sondern auch physisch angeschlagen. Brandt sei geplagt von Kurzatmigkeit und Kreislaufbeschwerden, beobachtete der *Stern* in diesem Februar 1974; er sei zermürbt von dem ständigen Kampf gegen Übergewicht, den er seit seinem Rauchverzicht vergebens führe.[31]

Die Auswirkungen ließen nicht lange auf sich warten: Bei den Bürgerschaftswahlen in Hamburg Anfang März erlitten die Sozialdemokraten eine empfindliche Niederlage. In der Stadt, in der die Vorherrschaft der SPD seit 1957 „unerschütterlich", ja „eine Art Naturgesetz" war[32], in dieser Stadt verloren die Sozialdemokraten fast 11 % der Stimmen.* Große Teile der 1972 neu erschlossenen Wählerschaft hatten den Sozialdemokraten und ihrem Regierungschef schon wieder den Rücken gekehrt. Wer sich gegenwärtig, schrieb Heigert in der *SZ*, im höheren Management der Unternehmen herumhöre, im akademisch gebildeten Mittelstand, in den höheren Verwaltungen, im Kreis der freien Berufe, in der Justiz, im Handel und im Handwerk — der begegne einer „offenbar anwachsenden Aggression gegen die Bundesregierung, zumal deren Chef". Nichts werde mehr mit abwägender Vernunft diskutiert oder kritisiert. Alles sei vielmehr der totalen Denunziation unterworfen. „Diese Regierung gilt neuerdings wieder vielen als Organ des Untergangs."[33]

---

* SPD: 44,9 % (55,3 % bei den Wahlen 1974); CDU: 40,6 % (32,8 %); FDP: 10,9 % (7,1 %).

9. 3 Der Rücktritt

Dienstagmorgen, 7. Mai 1974. „Willy Brandts Gesicht verrät keine Gemütsbewegung, als ihm der stellvertretende Parteivorsitzende Heinz Kühn und Bundesgeschäftsführer Holger Börner beinahe unter Anwendung von Gewalt einen Weg durch die Journalistentraube zum Fraktionssaal der SPD im Bundeshaus bahnen... Brandt geht, von den Ovationen der Abgeordneten begleitet, nicht zum Tisch des Vorstandes, sondern zu seinem Platz als Parlamentarier... Jochen Vogel und Egon Bahr stehen Tränen in den Augen... Als der Beifall abebbt, sagt Wehner, die Faust zusammenpressend, mit bebender Stimme...: ‚In mir ringen Schmerz über das Ereignis, Respekt vor der Entscheidung und Liebe zur Persönlichkeit und zur Politik Willy Brandts.‘ "
So beschrieben die SZ-Korrespondenten Udo Bergdoll und Martin E. Süskind den Moment, als Willy Brandt nach seinem Rücktritt vor die SPD-Fraktion tritt.[34] Die Demission sollte eigentlich zwar erst an diesem Dienstagmorgen um 9.10 Uhr, im Anschluß an die Kabinettssitzung, publik gemacht werden. Doch in der Nacht zuvor war die Nachricht schon durchgesickert[35] und in Rundfunksondersendungen verbreitet worden. „Spontan fanden sich daraufhin, um halb drei Uhr in der Nacht, SPD-Mitglieder im Kiefernweg auf dem Bonner Venusberg ein, brennende Fackeln in der Hand", um Willy Brandt ihre Sympathie zu bekunden. „Willy Brandt, bleib im Amt", riefen einige von ihnen.[36] Doch es war zu spät. Eine Ära hatte ihr Ende gefunden.

Ein sehr plötzliches Ende. Obwohl die linksliberale Presse in den zurückliegenden Monaten immer wieder die Schwächen des Bundeskanzlers aufgezeigt, ja vereinzelt sogar mit dem Gedanken einer Ablösung Brandts gespielt hatte, klang jetzt doch aus nahezu allen Kommentaren Bedauern, Enttäuschung und Verständnislosigkeit. Was waren die wahren Gründe, so fragte man sich, für diesen Verzicht? Konnten die Fahrlässigkeiten Brandts im Zusammenhang mit der Weiterbeschäftigung Guillaumes nach Kenntnis des Verdachts, konnten diese Fahrlässigkeiten denn wirklich ausreichen, um einen Kanzler zum Rücktritt zu bewegen? Fragen, auf die keiner der Beteiligten eine eindeutige Antwort geben wollte. Statt konkreter Angaben wurden Gerüchte gehandelt: Die Opposition habe Brandt gemeinsam mit den Geheimdiensten zu Fall gebracht; Frauengeschichten seien der Grund gewesen; die eigenen Genossen hätten Brandt stolpern lassen; Herbert Wehner habe den Fangschuß abgegeben.[37] „Es gibt geschichtliche Augenblicke", schrieb Theo Sommer in der *Zeit,* „da stockt den Völkern der Atem. Plötzlich wird sichtbar, daß Politik, so träge sie sich auch oft durch die Niederungen des Alltags dahinschleppt, im letzten Grunde immer Drama ist, ein endloses Epos, das von Glanz und Elend der Macht, vom Aufstieg und Fall der Mächtigen handelt. In solchen Augenblicken offenbart sich: Nicht die planende Berechnung schürzt die großen Entwicklungsknoten; es sind die Einbrüche des Unvorhergesehenen..., die das Geschehen bestimmen."[38]

Bei all diesen Ungewißheiten war es denn auch kein Wunder, daß die Kommentare neben einer historischen Würdigung der Brandtschen Amtszeit auch von Spekulationen über die wahren Motive des Rücktritts beherrscht waren. Nach den außergewöhnlichen Leistungen, die Brandt vollbracht habe, sei dieses Ende, so die eindeutige Meinung, nicht angemessen. Es sei auf peinliche Weise trivial, umweht von einem Hauch von Hintertreppe. Dies habe Brandt nicht verdient. „Die Vorstellung ist gespenstisch", meinte Sommer, „daß der Kanzler der Bundesrepublik Deutschland von einem miesen DDR-Spion aus dem Sattel gestochen werden kann... Was steckt dahinter? Was hat Willy Brandt denn verbrochen?"[39]

Die Hintergründe des Rücktritts sind bis heute nicht zweifelsfrei geklärt. Weder die Untersuchungsausschüsse noch die Recherchen der Sicherheitsbehörden noch die Äußerungen Brandts, insbesondere in seinem Buch „Über den Tag hinaus", haben das Dunkel lichten können. Nach Ansicht der hier untersuchten Presseerzeugnisse könnten den Regierungschef folgende Gründe zum Amtsverzicht bewogen haben: Details aus der Privatsphäre, die bei den Recherchen gegen Guillaume zu Tage gefördert wurden; Fahrlässigkeiten im Zusammenhang mit der Weiterbeschäftigung des Kanzlerspions nach Kenntnis eines Verdachts; Resignation angesichts des negativen Trends in der Zustimmung und der Versuch, mit einem harten Schnitt die angeschlagene Koalition zu retten.

Zwei Tage nach der Verhaftung Guillaumes, am 26. April 1974, wurde der Chef-Bewacher des Bundeskanzlers, Kriminalhauptkommissar Ulrich Bauhaus, vom Leiter der Bonner Sicherungsgruppe, Abteilungspräsident Hans Wilhelm Fritsch, über Günther Guillaume vernommen. In diesem Gespräch gab Bauhaus bekannt, so der *Spiegel,* „daß Brandt hin und wieder bei seinen Reisen über Land im Kanzler-Sonderzug und im Hotel den Besuch von Frauen empfangen habe und daß der Spion Guillaume davon wissen müsse". Der direkte Dienstvorgesetzte von Bauhaus, Kriminalrat Gernot Mager, meinte sogar, daß Guillaume Brandt noch vierzehn Tage vor der Verhaftung ein Mädchen zugeführt habe. „Mager-Einvernahme und Spezialrecherchen der Herold-Behörde", faßte der *Spiegel* zusammen, „ergaben den Eindruck, der Kanzler habe — vermittelt durch Bauhaus, aber auch durch Guillaume — nächtens im Salonwagen-Abteil wie bei Hotel-Aufenthalten Besuche von Frauen empfangen, die nicht als respektabel anzusehen seien, und nicht etwa nur Journalistinnen oder sonstwie legitimierte Besucherinnen."[40]

Kein Fall ist jedoch bis heute aktenkundig, wo Guillaume eine nicht respektable Dame zum Kanzler geleitet hat. Nachweisbar sind lediglich zwei Fälle, in denen der Kanzlerspion jeweils eine Journalistin zu Brandt führte. „Guillaume habe dabei", so der *Spiegel* weiter, „den begleitenden Sicherheitsbeamten angedeutet, anzüglich gar, sie möchten sich um den Besuch nicht kümmern, das gehe schon in Ordnung. Ein drittes Mal handelte es sich um eine Dame, die von den Sicherheitsbehörden nachrichtendienstlich observiert wird (womit über ihre Respektabilität noch nichts Erschöpfendes feststeht)." Was sich jedoch hinter den verschlossenen Türen im Kanzlerabteil abgespielt hat, ist unbekannt. Brandt meinte, „daß hier die Kräfte etwa eines im Wahlkampf befindlichen Spitzenpolitikers doch wohl überschätzt würden. Eine Flasche Wein oder auch zwei, nächtens zur Entspannung in Gesellschaft einer jüngeren Frau genossen, seien ja wohl kein Sakrileg... Man dürfe es ihm wohl auch nicht verargen, wenn er sich erkühne, eine alte Bekannte zu empfangen, die zufällig nicht Journalistin sei."[41]

So delikat manche Details auch sein mochten: Brandt hatte sie — anders als Wehner — zunächst nicht sehr ernst genommen. Im Gespräch mit Hans Ulrich Kempski erzählte Wehner, daß Brandt „diese Dinge" einfach abgeschüttelt habe. Brandt „habe die vagen Aussagen seiner Sicherungskräfte ‚beinahe komisch' gefunden, habe scherzend gefragt, für wie potent man ihn eigentlich halte".[42] Wenig später jedoch erkannte auch der Kanzler die Gefahren „einer Kampagne, die auch Privates zum Gegenstand hat".[43] Besonders dem Fraktionsvorsitzenden nahm es Brandt übel, daß dieser die privaten Details so wichtig nahm. Wehner hatte diese Dinge am Samstag, dem 4. Mai, von Nollau erfahren. Der *Spiegel* schreibt unter Berufung auf Brandt, daß Wehner daraufhin am selben Tag, abends zwischen 19.30 und 20.30 Uhr, in Münstereifel dem Bundeskanzler in einem Einzelgespräch „unmißverständlich" klargemacht habe, daß Brandt nun eine Entscheidung treffen müsse. „Zwar forderte er Brandt nicht direkt auf, seinen Abschied als Kanzler zu nehmen, aber er riet auch nicht vom Rücktritt ab."[44] Brandt bestätigte dies später — wenn auch in verschlüsselter Form: „Samstagabend ein paar Einzelgespräche — erst mit Wehner, dann mit Börner und Ravens — zum Fall G.. Zu nächtlicher Stunde sage ich, daß mein Entschluß zum Rücktritt nahezu feststehe. Die *beiden* Freunde[45], denen ich das sage, versuchen mich umzustimmen und meinen, die Frage der Verantwortung müsse differenzierter beantwortet werden."[46]

Die linksliberale Presse war irritiert: Alles, was das offizielle Bonn an Erklärungen für den Rücktritt anbot, empfand man als nicht ausreichend. Zu viele Ungereimtheiten blieben. Theo Sommer drängte sich sogar der Verdacht auf, daß Brandt „mit seinem abrupten Ausscheiden exakt denselben Zweck verfolgt, den Richard Nixon durch hartnäckiges Kleben an seinem Amtssessel zu erreichen hofft: Vertuschung von Peinlichkeiten".[47] Sprach nicht für diesen Verdacht das Verhalten Wehners, der doch ganz offensichtlich — so las man es wenigstens immer wieder — den Sturz Brandts forciert hatte?

Zwar wehrte sich Wehner gegen diese Interpretation sehr heftig: Er klagte sogar gegen den *Stern* auf Widerruf.[48] Doch niemand wollte ihm so recht glauben. „Sowenig der Darsteller des Königs Lear tot ist, wenn der Vorhang fällt", schrieb Rudolf Augstein im *Spiegel*, „so wenig darf man Wehner unbesehen glauben, was er uns so über die Jahre verkauft." Wehner wisse, daß er „eine höchst subjektive Wahrheit und in Wahrheit die Unwahrheit von sich gibt". Er habe sich während des kritischen Wochenendes schließlich so verhalten, daß alle Gesprächsteilnehmer den Eindruck gehabt hätten, Wehner halte Brandts Rücktritt für richtig. Kurz: Der Fraktionsvorsitzende habe „die Rolle des Königsmörders gespielt". Denn an dieser Alternative könne man nicht rütteln: „Entweder hat Wehner mit seiner Moskauer Schelte nach Plan gehandelt, um Brandt zu demontieren..., oder er hat sich ganz irrational und unzurechnungsfähig entladen. Recht behalten hat er wieder einmal, und vielleicht wird er das Geheimnis mit ins Grab nehmen, wie ein Mann so oft irrational und gleichwohl, überblickt man die gesamte Strecke, so erfolgreich agieren konnte."[49]

Brandt fühlte sich tief getroffen, nicht nur von Wehner, sondern von dem plötzlichen Eifer der Genscher-Untergebenen, seine Privatsphäre auszuleuchten. Er, der Nicht-Jurist, mußte, so wie die Dinge nach dem 28. April weiterliefen, tatsächlich den Eindruck gewinnen, den Vernehmern gehe es mehr um ihn als um Guillaume.[50] Da waren auch die moderaten und verteidigenden Kommentare der linksliberalen Presse kein Trost. Henri Nannen zum Beispiel schrieb im *Stern*: „Wer sind wir denn, Sie und ich, daß wir darüber zu richten hätten. Allerkatholischste Majestäten hatten Mätressen, Kardinäle hatten sie, Kennedy soll etwas mit der Monroe gehabt haben, und auch Präsident Pompidou war nicht eben ein Heiliger. Aber bei uns mokieren sich gerade diejenigen, die den ‚Heiligenschein' des Kanzlers dauernd verhöhnt haben, darüber, daß er ihn nachts gelegentlich ablegte."[51] Nein, dem Druck der Gerüchte und Spekulationen war nicht Einhalt zu gebieten, die von Wehner befürchtete „Schmutzkampagne in der Rechtspresse" war nicht aufzuhalten. Die Springer-Zeitungen berichteten über angebliche Drohungen Guillaumes, Einzelheiten aus Brandts Privatleben an die Öffentlichkeit zu bringen, wenn er nicht ausgetauscht werde.[52] Die *Welt am Sonntag* fabulierte von schweren Spannungen in der Koalition[53] und *Bild* schrieb, daß der Kanzler Beziehungen zu mehreren Frauen unterhalte. Eine davon sei „Schwedin, blond, Zigarrenraucherin".[54]

Später gab Brandt zu, daß diese Kampagne ihn in seinem

Entschluß bestärkt habe, das Amt niederzulegen. Die „Kampagne von rechts" hätte ihm, schrieb er, unter Umständen nicht mehr genug Zeit und Kraft für die eigentlichen Aufgaben des Bundeskanzlers gelassen. Sie hätte die Koalition in Mitleidenschaft ziehen können. „Ich hatte und habe nichts zu verbergen; aber auch ich habe ein Recht auf den Schutz der persönlichen Sphäre..."[55]

So enttäuscht diese Worte klingen: In der Woche nach seinem Rücktritt schien Brandt weniger Bitterkeit als Erleichterung zu verspüren. Kempski stellte überrascht fest, daß der ehemalige Bundeskanzler nicht tiefverletzt, auch nicht niedergedrückt auftrat. „Brandt wirkt so entspannt, so heiter gelöst, wie es bloß vorzutäuschen auch perfekter Vorstellungskunst unmöglich wäre", meinte Kempski. Das Bewußtsein, die ihm widerfahrenen Prüfungen stilvoll hinter sich gebracht zu haben, sei wohl ein Grund für die gelöste Stimmung. Hinzu komme die Erleichterung, nicht mehr die Bürden der Würde tragen zu müssen. „Der Mantel der Macht war ihm schwer geworden."[56]

Besonders die *Zeit* stellt in ihrer Beurteilung auf diesen Aspekt ab. Brandt sei „ausgelaugt und zermürbt", beobachtete Theo Sommer. Dem Kanzler sei seit einem Jahr kaum noch etwas gelungen. Ein entschlossener Brandt hätte doch den Fall Guillaume „abreiten und überstehen" können.[57] Vor allem, meinte Rolf Zundel, sei das Unvermögen sichtbar geworden, „fordernd, befehlend und strafend" zu führen. „Wo Adenauer gleichmäßig, klar, hart und selbst in der schwersten politischen Auseinandersetzung innerlich unangefochten seine Bahn zog, war Brandt grüblerisch, zweifelnd und zugleich visionär." Er habe sich in besonderem Maße von der Zustimmung in die Höhe tragen lassen, jetzt, angesichts der harten Kritik und der schweren Rückschläge, fühle er sich um so schwerer getroffen.[58]

Die Ansicht, daß Brandt, erschöpft und müde, gar nicht mehr um sein Amt kämpfen wollte, diese Ansicht hatte einiges für sich. Brandts „Schuld" an der Guillaume-Affäre war zu gering, als daß sie einen hinreichenden Grund für den Rücktritt hätte abgeben können. Was die Einstellung Guillaumes betraf, so war der Kanzler wohl völlig schuldlos. Guillaume war — nach einer speziellen nachrichtendienstlichen Überprüfung — als „besonders zuverlässig" ins Kanzleramt vermittelt worden. „Niemals war ein Bundeskanzler zuständig für die Sicherheitsüberprüfung von Mitarbeitern", erkannte Brandt denn auch richtig in der Aktuellen Stunde zum Fall Guillaume vor dem Bundestag am 26. April. „Er, der Bundeskanzler, geht davon aus, wie andere Behördenchefs, daß diese Sicherheitsüberprüfungen von den zuständigen Stellen im Rahmen des Möglichen gemacht werden."[59]

Bleibt die Weiterbeschäftigung Guillaumes nach seiner Enttarnung im Mai 1973. Das Bundesamt für Verfassungsschutz war, als es entschlüsselte ostdeutsche Funksprüche mit Guillaume in Verbindung brachte, auf verblüffende Übereinstimmungen zwischen Guillaume und einem seit langem gesuchten Mitarbeiter des DDR-Staatssicherheitsdienstes (den man in der SPD vermutete) gestoßen. Man hatte einen Verdacht, jedoch keinen Hinweis auf eine aktuelle Spionagetätigkeit Guillaumes, und somit auch keine Gewißheit. Nollau unterrichtete Genscher von den Entdeckungen der Verfassungsschützer, und Genscher trug dem Bundeskanzler am 29. Mai 1973 den Verdacht mit der Bitte vor, Guillaume weiter auf seinem Posten zu belassen, da noch keine erhärteten Beweise vorlägen.

Brandt ging davon aus, daß Guillaume nun entsprechend observiert werde, kümmerte sich somit nicht weiter um die Angelegenheit. Doch Nollau wollte seine Ermittlungen gegen Guillaume nicht durch diffizile Abschirmversuche stören — ein großer Fehler.[60] „Hätte ich damals erfahren", meinte Brandt später, „was die Verfassungsschützer schon wußten, wäre Guillaume nicht weiter in meinem unmittelbaren Bereich geblieben."⁶¹ So aber erfuhr Guillaume keine andere Behandlung als vor dem Verdachtsfall. Mehr noch: Er machte im Juli 1973 Brandts Norwegen-Urlaub mit, bei dem er Dokumente der NATO-Geheimstufe „Cosmic" und einen persönlichen Brief des in den Watergate-Skandal verstrickten amerikanischen Präsidenten Nixon einsehen konnte.⁶² War dies Brandt vorzuwerfen?

Die unter Leitung Theodor Eschenburgs am 6. Mai 1974 eingesetzte (geheime) Guillaume-Untersuchungskommission der Regierung wertete die Schuld Brandts als gering⁶³, da diesem die Fehler der Verfassungsschützer nicht zuzurechnen seien. „Der Leistungsfehler des Bundeskanzlers", schrieb Eschenburg nach Abschluß der Ermittlungen, „liegt in einer wesentlichen Unterlassung: darin, daß er nicht zumindest einen qualifizierten Beamten seines Amtes wirksam hinzugezogen hat." Die Reaktion Brandts stehe jedoch in keinem Verhältnis zum Verantwortungsgrad. „Die Guillaume-Affäre mag der Anlaß, kann aber nicht die Ursache des Rücktritts gewesen sein."⁶⁴

So unklar die wahren Hintergründe des überraschenden Amtsverzichts auch blieben — die linksliberale Presse war geneigt, Brandts Schwächen und Fehler der letzten Monate zu vergessen. Dem ehemaligen Kanzler wurde lediglich der Vorwurf gemacht, es habe ihm an Wirklichkeitssinn gemangelt, als er — anscheinend völlig überrascht — feststellte, daß er „nach den Erfahrungen mit dem Fall G. ... für Verhandlungen mit der DDR ... nicht mehr unbefangen genug" sei.⁶⁵ War Brandt nicht stets davon ausgegangen — und seine Worte deuteten darauf hin —, daß seine Entspannungsbemühungen geheimdienstliche Aktionen überflüssig machten? Nun war er enttäuscht, sogar verbittert, daß die DDR dieses sein Vertrauen ausgenutzt hatte. Dies nicht richtig eingeschätzt zu haben, meinte der *Spiegel*, sei die eigentliche Schuld des Kanzlers. Brandt wollte der östlichen Seite gegenüber unbefangen sein. Befangenheit im

Sinne eines gesunden Mißtrauens wäre jedoch besser gewesen.[66]

Trotzdem: Durch die Ereignisse in jenen Maitagen hatte Brandt zwar sein Amt verloren, an Ansehen aber gewonnen. Der abrupte und freiwillige Rücktritt bewirkte etwas, was nicht zu erwarten war: einen (erneuten) Meinungswandel. Brandts Verzicht sei befreiend gewesen, meinte die *SZ*.[67] Der Kanzler, so das einhellige Urteil, hatte auf dem Tiefpunkt menschlicher Enttäuschungen aus der politischen Not eine Tugend gemacht und damit sein Ansehen gerettet. Er hatte in Konsequenz seiner moralischen Werte gehandelt, und das war man bereit zu honorieren. Brandt habe möglicherweise gerade deshalb so viele Menschen in seinen Bann gezogen, vermutete Werner Holzer in der *FR*, „weil er wie ein Mensch wirkte, von Zweifeln geplagt, enttäuscht, aber voller Hoffnung für die Zukunft".[68] Auch die *SZ* meinte, daß gerade diese moralisch-menschlichen Züge die extremen Popularitätsschwankungen bewirkt hätten. Brandt sei der „menschlichste aller Regierungschefs gewesen — menschlich auch im Sinne von empfindlich und verletzlich". Mit dieser Eigenschaft hänge es denn auch zusammen, „daß Sieg und Niederlage in seiner politischen Biographie so bestürzend dicht beieinander liegen". Wer sich in der Weltgeschichte 1974 umsehe, „wird vergeblich eine Parallele zu diesem höchst persönlichen Drama suchen".[69]

In groß angelegten Rückblicken würdigte man die Verdienste, Vorzüge und Tugenden des ehemaligen Kanzlers, zog man Verbindungslinien zwischen seiner Politik und seinem Wesen. Des Kanzlers größte Leistungen: Die Ostpolitik und die Schaffung eines neuen, deutschen Selbstbewußtseins. Unter Brandt sei die Bundesrepublik erwachsen geworden, meinte Rolf Zundel.[70] Brandt habe, lobte Hans Heigert, dem Land ein großes, zusätzliches Maß an innerer Stabilität gebracht. Er, der „von Herkunft und Herz ein ‚Linker' ", von Gemüt und Verstand jedoch „ein

Mann des Maßes, des Ausgleichs und der Versöhnung" sei, er habe die unruhige kritische Intelligenz mit der Praxis des demokratischen Systems in der Bundesrepublik versöhnt.[71]

Im Dezember 1971, schrieb Golo Mann in der *Zeit*, habe ihm ein amerikanischer Kollege gesagt: „Wir haben endlich wieder einen Politiker, der für uns alle spricht, der Ideen hat, der uns allen Hoffnung gibt: Brandt." So sei damals des Kanzlers Stellung gewesen, weltweit, schrieb Golo Mann weiter. „Heute heißt es, er sei tragisch überschätzt worden... Man wird aber nicht überschätzt, wenn nicht etwas sehr Schätzenswertes in einem ist."[72]

Die Tragik des Endes überdeckte nicht, daß Brandts Laufbahn ebenso ungewöhnlich wie erfolgreich war. „Ein Gescheiterter?" fragte Rolf Zundel in der *Zeit*. Nein, antwortete er, eher ein Mann, der das, was er als Kanzler vermochte, zu Ende gebracht, der sein Vermögen erschöpft habe. „Daß dies mehr war, als ein schnellfertiges Urteil wahrhaben will, ahnen seine politischen Gegner, und sein Nachfolger weiß es. Brandt wird, wie Adenauer, einen langen Schatten auf die Politik werfen, und keinem wird es leicht werden, aus diesem Schatten zu treten."[73]

10. Konsolidierung nach dem Amtsverzicht

Die Tendenz, die sich in den Kommentaren zum Amtsverzicht des Bundeskanzlers andeutete, verstärkte sich mit zunehmendem Zeitablauf: nämlich Brandt als einen integren, energischen und konsequenten Politiker zu beschreiben, der nun, ohne die Bürde des Kanzleramtes, seine integrative Kraft zum Wohle seiner Partei einsetze. Nur 14 Monate nach dem Rücktritt begegnete die Presse dem SPD-Vorsitzenden wieder mit einer Achtung, vergleichbar der nach der Verleihung des Friedensnobelpreises. Der *Spiegel* zum Beispiel zog im Juli 1975 in einer Titelgeschichte — Überschrift: „Brandt in der Sowjetunion — Makler für Bonn" — eine euphorisch klingende Bilanz der Auslandstätigkeiten des ehemaligen Regierungschefs. Der „Ex-Kanzler und Friedensnobelpreisträger" stellte der *Spiegel* fest, genieße im Ausland immer noch ein unvergleichliches Ansehen, ganz besonders in der Sowjetunion. „Wo immer Brandt auf seiner 10 000-Kilometer-Rundreise durchs russische Reich erschien . . ., überall wird der Sozialdemokrat aus Deutschland als ein Symbol deutsch-sowjetischer Freundschaft gefeiert." Kein Zeitungsartikel, keine Rede eines lokalen Funktionärs, kein Fernsehkommentar verzichte auf die Erwähnung des Friedensbringers Willy Brandt, „des heute populärsten Deutschen im Sowjet-Staat".[1]

Es waren, wie so oft im Leben Brandts, die Auftritte auf der Auslandsbühne, die Erfolg und Popularität brachten. Und der SPD-Vorsitzende schien diesen Effekt zu suchen: In den anderthalb Jahren nach seinem Rücktritt machte er sieben größere Reisen rund um den Globus. Im Oktober 1974 besuchte er Portugal, im März 1975 machte er Visite in Washington und stellte sich dem neuen US-Präsidenten Gerald Ford vor. Anschließend fuhr Brandt nach Mexiko und Venezuela. Im Juni 1975 reiste er dann nach Griechenland und Jugoslawien, bevor er schließlich im Juli — als Höhepunkt der Serie — die große Rundfahrt durch die Sowjetunion unternahm.

Die linksliberalen Medien ließen keinen Zweifel an der Atmosphäre, in der diese Besuche abliefen. Auf allen Stationen seines Reiseprogramms, schrieb der *Spiegel*, sei Brandt empfangen worden, „als ob er der Generalsekretär einer heimlichen Allianz aller Friedenswilligen und Vernünftigen ist". Ihm sei im Ausland seine moralische Autorität als weltweit bekannter Friedensnobelpreisträger zugute gekommen. Selbst sein Rücktritt habe ihm jenseits der deutschen Grenzen nur Vorteile gebracht. In den im Nixon-Trauma befangenen USA werde hoch bewertet, daß sich „der unverschuldet in Not geratene Brandt gleichwohl nicht an seinen Posten geklammert hat".[2]

Das Konzept, das sich Brandt zurechtgelegt hatte, war ebenso einfach wie erfolgreich: durch außenpolitische Aktivitäten den Guillaume-Schock überwinden und durch publikumswirksame Auftritte die angeschlagene Position stabilisieren. So setzte Brandt sein unvermindert hohes internationales Prestige ein, um — frei von den Zwängen des Staatsamtes — auch etwas weiter zu beeinflussen, was in der innenpolitisch orientierten Arbeit des neuen Bundeskanzlers Helmut Schmidt an den Rand gerückt war: den Ost-West-Dialog sowie den Nord-Süd-Konflikt.

Und Brandt hatte Erfolg mit dieser Strategie. In Mexiko und Venezuela habe Brandt Mühe gehabt, berichtete der *Spiegel*, klarzumachen, „daß ich nicht die Regierung bin". Wie ungebrochen die Popularität des ehemaligen Kanzlers im Ausland war, macht auch folgender Vorschlag der griechischen Sozialisten deutlich: Man bot Brandt — bei dessen Besuch in Athen — einen Wahlkreis an, „für den Fall, daß es einmal zu direkten Wahlen für ein Europa-Parlament kommt und Griechenland dann in der EG ist".

Daß man einen Mann mit solcher Reputation nicht nur als Parteivorsitzenden vorstellen wollte, das zeigte die Sprachregelung in Moskau: „Für Brandt erfanden die Russen einen neuen Titel, der den Gast ein bißchen in den Rang von Mao Tse-Tung erhebt: Sie nennen ihn den Herrn Vorsitzenden."[3]

So gefestigt die Stellung Brandts im Sommer 1975 auch wieder zu sein schien: während des Jahres 1974 hatte er noch einige Kämpfe zu bestehen gehabt. In den ersten Monaten nach seinem Rücktritt war er zwar kein Thema mehr für die vorderen Seiten der Zeitungen; die Aufmerksamkeit der Medien war absorbiert vom neuen Kanzler, dem veränderten Kabinett, der Landtagswahl in Niedersachsen, der Ratifizierung des Prager Vertrages, dem Amtsantritt des neuen Bundespräsidenten Scheel. Doch im September brach plötzlich wieder das Interesse am ehemaligen Bundeskanzler auf: Brandt hatte das spannendste Kapitel seiner Memoiren „Über den Tag hinaus", das Kapitel „Einunddreißig Tage" (das seine Tagebuchnotizen über die Zeit vor dem Rücktritt enthält), dem *Spiegel* zum Vorabdruck überlassen. Das Hamburger Magazin garnierte den Buchtext mit einer Begleitgeschichte — Titel: „Wie es zum Kanzlerrücktritt kam"[4] —, die über Bonn ein „Wetterleuchten" hervorrief und, wie Rolf Zundel schrieb, „durch die Umstände seiner Publikation fast die Wirkung einer Emser Depesche hatte".[5]

Der *Spiegel* hatte die Geschichte so geschrieben, als ob Brandt — noch vor Abschluß der Guillaume-Untersuchungskommission — sowohl mit Genscher als auch mit Wehner endgültig abzurechnen gedenke. Es sah so aus, als habe Brandt das Signal zur Eröffnung der Kampfhandlungen in der Koalition und innerhalb der SPD gegeben. „Willy Brandt hat das Ganze noch nicht überwunden", zitierte die *FR* einen Freund des SPD-Vorsitzenden. Andere äußerten sich schärfer. „Vom beleidigten Denkmal" war die Rede, von „einem Mann, der noch immer seine Wunden leckt"; manche werteten diese „emotionale Zeitbombe" auch als eine Bestätigung der Haltung Herbert Wehners.[6]

Obwohl sich schnell herausstellte, daß der Brandtsche Text Genscher und Wehner gar nicht so schwer belastete, hatte der SPD-Vorsitzende harte Kritik einzustecken. Es war die Komposition des *Spiegel* gewesen, die diesen fatalen Zungenschlag in die Geschichte gebracht hatte. Der politische Hintersinn war den Notizen Brandts unterlegt worden — „ein meisterhaft journalistisch-politischer Illusionseffekt"[7], für den aber der SPD-Vorsitzende haftbar gemacht wurde. „Wenn Brandt doch", meinte Zundel, „von jener kühlen, scharfzüngigen Bosheit eines Talleyrand ein wenig mehr besäße oder wenigstens über den hellsichtigvernichtenden Spott eines Adenauer geböte — vielleicht hätte er dann tatsächlich Politik machen können." So aber mußte Brandt all das, was ihm an politischer Absicht unterstellt wurde, auf peinliche Weise dementieren. „Ungeschickter", so Zundel, „hätte er es kaum anfangen können."[8]

Doch auch dieses Gewitter war bald verzogen. Brandt arbeitete zielstrebig an seinem neuen Image: Er war die Integrationsfigur seiner Partei, der international anerkannte Schlichter; er war wieder der Willy, der ohne innere Beschwernisse parteipolitische Kleinarbeit verrichtete. Im Frühsommer 1975 war Brandt erneut eine ernstzunehmende politische Persönlichkeit. Den Rücktritt, die Guillaume-Affäre — beides schien er überwunden zu haben. Er war sogar in der Lage, seine Rolle während jener Maitage mit Ironie zu betrachten. „Von mir ist ja bekannt", sagte er unter dem befreiten Gelächter der Zuhörer auf dem außenpolitischen Kongreß seiner Partei, „daß ich mich auf nachrichtendienstlichem Gebiet nicht gut auskenne."[9] Der Kanzler Brandt, meinte Horst Vetten, nähere sich wieder dem Menschen Brandt: Selbstanspruch und Selbstverständnis änderten sich bis hin zu Gehabe und Habitus. Der ehemalige Regierungschef rauche wieder, sei aus der inneren Emigration zurückgekehrt. „Der Mann, der vor einem Jahr noch einer jener zehn Männer war, die Weltgeschichte machten, tut heute Parteiarbeit... Die Erde hat ihn wieder."[10]

Die Parteifreunde dankten es ihm: Auf dem Parteitag in Mannheim im November 1975 erhielt Willy Brandt 407 von 418 Stimmen. Damit wurde er unangefochten als Parteivorsitzender bestätigt. Ja, die Erde hatte ihn wieder. „Früher", meinte Kempski, „pflegte der Parteivorsitzende nach seiner Wiederwahl stets so erschüttert dazustehen, als schwindle ihn. Heute verbindet Brandt, gelöste Heiterkeit in der Stimme, seinen Dank mit der Bitte: ‚Helft mir, Genossen, die Zahl meiner Fehler zu begrenzen.'"[11]

11. Einflußfaktoren

Es gibt bei den Veränderungen von Meinungsströmungen Ursachen, die nicht unbedingt etwas zu tun haben mit der Bezugsperson. Deutlich wird dies daran, daß bestimmte Veränderungen regelmäßig auftreten: In einem demokratischen System beispielsweise beginnt nach einem Machtwechsel und dem darauf folgenden Konsolidierungsprozeß stets eine Phase von Oppositionsgewinnen, eine Phase, die dann — mit möglichen Unterbrechungen — so lange anhält, bis die Parteien und ihre Spitzenkandidaten die Funktion von Regierung und Opposition tauschen. Dieser Wandlungsprozeß, der bis in die Umschichtung von Sympathie- und Leistungswerten geht, kann somit — weil er ein Regelfall ist — nicht nur seinen Grund haben in Veränderungen der einzelnen Spitzenkandidaten.

Die Schwankungen der öffentlichen wie auch der veröffentlichten Meinung in bezug auf einen Regierungschef sind — abgesehen von medienspezifischen Besonderheiten[1] — beeinflußt von verschiedenen Faktoren, die in der Politik der Bezugsperson, in der veränderten Erwartungsstruktur der Gesellschaft, aber auch in dem geschlossenen oder zerstrittenen Auftreten einer Partei liegen können. Das Vertrauen in einen Spitzenpolitiker hängt nicht zuletzt davon ab, ob er die richtigen, das heißt hier: die verführerischen und damit konsensträchtigen Ziele vertritt, und ob er diese erfolgreich durchsetzen kann. Bedeutsam ist, ob die verkündeten Ziele faszinieren, ob sie „Karriere" machen, was auch davon abhängt, ob die strukturell sich ständig verändernde Gesellschaft bereit ist, diese Ziele anzunehmen. Hinzu kommen Einflüsse, die kaum zu fixieren sind, wie zum Beispiel der Einfluß des Auslandsurteils auf das inländische Meinungsbild. All diese nur schwer faßbaren Strömungen sollen — soweit sie den Einstellungswandel begünstigt haben könnten — im folgenden diskutiert werden.

11. 1 Die Ostpolitik

Die Identifikation der ersten sozial-liberalen Koalition mit der Ostpolitik war fast vollkommen. Die ostpolitische Innovation dominierte das Bild der Regierung während des gesamten Zeitablaufs, das heißt: In den Jahren zwischen 1969 und 1972 verblaßte neben diesem Thema nahezu alles andere. Zwar wurde die allgemeine wirtschaftliche Situation nicht als befriedigend empfunden, betrachtete man Inflation und Staatsverschuldung mit Unbehagen. Doch diese Entwicklung traf den einzelnen nicht konkret: Den meisten ging es persönlich besser als je zuvor.

So war es kein Zufall, daß die wirtschaftspolitischen Schwierigkeiten überwiegend auf den Wirtschaftsseiten der Zeitungen diskutiert wurden, während auf den vorderen Seiten, in den Schlagzeilen und damit auch in den Kommentaren die Ostpolitik *das* Thema war. Die deutsch-deutschen Treffen in Erfurt und Kassel, Brandt in Moskau, der Kniefall im ehemaligen Warschauer Ghetto, die Ratifizierungsdebatten im Bundestag, die zähen Kämpfe um den Grundvertrag — all diese Ereignisse erreichten einen Aufmerksamkeitswert, hinter dem die innenpolitischen, aber auch die komplizierten finanz- und wirtschaftspolitischen Themen weit zurückfielen. Daß dies in jenen Jahren so war, lag an folgendem: an dem strukturellen Vorteil, den außenpolitische Themen generell innenpolitischen Themen gegenüber haben; an dem konkreten, für die sozial-liberale Koalition so günstigen Verlauf der Ostpolitik; an der veränderten Haltung der Bevölkerung gegenüber der kommunistischen Bedrohung und — daraus resultierend — an der wachsenden Entspannungshoffnung.

11. 1. 1 Die strukturellen Vorteile der Ostpolitik

Die besondere Wirkung außenpolitischer Handlungen liegt im wesentlichen begründet in der Distanz zwischen dem Erfahrungshorizont des einzelnen sowie dem fremden und den täglichen Sorgen fernliegenden Problembereich. Diese Distanz hat zur Folge, daß die Bürger — und natürlich auch die Medien — Stand und Verlauf von Verhandlungen mit außenpolitischen Bezugspartnern nur schwer abschätzen können. Der Durchschnittsbürger hat in der Regel kaum Vorstellungen, wie Probleme außerhalb seines politischen Systems geregelt werden könnten oder sollten, das heißt, er kann keine eigene sinnvolle Alternative zum Regierungshandeln entwickeln. Für ihn ist der außenpolitische Bereich meist Neuland, was — weil keine Prädispositionen vorliegen — die Wirkung der offiziellen Interpretation vergrößert.[2]

Der einzelne — aber auch die Beobachter in den Medien — sind somit in einem sehr starken Maße angewiesen auf Informationen „ihrer" Regierung — was dieser einen großen Vorteil verschafft: Sie hat es in der Hand, ob und welche Informationen weitergegeben werden. Man kann sogar soweit gehen und sagen, daß die Exekutive in der Außenpolitik ein Informationsmonopol hat[3]: Sie kann sich meist auf die Diskretion ihrer außenpolitischen Partner verlassen, da es den allgemeinen diplomatischen Gepflogenheiten zufolge üblich ist, stets nur mit der amtierenden Regierung zu kooperieren.[4]

Die sozial-liberale Regierung nutzte diesen strukturellen Vorteil sehr geschickt. Sowohl Bundeskanzler Brandt als auch Außenminister Scheel wußten durch taktisch-kluge Informationspolitik einen geschlossenen Kurs der Opposition gegen das Regierungshandeln zu erschweren. Sie stuften die Informationsmenge, die sie den Oppositionspolitikern zukommen ließen, je nach Situation ab: Drohte ein — dem öffentlichen Bild der Koalition abträglicher — Konflikt, dann versuchte man mit Gesprächs- und Informationsangeboten von der Opposition außenpolitisches Wohlverhalten zu erkaufen. Diese Taktik wandte die Regierung insbesondere vor der Unterzeichnung der Ostverträge im Jahr 1970 wie vor deren Ratifizierung im Mai 1972 an, als die Position der Koalition sehr labil war, Angriffe der CDU/CSU auf die Ostpolitik also große Wirkung hätten haben können.

Besonders deutlich wurde dies nach dem deutsch-deutschen Treffen in Erfurt, als die Union — auf der Basis des dürftigen Ergebnisses der Kasseler Gespräche — vor den Landtagswahlen in den Ländern Nordrhein-Westfalen, Saarland und Niedersachsen auf eine Polarisierung in der Außenpolitik hinarbeitete.[5] In dieser Zeit wie auch 1972 milderten die Gesprächsangebote nicht nur den Konflikt, sie förderten sogar Gruppenbildungen und abweichende Positionen in der CDU/CSU. Nach der Niederlage bei der Abstimmung über den neuen Haushalt (einen Tag nach dem Mißtrauensvotum) stärkte Brandts Entgegenkommen zum Beispiel die verhandlungsbereiten Christdemokraten wie Konrad Kraske, Richard von Weizsäcker, Walther Leisler Kiep und Paul Mikat. Oppositionsführer Barzel geriet in eine Zwickmühle. Er hatte die Wahl zwischen zwei Übeln: Zum einen konnte er auf Brandts Gemeinsamkeitsappell eingehen, was aber Barzels innerparteiliche Position schwächen mußte, da die CSU gegen ein Entgegenkommen war; zum anderen konnte er auf der kompromißlosen Ostvertrags-Gegnerschaft beharren und sich der Gefahr einer Niederlage aussetzen, da eben einige Unionspolitiker deutlich gemacht hatten, daß sie möglicherweise nicht gegen die Verträge stimmen würden. Egal wie sich Barzel entscheiden mochte: Er stand entweder da als „besiegter Friedensfeind" oder als „glückloser Versager".[6]

Wie geschickt die Koalition mit dem Informationsvorsprung taktierte, zeigt auch das Verhalten Wehners, das zwischen schroffer Zurückweisung und vorsichtigem Entgegenkommen pendelte. Wehners Ausspruch: „Ich brauche die Opposition nicht"[7] schwächte er kurz danach ab, indem er der Opposition versicherte: „Es wird nichts an Ihnen vorbeientschieden ... Aber es wird auch nichts unterlassen, bloß weil Sie schmollen, und zwar aus unterschiedlichen Gesichtspunkten."[8] Damit folgte Wehner der Regierungsstrategie: Er zwang die Opposition in die Konfrontation zur Außenpolitik der Regierung und nutzte damit alle Vorteile, die die Außenpolitik als strategisches Feld einer Regierung bietet.

Diese Taktik war auch aus medienanalytischen Gesichtspunkten klug. Die — je nach Situation — die Polarisierung verstärkende, dann wieder abschwächende Informationspolitik der Regierung sorgte nahezu ständig für öffentliche Aufmerksamkeit, besaß somit einen hohen Nachrichtenwert. Der angedrohte und weitgehend auch durchgeführte Ausschluß der Opposition aus den Verhandlungen mit den östlichen Partnern provozierte immer wieder Streit — für die sozial-liberale Koalition eine Art Garantie, mit dem Thema Außenpolitik auf den ersten Seiten der Zeitungen zu bleiben. Damit erfüllte die Regierung Brandt — möglicherweise unbewußt — die These der Gatekeeper-Forschung, wonach einen hohen Nachrichtenwert besitzt, was Spannung schafft und umstritten ist.[9]

Die Ostpolitik war zudem außergewöhnlich publikumswirksam. Sie war wegen ihrer klaren Ziele von den Medien einfacher und wirksamer darzustellen als innenpolitische Themen. Die Ostpolitik, formulierte Baring, glich „einem volkstümlichen Holzschnitt: kantig, schwarzweiß, auf das Wesentliche beschränkt; es gab klare Fronten, deutliches Führungsverhalten, leicht einsehbare Ziele. Da im Gedächtnis des einzelnen immer nur das Markante, das Einfache haften bleibt, war die Ostpolitik ein idealer Wahlhelfer."[10]

Hinzu tritt folgender Aspekt: Wenn es im Verhältnis mit fremden Bezugspartnern zu Verstimmungen, zu Problemen kommt, dann bedeutet dies häufig eine Gefahr für das nationale Selbstverständnis. Eine solche krisenhafte Situation kann eine Regierung für sich nutzen: Da der Durchschnittsbürger keine Einflußmöglichkeit auf den Konflikt hat, solidarisiert er sich in der Regel mit den Belangen des eigenen Landes. Die Regierung kann, wenn sie es geschickt anstellt, diese nationale Solidaritätswelle in eine Regierungssolidarität umwandeln. Andersherum bedeutet dies, daß derjenige, der die Regierung außenpolitisch angreift, sich dem Vorwurf aussetzt, den nationalen Interessen zu schaden.[11]

Um diesen strukturellen Nachteil zu kompensieren, hat eine Opposition im wesentlichen nur zwei Möglichkeiten: durch Kooperation mit der Regierung mehr Informationen und damit partiellen Einfluß zu erhalten, oder die Öffentlichkeit gegen die Politik der Regierung zu mobilisieren, was nur mit Hilfe der Medien zu erreichen ist.[12]

Die erste Möglichkeit scheiterte an der geschickten Taktik der Koalition. Brandt konstruierte — für die Öffentlichkeit leicht nachvollziehbar — einen Gegensatz zwischen negativ belegten parteipolitischen Motiven der CDU/CSU und der eigenen, positiven, am Gesamtinteresse orientierten Außenpolitik. Und die zweite Möglichkeit war nicht zu verwirklichen, weil sich die linksliberale Presse der Mobilisierung im Sinne der Opposition versagte. In allen Fragen von nationalem Belang kam die Opposition somit nicht aus der Defensive heraus. Sie fand kein Rezept, das strukturelle Dilemma zu lösen: Einerseits eine vernünftige Alternative zur weitgehend als erfolgreich empfundenen Regierungspolitik anzubieten und gleichzeitig dem Vorwurf unverantwortlichen Opponierens zu begegnen.

Der Grund: die regierungsfreundliche Presse hielt die neue Ostpolitik nicht nur generell für richtig, sie empfand darüber hinaus Willy Brandt als den einzigen Politiker, der die Versöhnung mit dem Osten bewerkstelligen konnte. Das Neue an der Ostpolitik Brandts, die DDR als eigenen Staat zu kennzeichnen[13], hatten die meinungsbildenden Kräfte der linksliberalen Medien schon seit längerem verlangt. Am 28. Februar 1967, schreibt Baring, habe sich Henri Nannen, der Chefredakteur (und heutige Herausgeber) des *Stern*, im Hause des FDP-Vorsitzenden Mende eingefunden und energisch „für eine Anerkennung der DDR, der Oder-Neiße-Linie, für eine deutsch-deutsche Konföderation" plädiert. Nur wenn sich die FDP über Tabus hinwegsetze, werde sie neue Ufer gewinnen. Bei einem solchen Kurswechsel finde sie in der Öffentlichkeit viel Unterstützung. „Dabei nannte Nannen außer seinem *Stern* den *Spiegel*, die *Zeit*, die *Frankfurter Rundschau*, die *Süddeutsche Zeitung* sowie zahlreiche Fernsehjournalisten der *ARD*; sie alle würden helfen."[14] Und — diese Arbeit zeigt es —: Sie halfen.

11. 1. 2 Der günstige Verlauf der ostpolitischen Innovation

Schon 150 Tage nach dem Amtsantritt hatten sich die ersten außenpolitischen Erfolge eingestellt. Die Folge war, daß die Unionsparteien mit ihrem Konfliktkurs ins Hintertreffen gerieten, da die Ostpolitik der Regierung Zukunftsperspektiven eröffnete und die Erfolge ausschließlich der sozial-liberalen Koalition gutgeschrieben wurden. Die Zustimmung in der Öffentlichkeit war nach den Anfangserfolgen so groß, daß Brandt — kurz nach dem Treffen in Erfurt — sagte: „Ja, wenn ich englischer Premierminister wäre, würde ich jetzt den Bundestag auflösen."[15]

Daß die Zustimmung, die die Ostpolitik fand, dabei in erster Linie Willy Brandt zugute kam, lag an der Tatsache, daß er mit ihr identifiziert wurde. Brandt konzentrierte sich, ähnlich wie Adenauer, überwiegend auf die Außenpolitik, und er besaß mit den beiden wichtigsten ostpolitischen Unterhändlern, Bahr und Duckwitz, persönliche Vertraute, die den deutschland- und ostpolitischen Dialog (auf Kosten des Außenamtes) an sich zogen. Obwohl die Liberalen früher als die Sozialdemokraten das neue außenpolitische Konzept entwickelt hatten, nahm der Bundeskanzler — und nicht der FDP-Außenminister — Initiative und Ablauf sämtlicher ostpolitischer Schritte in eigene Regie. Alle wesentlichen Entscheidungen wurden im Kanzleramt getroffen. Die Kompetenz Bahrs kam dabei alleine Brandt zugute, da Egon Bahr keine eigenen öffentlichkeitswirksamen Ambitionen hegte und Brandt völlig ergeben war. „Auf diese Weise konzentrierte sich um Brandt ein Informations- und Meinungsmonopol, durch das erstmals wieder seit den fünfziger Jahren der Bundeskanzler die informatorischen und entscheidungsrelevanten Zugangsmöglichkeiten dominierend kontrollierte."[16]

Dem energischen und erfolgreichen Start der Bundesregierung hatte die CDU/CSU kaum etwas entgegenzusetzen: Ihre Strategie erwies sich als wenig sinnvoll. Die Opposition wollte — angesichts der schmalen Mehrheitsbasis der Regierung — durch einen harten Konfliktkurs wankelmütige Koalitionsabgeordnete ins eigene Lager ziehen. Grundgedanke dieser Strategie war, durch heftige Konfrontation einen hohen Aufmerksamkeitsgrad in der Öffentlichkeit zu erzielen und so einen breitangelegten Druck auf unsichere Abgeordnete auszuüben.

Die Opposition verkannte jedoch die Nachteile, die sich aus dieser Konfliktstrategie ergaben. Wegen der schnell einsetzenden Erfolge nutzte der hohe Aufmerksamkeitswert außenpolitischer Themen lediglich der Regierung. Hinzu kam, daß eine Konfrontation nur heraufzubeschwören war, indem die Union die Forderungen an die östlichen Bezugspartner höher schraubte als dies die Regierung tat. Das führte zu Forderungen, die zu erfüllen einer Kapitulation der anderen Seite gleichgekommen wäre. Die Folge war ein starker Solidarisierungseffekt der linksliberalen Presse. Das, was man in den Redaktionen jahrelang für richtig gehalten hatte, nämlich die schrittweise Annäherung, schien die Opposition nun durch eine einseitige Durchsetzung des Ausgleichs zum Scheitern bringen zu wollen. So verteidigte man die Regierung ebenso heftig, wie die Opposition diese angriff, was wiederum die Position der wankelmütigen Koalitionsabgeordneten erschwerte und die interne Kritik in SPD und FDP leiser werden ließ. Der Konfrontationskurs führte in der Öffentlichkeit schließlich zu dem Bild, die Unionsparteien strebten mit allen Mitteln zur Macht, sogar auf Kosten nationaler Interessen.[17]

Je länger die CDU/CSU zögerte, ein einheitliches und wirksames Konzept gegen die erfolgreiche Ostpolitik zu entwickeln, um so mehr wurden die einzelnen Strömungen in der Union personalisiert. Es gab den Weg von Strauß und Guttenberg, den Weg von Barzel und Schröder. Je mehr diese für die außenpolitische Diskussion entscheidenden Personen jedoch untereinander in ihrer Strategie uneins waren, um so mehr beschäftigten sich die Medien mit den Konflikten innerhalb der CDU/CSU und nicht mit der Konfrontation zwischen Regierung und Opposition. Für die Stellung Brandts hatte diese Entwicklung den bedeutsamen Vorteil, daß in der Öffentlichkeit der Eindruck entstand, seine potentiellen Gegenspieler — Barzel und Strauß — hätten kein klares, konsensfähiges Konzept. So wuchs Brandts Reputation auch durch den Kompetenzverlust seiner Rivalen, den diese sich selbst zufügten.[18]

Noch ungünstiger für die Opposition erwies sich der strukturelle Nachteil während der Viermächteverhandlungen.

Das Berlin-Abkommen war als Instrument der Konfrontation denkbar ungeeignet. In dem Moment, wo die Union schärfer gegen die Ostpolitik der Regierung vorgegangen wäre, hätte sie die Interessen der Alliierten tangiert, was nicht ohne Gegenreaktion der linksliberalen Medien geblieben wäre. Für die Union gab es einfach keinen richtigen Ansatz, die Öffentlichkeit für die eigenen ostpolitischen Vorstellungen zu motivieren. Die bedingungslose Opposition in der Berlinfrage zum Beispiel hätte die CDU/CSU schnell in den Verdacht gebracht, die DDR gegen die eigene Regierung zu unterstützen.

Nach dem erfolgreichen Abschluß der Viermächteverhandlungen blieb der Opposition dann nur noch die Forderung nach Verbesserung der innerdeutschen Beziehungen als Voraussetzung für eine Unterstützung bei der Ratifizierung der Ostverträge. Um diese Forderung jedoch plausibel zu machen, mußte die CDU/CSU auf alte, längst überholte deutschlandpolitische Konzepte zurückgreifen, die durch die These: erst Wiedervereinigung, dann Entspannung gekennzeichnet waren.[19] Damit hatten die Unionsparteien jedoch sofort wieder die linksliberale Presse zum Gegner, die ja seit Mitte der sechziger Jahre gerade diese Grundthese für überholt hielt.

Die Union ließ sich immer mehr dazu verleiten, die Ostpolitik destruktiv zu diskutieren: Sie kritisierte die Politik der Bundesregierung als eine Politik der Vorleistungen ohne Gegenleistungen und steigerte sich zu Schlagworten wie Improvisation, Unausgewogenheit, Verzicht, Verschenken, Ausverkauf.[20] Damit polarisierte sie jedoch nicht nur die Parteien und das Parlament in strikte Anhänger und konsequente Gegner der Ostpolitik, sie verstärkte auch die Solidarisierung der regierungsfreundlichen Medien mit der Ostpolitik Brandts.

Ergebnis und Höhepunkt dieser Entwicklung war der Mißtrauensantrag. Die Abstimmung darüber war, wie beschrieben, auch eine Abstimmung über die Ostverträge. So engagierte sich die linksliberale Presse energisch und unmißverständlich für die Regierung Brandt. Barzel, schrieb Theo Sommer in der *Zeit,* lasse sowohl politische Phantasie als auch Verantwortungsgefühl vermissen, wenn er behaupte, bei einer Ablehnung der Verträge werde es „höchstens ein paar Wochen Propaganda aus Moskau" geben. Kurz: „Auf den Trümmern der Ostverträge ließe sich eine Kanzlerschaft Barzels nicht für lange gründen."[21]

Der Erfolg der Ostpolitik und der Reputationsgewinn, den Brandt aus diesem Erfolg ziehen konnte, bedingten sich gegenseitig. Daß es überhaupt zu einer Verständigung mit den östlichen Nachbarn kam, lag nach Ansicht der hier untersuchten Medien nicht zuletzt an dem hohen persönlichen Vertrauensvorschuß, den der Bundeskanzler bei den äußeren Bezugspartnern besaß. Brandt war nicht nur ein kompetenter und erfahrener Außenpolitiker, er zeichnete sich auch aus durch seine politisch-moralische Haltung, die aus dem Widerstand gegen Hitler resultierte. Diese moralische Komponente trug dazu bei, latent vorhandene Vorbehalte gegen die Bundesrepublik abzubauen, was in der Öffentlichkeit zu der Meinung führte, daß Brandt als Person für das neue, selbstbewußte, von der Schuld der Vergangenheit erlöste Gemeinwesen Bundesrepublik stand.

Je mehr die Ostpolitik wegen dieser besonderen personellen Bedingungen Erfolge zeigte, um so mehr wuchs das Ansehen Brandts. Den Höhepunkt erlebte dieser Prozeß vor der Bundestagswahl im November 1972, als durch den Abschluß des Grundvertrages wenige Tage vor dem Wahltermin eine für die Regierung idealtypische Konstellation zustandekam: Das erfolgreiche Handeln der Regierung steigerte das Engagement der linksliberalen Presse für diesen Kanzler, so daß der Kanzler in der Öffentlichkeit nicht nur als sehr sympathisch, sondern auch als besonders leistungsfähig dastand. Das für die Regierung triumphale

Wahlergebnis bewies dann, wie einzigartig das zeitliche Zusammentreffen dieser Faktoren auf die Bevölkerung gewirkt hatte.

11. 1. 3 Entspannungshoffnung und vermindertes Bedrohungsgefühl

Die Zustimmung der Bevölkerung zur Ostpolitik war nahezu unumstritten. In allen Aspekten konnte sich die Regierung im Oktober 1972 überwiegender Unterstützung, sogar von Seiten eines Teils der Oppositionsanhänger, sicher sein. 73,4 % der SPD-Stammwähler befürworteten die Ostpolitik, bei der CDU immerhin noch 31,3 %.[22] Vor der Bundestagswahl 1969 hatten 73 % der Bevölkerung Ostkontakte als günstig beurteilt. Im August 1970 sprachen sich 79 % für die Öffnung nach Osten aus.[23] Die Zustimmung zum Warschauer Vertrag lag bei 66 %, zum Moskauer Vertrag bei 67 %, zum Verkehrsvertrag mit der DDR bei 73 %.[24] In einer Blitzumfrage anläßlich des Friedensnobelpreises für Willy Brandt antworteten 48 % auf die Frage, ob die Ostverträge nun ratifiziert werden sollten, mit Ja, und lediglich 25 % mit Nein.[25] Die Folge war ein wachsender Kompetenzzuwachs der sozial-liberalen Koalition im Bereich der Außenpolitik. 1964 trauten der SPD nur 25 % außenpolitisch am meisten zu, 1969 waren es schon 41 % und 1972, auf dem Höhepunkt vor der Bundestagswahl, 57 %.[26]

Diese positive Beurteilung der Ostpolitik hing eng zusammen mit der geringer werdenden Angst vor dem Kommunismus. Immer weniger Leute empfanden die Bundesrepublik von der Sowjetunion bedroht. Entsprechend sank die Wertschätzung des westlichen Bündnisses, was nicht zuletzt mit der Verstrickung der USA in den Vietnamkrieg zusammenhing. Die Bereitschaft zur Verteidigung des eigenen Landes erreichte einen Tiefpunkt.[27]

Damit bestätigte sich die von Janowitz formulierte Erkenntnis, daß die Ziele der Militärs in entwickelten Industriegesellschaften kritisiert würden, wenn der Glaube an die moralische Berechtigung des Militärdienstes erschüttert sei. „Hedonismus, Selbstverwirklichung, Widerstand gegen militärische Autorität und eine neue vage Kritik haben große Bedeutung bei jungen Leuten gewonnen", stellte Janowitz 1971 fest. „Neue moralische und politische Definitionen verstärkten ein Gefühl des Neutralismus und brachten neue Formen von Pazifismus mit sich."[28] Diese Verführungskraft pazifistischer Gedanken zeigte sich insbesondere bei den Kriegsdienstverweigerern, deren Zahl ständig anstieg. 1964 hatten 2777 Verweigerer Anträge eingereicht; 1971 lag die Zahl bei 27 657.[29]

Dieses veränderte Bedrohungsgefühl spiegelte sich auch in der Kommentierung der linksliberalen Medien wider. Berichte aus den Entscheidungszentren der UdSSR und der DDR, Porträts der östlichen Machtinhaber, Darstellungen der Schwierigkeiten, in die die Warschauer-Pakt-Staaten innenpolitisch wegen der Öffnung gen Westen gerieten — all dies erzeugte ein Klima, in dem die Formeln aus der Zeit des Kalten Krieges antiquiert und überholt wirkten. So wertete die Bevölkerung 1972 die Ansicht der CDU/CSU als Polemik, wonach es bei der Bundestagswahl um die Entscheidung gehe zwischen sozialer Marktwirtschaft und marxistischer Planwirtschaft. Je geringer die regierungsfreundlichen Medien die kommunistische Bedrohung darstellten, um so überzeugender schien die Ostpolitik zu sein, die ihrerseits wieder — quasi im Sinne einer self-fullfilling prophecy — das Verständnis für eine Bedrohung reduzierte.[30]

11. 2 Der Strukturwandel der Gesellschaft

Der Regierungswechsel 1969 sowie die anschließende Stabilisierung der sozial-liberalen Herrschaft waren zu einem großen Teil das Ergebnis einer sozio-strukturellen Veränderung im gesellschaftlichen und ökonomischen System der Bundesrepublik. Dieser Wandel, forciert von den hier untersuchten Medien, führte zu den veränderten Grundmustern der politischen Einstellungen, die schließlich in dem Wechsel der politischen Situation gipfelten. Es waren für viele nicht mehr nur die wirtschaftlichen Erwartungen bedeutsam: Verhaltensrelevant wurden zunehmend solche Erwartungen, die man mit einem Begriff zusammenfassend „Modernisierungssyndrom" nennen könnte.[31] Die Enttabuisierung von Sexualnormen spielte bei diesem Veränderungsprozeß ebenso eine Rolle wie die immer größer werdende Mobilität der Bevölkerung in sozialer wie beruflicher Hinsicht. Man war fähig und bereit, „in einer vormals ‚dissonanten', d. h. sozial-psychologisch als andersartig perzipierten Umwelt zu leben".[32]

Den harten Kern dieses neuen Zeitgeistes bildeten die jüngeren Bundesbürger.[33] Für die rebellierende Jugend war das Wirtschaftswunder, war der Wohlstand nicht mehr das entscheidende Thema. Man wehrte sich „gegen die faktische, überall wohlgefällig praktizierte Beschränkung des Lebenssinnes auf den ökonomischen Wohlstand und seine Sicherung durch militärische Hochrüstung — die beiden Großleistungen der Republik von Bonn".[34] Die sechziger Jahre wurden von vielen nur noch als eine Ära des Stillstandes, der Stagnation erlebt; die alten politischen Formeln liefen leer. „Die nationale Geschichte präsentierte sich als eine Trümmerstätte, der Traum, aus der unseligen Geschichte der Nationalstaaten eine neue Nation Europa hervorgehen zu lassen, war verflogen; eine Lösung der deutschen Frage, die Adenauers Regierung wider allen Anschein kühn in Aussicht gestellt hatte, war nicht mehr in Sicht, die Demokratie schien zu einem Ritual von untereinander verfilzten Oligarchien geworden, bei dem der Bürger nur gefragt war, wenn es alle paar Jahre um seine Stimme ging."[35]

Es war die erste Generation ins wahlfähige Alter gekommen, die in eine vorgeblich aufgeräumte Welt hineinerzogen worden war, und nun, beim Erwachsenwerden, schockartig herausfand, in welcher Unordnung sich diese Welt doch befand. Angetrieben von der außerparlamentarischen Opposition, die ihre Basis an den Universitäten hatte, sickerten Begriffe, Werte und Vorstellungen in das öffentliche Bewußtsein, die bislang unbekannt waren. Die Stichworte: mehr Partizipation, mehr Emanzipation, mehr Öffentlichkeit und Transparenz herrschaftlicher Entscheidungsstrukturen. Man sah — angesichts der Großen Koalition — den Staat in einer Legitimationskrise, rügte die politische Apathie der schweigenden Mehrheit und sah überall Manipulation.

Dieser Protest, der zu einer „atemberaubend raschen, tiefgreifenden Veränderung der Mentalitäten und Maßstäbe"[36] führte, wurde gespeist von der Unzufriedenheit über die Wertvorstellungen der Elterngeneration. Es kumulierten persönliche Faktoren — mehr Freiheiten — mit politischen — Große Koalition, Notstandsgesetze — und ökonomischen Faktoren — siehe zum Beispiel die materielle Unabhängigkeit. Dieter E. Zimmer beschrieb dieses Aufeinandertreffen der verschiedenen Faktoren sehr plastisch in der „Standardbiographie eines APO-Aktivisten": „ ... in wohlsituiertem, gebildetem Elternhaus relativ entbehrungsfrei aufgewachsen, dann plötzlich in die Vereinzelung der Massenuniversität versetzt, konfrontiert mit den Bildern aus dem Vietnamkrieg, bis in die Träume geplagt vom schlechten Gewissen über die eigene Privilegierung, der das Los eines Fließbandarbeiters bereits nichts als ein einziges

Grausen ist, und nun auf der Suche nach einer Theorie, die alles schlüssig erklärt und schleunigst Abhilfe verspricht..." Die Folge: „Statt wie sonst einzeln zu resignieren: eine kollektive Explosion."[37]

Die Studentenschaft, oder besser: der politisierte Teil der Studentenschaft, wurde zu einem wichtigen Potential für den politischen Wandel, weil sie aufgrund ihres sozialökonomischen Status noch nicht so sehr in tradierte Vorstellungen und Verhaltensformen eingebunden war, wie das bei Berufstätigen der Fall ist. Daß dieses kritische Potential jedoch schließlich so nachhaltig auf die politische Praxis einwirkte, lag — auch — an den linksliberalen Medien. Diese kommentierten den Veränderungsprozeß ausführlich und wohlwollend. Die Reaktion auf die Studentenunruhen in der zweiten Hälfte der sechziger Jahre zum Beispiel zeigt dies deutlich. In den Massenkommunikationsmitteln dominierte eine Attitüde „gemäßigter Zustimmung und wohlwollenden Verständnisses, die sich im wesentlichen aus der Übereinstimmung mit der von den Studenten vorgebrachten Gesellschafts- und Hochschulkritik erklären läßt".[38] Auch nach den Ausschreitungen infolge des Attentats auf Rudi Dutschke im Frühjahr 1968 und der vom SDS als legitim propagierten Gewalt gegen Sachen blieben die hier untersuchten Medien bei einer erklärenden, sachlichen und verständnisvollen Linie.

Daß die SPD diesen Veränderungsprozeß schließlich für sich zu nutzen vermochte, lag an diesem Engagement der linksliberalen Presse sowie an der Identität der Ziele. Willy Brandt hatte das virulente Veränderungsbegehren erspürt, in seine Politik eingebracht und damit für sich okkupiert.[39] „In diesem Veränderungsprozeß", sagte er in seiner Regierungserklärung am 18. Januar 1973, „in diesem Prozeß, der in die Tiefen unserer sozialen Existenz reicht, sammelt sich, neben anderem, die produktive Unruhe aus den Reihen der Jungen und die Einsicht der Älteren. Ihr politischer

Wille stimmt ein in das, was sich uns als die neue Mitte darstellt: die soziale und die liberale Mitte."[40]

Und es waren in der Tat nicht nur die Heranwachsenden, die mitgerissen wurden von dieser Strömung. Auch Ältere, besonders Publizisten, Schriftsteller und Professoren identifizierten sich mit den emanzipatorischen Zielen der Protestbewegung. Sie hatten „in diesem dramatischen Augenblick aktivistischer Ungeduld und radikaler Aufbruchsbereitschaft, der sie nostalgisch ... an ihre Jugend erinnern ließ, die verständliche und zugleich absonderliche Sehnsucht nach engem, vertrauensvollem Kontakt mit diesen hoffnungsvollen Generationen, nach der Brüderlichkeit ihres Umgangstons, nach Jugendlichkeit überhaupt".[41]

Gerade die Schriftsteller schienen fasziniert zu sein von dieser radikalen Aufbruchbereitschaft. Die personelle Besetzung der höchsten Staatsämter hatte die Literaten mit dem Staat versöhnt. „Willy Brandt und Gustav Heinemann haben mehr getan für einen Abbau der hierzulande schon naturgesetzhaft erscheinenden Feindschaft zwischen ‚Intelligenz' und ‚Politik' als irgendwelche deutsche Staatsmänner vor ihnen", meinte Dieter E. Zimmer.[42] Das Verhältnis zwischen „Geist" und „Macht" war wohl noch nie so spannungsfrei wie in den Jahren zwischen 1970 und 1972. Brandt und Heinemann repräsentierten jenes andere Deutschland, das bislang zu kurz gekommen war. Diese beiden „standen für ein Stück Klimawechsel in der Bundesrepublik, mit dem sich auch die Dialogfähigkeit der Politiker erhöht zu haben schien".[43]

Wie groß die Ausstrahlungskraft von Willy Brandt auf die Schriftsteller und Intellektuellen war, zeigen Auszüge aus einem Sammelband des Jahres 1972. Willy Brandt sei „der erste deutsche Kanzler", schrieb Heinrich Böll, „der aus der Herrenvolktradition herausführt". Brandt sei kein „Herrenvolkkanzler", kein Herr und Herrscher, „der mit den Sporen klirrt und die Peitsche gelegentlich blicken läßt".⁴⁴ Brandts Zielsetzungen, meinte Alexander Mitscherlich, basierten auf der Einsicht, „daß die geschichtlichen Ereignisse in Deutschland von 1914 und 1945 eine Einheit darstellen". Man sei nicht befugt, aus dieser Einheit herauszuschneiden, was einem nicht gefalle. Jener Teil der Bevölkerung, der sich von Brandt auf sympathische Weise vertreten fühle, vermeide es, die Nazizeit zu entwirklichen. Brandt „ist mir sympathisch", bekannte Mitscherlich, „weil er Lösungen sucht, die auf rationalen Kompromissen und nicht auf tradierten Privilegien beruhen sollen".⁴⁵

Brandt schien so zu sein, wie die Schriftsteller sich selbst empfanden: visionär, von Skrupeln geplagt, zweifelnd und ohne Machtsinn. Brandt trat auf wie einer, der wußte, daß er sich in Übereinstimmung mit dem neuen Zeitgeist befand. Ziel und Bestimmung, Fähigkeit und Verwirklichung erreichten einen Grad „unverwechselbarer Wahrheit".⁴⁶ „Es mußte damit zu tun haben", erklärte Zimmer diese Wirkung auf die Schriftsteller, „daß die Intellektuellen, konstitutionell ein Volk von Melancholikern, spürten: hier spricht einer, der ihnen von fern verwandt ist; einer, der wie sie an sich zweifelt; der seine Arbeit nicht macht um des Vorteils oder Machtsinns willen; der keiner von den die Politik beherrschenden ... unempfindlichen Robotern ist und auch kein ... ‚Säulenheiliger'; dem Entscheidungen nicht leichtfallen. Was heute Brandts Führungsschwäche genannt wird: Für die Intellektuellen machte es gerade seine Führungsstärke aus..."⁴⁷

Die politischen Formeln, die Brandt 1969 verkündete, machten deutlich, wie groß die Übereinstimmung mit den Zielen dieser Menschen war. Brandt wußte, daß der Bewußtseinswandel im Gefolge der studentischen Protestbewegung den Wahlsieg der sozial-liberalen Koalition begünstigt hatte. Er übernahm die Hoffnungen auf eine freiere Zukunft, auf eine vom einzelnen Bürger mitgestaltete Gesellschaft, indem er in seiner Regierungserklärung am

28. Oktober 1969 sagte: „Wir wollen mehr Demokratie wagen. Wir werden unsere Arbeitsweise öffnen und dem kritischen Bedürfnis nach Information genüge tun. Wir werden darauf hinwirken, daß ... jeder Bürger die Möglichkeit erhält, an der Reform von Staat und Gesellschaft mitzuwirken. Wir wenden uns an die im Frieden nachgewachsenen Generationen, die nicht mit den Hypotheken der Älteren belastet werden dürfen; jene jungen Menschen, die uns beim Wort nehmen wollen — und sollen..."[48]

Die weitgehende Übereinstimmung der innovatorischen Formeln Brandts mit den Zielen einer sich wandelnden Gesellschaft trug schließlich dazu bei, daß bisherige Feindbilder abgebaut wurden und neue Identifikationsmuster entstanden. Die sozial-liberale Koalition und ihr Kanzler schienen jetzt, Anfang der siebziger Jahre, den Konsens der Handlungs- und Leistungsfähigkeit auf fast allen für die Bevölkerung relevanten Gebieten zu besitzen. „Unser programmatischer Vorsprung vor der SPD ist eingeebnet", erkannte selbstkritisch Bruno Heck auf dem Parteitag der CDU im Oktober 1971. „Union der Christen, Wohlstand für alle, Soziale Marktwirtschaft, Ja zum Westen, Ja zur Freiheit der westlichen Demokratie und zu ihrem mächtigen Bündnis — das *waren* Stichworte der Hoffnung, das *waren* Formeln der Übereinstimmung, das *war* Millionen aus dem Herzen gesprochen..." Und was zählte 1971? „Versöhnung, Ausgleich, Normalisierung, Annäherung, Wandel, Zusammenarbeit, Friede ... mit den kommunistischen Staaten, Europäische Friedensordnung — im Feld dieser Begriffe liegt irgendwo das verborgen, was einer neuen Sehnsucht in unserem Volk entspricht."[49]

Die CDU/CSU war nicht die Partei dieser neuen Sehnsucht. Sie war nicht in der Lage, die strukturelle Veränderung aufzufangen und für sich zu nutzen. Die Union hatte den Zug der Zeit verpaßt. Sie hatte politische Führer, die — nach Ansicht der Mehrheit — für eine überholte Politik standen, sie hatte traditionelle ideologische Vorstellungen, die diese heranwachsende neue Gesellschaft nicht mehr ansprachen. Die CDU/CSU, schrieb der *Spiegel* im Oktober 1972, restauriere „die aus der Vergangenheit noch virulente Gemeinschaftsideologie von einer Gesellschaft, die als ‚Leistungsgemeinschaft' (Ludwig Erhard) unter Führung der Unternehmer angesehen wurde". Es sei kein Zufall, daß etwa Ludwig Erhard den Interessen-Pluralismus als „leistungs- und gemeinschaftsstörend" empfunden habe, weil dieser „nicht auf den Generalnenner des Gemeinwohls" gebracht werden könne.[50]

So sei es der Opposition anscheinend unmöglich, Konflikte zu ertragen, ausbrechende Kämpfe aufgrund unterschiedlicher Interessenlagen zu kanalisieren. Die „stets wiederholten Gemeinsamkeitsappelle etwa von Rainer Barzel im Bundestag" sowie die „Partner-Phraseologie der Wirtschaft" seien Ausdruck dessen, was Ralf Dahrendorf die „deutsche Sehnsucht nach Synthese" nenne. Der historische Ursprung dieser Gemeinschaftsromantik sei, so der *Spiegel*, „das apolitische Ruhebedürfnis deutscher Bürgerlichkeit, ein verspätetes Echo aus der Gartenlauben-Idylle des 19. Jahrhunderts".[51]

Es kam ein Element hinzu, das diese neue Strömung für die Person Brandt so erfolgreich machte: die moralische Sensibilität. Die nach dem Zweiten Weltkrieg, nach dem Nationalsozialismus geborene Generation wollte einen ganz neuen, besseren Anfang, wollte — „nach all den Kiesingers und Lübkes"[52] — politische Führer, auf die kein Schatten aus der Vergangenheit fiel. Die junge Generation klagte moralische Grundlagen ein, die tiefer als „Sachzwänge" lagen. Gerade weil die heranwachsenden Menschen, meinte Horst Krüger in der *Zeit*, „noch ganz außerhalb des Machtapparates standen, hatten sie diesen scharfen und bösen Blick für die Verletzung des Rechts in einer Demokratie, die zwar formal allen Bürgern das gleiche Recht einräumt, sie wirtschaftlich aber mit sehr verschiedenen Potenzen ausstattet..."[53]

Man wollte einen neuen Anfang, und man erhoffte sich diesen von Willy Brandt. Der neue Kanzler hatte Ideale, formulierte Visionen, war vertrauenswürdig — und, im Gegensatz zu Idolen wie Marx und Mao, zu Che Guevara und Ho Chi Minh, auch greifbar. Brandt schien Verständnis für die Jugend zu haben. Mit der Ansicht, daß man „die Überzeugung seines Sohnes nicht deswegen weniger respektieren kann, weil er jung ist"[54], mit diesen und ähnlichen Ansichten schuf Brandt sich großen Respekt, was eine während des Wahlkampfs 1969 durchgeführte Umfrage bewies: Danach hielt eine Mehrheit der Befragten (58 %) Brandts Einstellung zur Jugend im allgemeinen und zu seinem in Berliner Demonstrationen verwickelten Sohn Peter im besonderen für richtig. Allerdings hielt sich diese Mehrheit für eine Minderheit. Mit anderen Worten: Eine Mehrheit unterstützte Brandts Einstellung, glaubte aber zugleich, daß er sich damit schade.[55]

Seitdem Brandt es aufgegeben hatte, sich — wie 1961, als er Kennedy imitierte — einem für ihn untypischen Wahlkampfkonzept zu unterwerfen, von dem Zeitpunkt an wuchs ihm der Respekt dieser sich wandelnden Gesellschaft zu. Ende der sechziger Jahre war auch seine Emigration kein Nachteil mehr. Im Gegenteil: Sie wurde zunehmend als Auszeichnung gewertet. Besonders die jüngere Generation nahm ihn, der nachweislich frei vom Makel der NS-Zeit war, zum Vorbild — was nicht überraschend war. Die Revolte der jungen Intellektuellen empfing ihre Impulse schließlich Mitte der sechziger Jahre von Politemigranten wie Theodor W. Adorno, Max Horkheimer und Herbert Marcuse.[56] Die Menschen hatten sich verändert. Brandt hatte dies erkannt: „Mit konservativen Parolen und Appellen an nationalistische Instinkte sowie durch Rückgriffe auf Schlagworte von gestern und vorgestern", sagte er, „läßt sich das deutsche Volk nicht gewinnen, da sich die Stimmung in der Bevölkerung geändert hat."[57]

Brandt profitierte von dieser neuen Stimmung, gerade weil er unvollkommen zu sein schien, weil er traditionelle Antworten nicht mehr als gültig akzeptieren wollte, ohne daß er sogleich bessere zur Hand hatte. Er gab Zweifel und Unkenntnis zu, was ihm als Ehrlichkeit gutgeschrieben wurde. Seine Überzeugungskraft beruhte darauf, daß er den Leitvorstellungen widersprach, die man gemeinhin mit einem Kanzler verband. „Er ist weder ‚eisern', noch ein Zyniker, noch sentimental", schrieb Georg Picht. „Er verschmäht die Pose und hat einen Widerwillen gegen große Worte ... Er besitzt, was in Deutschland selten geworden ist: Würde."[58]

1973 schlug das Pendel in die andere Richtung aus. Gerade noch hatten sich Linke und Liberale gefreut über den eindrucksvollen Wahlerfolg der sozial-liberalen Koalition, da machte sich schon allenthalben Verdrossenheit breit, kaum daß die neue Regierung so richtig mit der Arbeit begonnen hatte. Ein neuer Konservatismus gewann an Zulauf — bei den Jugendlichen, im staatlichen Bereich, im Wissenschaftsbetrieb und auch in den Medien. Konservative Studenten- und Schülerverbände schossen wie Pilze aus dem Boden. Im sozialdemokratisch regierten Hessen wurde die Schüler-Union zur größten Schülerorganisation. Golo Mann und Richard von Weizsäcker diskutierten im Fernsehen über die Tragweite des Begriffs „Konservatismus".[59] Es war eine „Tendenzwende" eingetreten, wie Werner Kaltefleiter griffig formulierte.[60]

Die sozial-liberale Koalition hatte übertriebene Hoffnungen aufkommen lassen — nun hatte sie ein Heer von Enttäuschten vor sich. Besonders die Schriftsteller machten ihrem Unmut darüber Luft, daß die SPD/FDP-Regierung hinter ihren eigenen Ansprüchen zurückblieb. Der Wahlsieg 1972 hatte Hoffnungen auf eine radikale Veränderung der Gesellschaft geweckt. Doch in dem Maße, wie die Regierung von den Realitäten eingeholt wurde, in dem Maße stieg die Unzufriedenheit. Die „Tendenzwende" hatte den Schriftstellern die Vision einer besseren Gesellschaft geraubt.

Innerhalb der SPD führte die Renaissance konservativer Ideen sogar dazu, daß man den Begriff Sozialismus nur noch sehr schamhaft verwendete. „Es ist denn auch kein Zufall", schrieb Rolf Zundel im März 1974, „daß in den Reden Willy Brandts zwischen gewohnten und erwarteten Passagen plötzlich, wie wuchtige Findlingsblöcke in freundlichen Gefilden des aufklärerischen Optimismus, konservative Denkfiguren auftauchen: die Betonung der Leistung und der Pflichten gegenüber dem Staat, der Appell an Familiensinn und private Initiative, die Begrenzung des Rechts auf Bildung durch ökonomische Zwänge. Die klassischen Funktionen des modernen Staats werden neu entdeckt: Verbürgung von Sicherheit und Wohlstand."[61]

Es waren mehrere Faktoren, die diesen plötzlichen Stimmungswandel bewirkten: Wirtschaftliches Nullwachstum erschwerte Fortschritte; die Europapolitik stieß — nicht zuletzt wegen der wenig entgegenkommenden Haltung der Amerikaner — an die Grenzen nationaler Egoismen; die Abrüstungspolitik stagnierte, die Beziehungen zur Sowjetunion froren wieder ein; der Verteilungskampf nach dem Öl-Schock wurde härter; das Erkennen ökologischer Probleme erzwang eine Überprüfung der strikten, auf stetiges Wachstum ausgerichteten ökonomischen Rezepte — kurz: Es war innen- wie außenpolitisch eine Situation der Unsicherheit entstanden, die damals nur konservativen Kräften nutzen konnte.

Dabei spürte der einzelne Bürger unmittelbar keine Verschlechterung. Seine wirtschaftliche Situation war ausgezeichnet. Es war nur ein Gefühl, dafür aber ein sehr hartnäckiges, verunsicherndes: Der Staat schien an Grenzen gestoßen zu sein. War er bislang der Garant öffentlicher Sicherheit, so sah man nun in ihm nur noch den bloßen Verteilungsapparat. Angst und Zweifel über die Lösbarkeit der Probleme verdrängten den Optimismus früherer Jahre. Man wollte keine Experimente mehr, sondern nur noch Ruhe. „Was jetzt von manchen rechten Konservativen gepredigt wird", beschrieb Zundel diese neue Stimmungslage, „entspricht der heimlichen Sehnsucht vieler: endlich einmal wieder Ruhe haben, sich nicht dauernd durch die Dornen der politischen Probleme arbeiten zu müssen, hübsches, stabiles Geld verdienen, privat sein zu dürfen."[62]

All dies führte zu einer Abkehr von der sozial-liberalen Koalition. Der Konsens, den Brandt 1972 gewinnen konnte, zerbrach. Die Reformbereitschaft wich einer breiten Stabilisierungsorientierung. „Reformen", schrieb Werner Kaltefleiter, „werden mit Inflation und wirtschaftlicher Unsicherheit gleichgesetzt."[63] Eine paradoxe Lage: Die Menschen waren durch die Politik der Regierung in eine Situation versetzt worden, die sie dazu veranlaßte, diese Politik abzulehnen. Reformen erzeugten eben nicht Zufriedenheit, schrieb Peter Glotz, sondern oft genug Unzufriedenheit. „Wenn man Menschen ermutigt, ihr Recht zu verlangen, werden sie mit dem Stückchen Recht, das man ihnen verschaffen kann, oft nicht zufrieden sein."[64]

Die emanzipierte Gesellschaft wandte sich zunehmend gegen diejenigen, die ihr die Emanzipation ermöglicht hatten. Drei, vier Jahre war das Wort Sozialismus gleichbedeutend gewesen mit Fortschritt. Wer „in" sein wollte, der benutzte die Vokabel gern und oft. Plötzlich aber war dieser Begriff unmodern, und wer ihn gebrauchte, der versah ihn mit abschwächenden Erläuterungen. „Im Jahre 1974 ist Sozialismus wieder ein Minderheitenprogramm", meinte Zundel. „Von Emanzipation zu sprechen heißt meist, Mißmut und Verdrossenheit zu provozieren. Von der einstigen Reformseligkeit ist nur die verbissene Entschlossenheit geblieben, Reformen trotz aller Widrigkeiten wenigstens zu versuchen. Demokratisierung aber? ... Es wird wohl lange dauern, ehe eine Bundesrepublik es wieder unternehmen wird, ihre politische Arbeit unter das aufklärerisch-optimistische Motto zu stellen: ‚Wir wollen mehr Demokratie wagen.' "[65]

Millionen von Menschen begruben die Hoffnung, daß die sozial-liberale Politik die Misere ihrer ganz privaten Existenz rasch verändern könnte. „Die junge Mutter, die unter dem Rollenkonflikt zwischen Beruf und Mutterschaft leidet; der Aufsteiger, der die Belastung der Arbeitsteilung aufsprengen möchte; das junge Ehepaar, das mit seiner Zweierbeziehung nicht fertig wird: Sie alle hatten der Politik Lösungen zugetraut, die sich schnell und durchschlagend auf ihr eigenes privates Leben auswirken."[66] Erwartungen und Hoffnungen, die nun ganz offensichtlich nicht in Erfüllung gingen, wohl auch nicht in Erfüllung gehen konnten. Und so übertrieben zum Teil die Fixierung all dieser Erwartungen auf Willy Brandt war, so übertrieben war die Enttäuschung. Brandt hatte als Person die Hoffnungen verraten, so klagte man, er hatte den Vertrauensvorschuß nicht umsetzen können.

Wie irreal die Hoffnungen in die Veränderungskraft Brandts waren, zeigen die Worte eines politischen Gegners, die — wenn man die Polemik abzieht — im Kern die Problematik anklingen lassen. „1969 hat man gemeint", sagte Franz Josef Strauß 1974 in seiner Aschermittwoch-Rede in Vilshofen, „mit Willy Brandt zöge ein neues Zeitalter herauf, alle Kirchenglocken müßten läuten an dem Tag, wo er Kanzler wird... Ich bestreite ihm nicht gewisse Fähigkeiten: die der einschmeichelnden Rede; die Fähigkeit, primitive Formulierungen durch die Art der sprachlichen Darbietung als große Weisheiten zu verkaufen. Wenn man immer etwas im Stile eines politischen Burgschauspielers, mit vielen Kunstpausen und sichtlich mit der eigenen Bedeutung ringend, von sich gibt, so ist das für manche Leute zunächst einmal von ungeheurer Wirkung. Man meint, daß in ihm sich faustische Naturereignisse abspielen! Der ganze Chor der Hofschranzen und Bewunderer um ihn herum hat ja auch immer zur rechten Zeit die Hand an den Mund gelegt: Pst, der Kanzler denkt. Frühzeitig haben sie ihm ein Denkmal errichtet."[67]

Daß eine solche Übertreibung — in Form der Verehrung wie in Form der Verurteilung — überhaupt möglich war, lag an dem einzigartigen Zusammentreffen von Sehnsüchten einer strukturell gewandelten Gesellschaft und den Persönlichkeitsmerkmalen einer Person, auf die die Sehnsüchte zu passen schienen. Henry A. Kissinger zum Beispiel hatte das Gefühl, daß Brandt sich nicht so für Frieden und Freiheit eingesetzt hätte, wenn er nicht Regierender Bürgermeister von Berlin gewesen wäre. Brandt „fühlte sich der Freiheit seines Volkes verpflichtet", schrieb Kissinger, „schien jedoch seltsam unberührt von den Problemen, welche diese Freiheit gefährdeten. Ich hatte das Gefühl, daß, wenn das Schicksal ihn nicht auf diese Barrikaden geführt hätte, er sie höchstwahrscheinlich nicht aus eigenem Antrieb bestiegen hätte."[68]

Willy Brandt symbolisierte zu Anfang seiner Regierung die Probleme jener Zeit, weil er mit seiner Geschichte, seinen Persönlichkeitsmerkmalen und seinem politischen Stil in diese zögernde, tastende Aufbruchstimmung einer sich verändernden Gesellschaft hineinpaßte. Er war leidenschaftlich und distanziert, tatkräftig und zweifelnd, er erspürte die Intuition des Augenblicks und vermochte trotz allem den Anschein zu erwecken, er verfolge eine bestimmte Grundidee. Doch als 1973 diese Übereinstimmung zwischen Atmosphäre und Person, zwischen gesellschaftlichen Zielen und Persönlichkeitsstruktur auseinanderbrach, verfiel auch die euphorisierende Wirkung Brandts. „Zunächst glaubte ich", beschrieb Kissinger dieses Phänomen, „sein Schweigen

sei Depressionen zuzuschreiben; dann stellte ich fest, daß
er seine Hauptaufgabe gelöst und jetzt in der Tat nichts
mehr zu sagen hatte, sondern sich eingestehen mußte, keinen
weiteren Beitrag mehr leisten zu können. Er besaß die
seltene Gabe, die Hoffnungen auf eine humanere Welt zu
verkörpern, aber gerade die Spontaneität seiner Gesten
machte es ihm unmöglich, das Erreichte in den Griff zu bekommen.
Er war ein Paradox: Er hatte den Lauf der Geschichte
verändert, war aber dadurch selbst überflüssig geworden."[69]

11. 3 Der Wandlungsprozeß der SPD

Zu Beginn des Jahres 1973, wenige Wochen vor dem
Parteitag in Hannover, drangen Nachrichten an die Öffentlichkeit,
die zu allerlei Spekulationen und Vermutungen
Anlaß gaben: Brandt drohte mit seinem Rücktritt vom
Parteivorsitz für den Fall, daß das Wahlprogramm der
SPD vom Oktober 1972 von den Linken in seiner Partei
desavouiert würde. Und die *FAZ* formulierte die Schlagzeile:
„SPD droht die Selbstzerstörung."[70]

Knapp fünf Monate nach dem größten Erfolg der SPD
in ihrer gut hundertjährigen Geschichte zeigten sich die
führenden Persönlichkeiten der Partei ernsthaft besorgt
über deren Verfassung. Der innerparteiliche Streit zwischen
Dogmatikern und Pragmatikern, zwischen den Linken und
der gemäßigten Mehrheit hatte den parteiinternen Rahmen
gesprengt. Immer wieder beunruhigten Forderungen der
Linken die Öffentlichkeit, sorgten Gruppierungen wie der
Leverkusener Kreis mit sehr weitgehenden Anträgen für
Zündstoff. Der öffentlich ausgetragene Streit ging so weit,
daß liberale Kommentatoren schon die Frage nach der
Kurskontinuität, nach der Mehrheits- und Bündnisfähigkeit
der SPD aufwarfen.

Der eindrucksvolle Wahlsieg bei den Bundestagswahlen im November 1972 hatte dazu geführt, daß die linken Kräfte in der SPD ihre pragmatische Zurückhaltung aufgaben. Sie riefen nach dem Lohn ihres Einsatzes. Die unerschütterbare Mehrheit im Parlament — die SPD/FDP-Koalition hatte zusammen 271 Mandate, 46 mehr als die CDU/CSU — verleitete zahlreiche neu in den Bundestag eingezogene Abgeordnete dazu, weniger den politischen Feind als die eigenen gemäßigten Kräfte in der SPD anzugreifen. Der „Marsch durch die Institutionen" zeigte seine ersten Wirkungen.[71]

Es war in der Tat dieser überzeugende Wahlsieg am 19. November 1972, der — innerparteilich gesehen — der SPD mehr Verdruß als Freude brachte. In den Jahren zuvor war das anders gewesen: Da hatten die oppositionellen Abgeordneten in der Partei wegen der knappen Mehrheitsverhältnisse Rücksicht genommen. Während der gesamten 6. Legislaturperiode konnte der linke Flügel mit dem Argument der dünnen Mehrheitsdecke in Schach gehalten werden. Die Koalition wurde schließlich aus zwei Richtungen bedroht: einerseits von „Dissidenten", d. h. von abwanderungsbereiten Abgeordneten, zum anderen von der parlamentarischen Opposition, die mit ihrer Konfliktstrategie einen starken Druck ausübte. Die Folge war ein hohes Maß an innerer Geschlossenheit bei SPD und FDP.

Hinzu kam, daß die ost- und deutschlandpolitischen Aktivitäten der Regierung die interne Auseinandersetzung begrenzten, weil diese Politik die von der innerparteilichen Opposition seit langem erhobenen Forderungen erfüllte. Teile dieser Opposition waren nämlich der Ansicht, daß man mit der Ostpolitik die angestrebten Fernziele — militärisches Disengagement in Mitteleuropa und Lösung der Bundesrepublik von den USA — leichter erreichen könnte. Die Ostpolitik der Regierung verband somit die widerstreitenden Teile der SPD.

Ein weiterer Faktor der Begrenzung innerparteilicher Auseinandersetzung waren die Wahlerfolge zwischen 1969 und 1972. Die Stimmengewinne bei den beiden Bundestagswahlen sowie die relativ geringen Verluste bei den Landtagswahlen[72] festigten die Position der Parteiführung gegenüber den internen Kritikern. Hinzu traten die integrativen Anstrengungen der Parteiführung, die sehr erfolgreich waren. Eindeutiges Indiz für das Integrationsvermögen Brandts und Wehners sind die Ergebnisse der Parteivorstandswahlen, bei denen nur jeweils 2 bis 5 % der abstimmenden Delegierten die Zustimmung verweigerten.

Dies alles änderte sich nach dem 19. November 1972. Die Regierung war parlamentarisch nicht mehr zu stürzen, die CDU/CSU-Opposition hatte kein Druckmittel mehr. Und in dem Maße, in dem die Schwierigkeiten der SPD nachließen, in dem Maße begehrten die linken Kräfte auf. Der Wahlsieg hatte in der SPD die Schleusen der lang aufgestauten Diskussion über den Weg und die politischen Ziele der Partei geöffnet. Die Partei stürzte sich in Richtungskämpfe. „Sie tut es mit einer solchen Vehemenz", beobachtete Rolf Zundel, „daß die politischen Fetzen fliegen und so mancher vage sozial-liberal gestimmte Bürger sich fragt, ob dies denn noch die Partei sei, die er im November letzten Jahres gewählt hat."[73]

Wie kam es dazu? Je mehr die SPD die Plattform einer typischen Interessenpartei verlassen hatte und zu einer Volkspartei geworden war, um so weiter hatte sie sich von ihrer ursprünglichen Wählerschaft entfernt. Die SPD stand nicht mehr nur für etwas Bestimmtes, war nicht mehr nur die Partei der Arbeitnehmer. Die historischen Ursprünge hatten zunehmend ihre zusammenhaltende, motivierende Kraft verloren. Themen wie Emanzipation der Arbeiterschaft waren nicht mehr aktuell. So war es kein Wunder, daß die SPD Zulauf von Leuten erhalten hatte, die mit den historischen Wurzeln der Partei nichts anzufangen wußten und einen innerparteilichen Wandel in die Wege leiteten.

Die Theoretiker in der SPD fanden so viel Resonanz, weil sie mit ihren Vorstellungen auf ein Vakuum stießen. Die Strukturkrisen des kapitalistischen Systems, so wie sie 1973 nach dem Öl-Schock sichtbar wurden, verlangten nach neuen, theoretisch fundierten Lösungen, die die Rechten in der SPD — in Fragen der Theorie ohnehin zurückhaltend — nicht zu geben in der Lage waren. Hinzu kam ein gewaltiger Zustrom neuer, vor allem junger Mitglieder, die für Theorien sehr empfänglich waren.

Wie groß die Umstrukturierung der SPD Anfang der siebziger Jahre war, zeigt ein Blick auf die Mitgliederströme. Brandt konstatierte am 11. April 1973 auf dem Parteitag in Hannover: „Von den knapp 650 000 Mitgliedern, die wir zählten, als ich vor gut neun Jahren [1964] Parteivorsitzender wurde, sind mehr als 350 000 nicht mehr unter uns. Der Tod hat also kaum vorstellbare Lücken gerissen. Heute zählt die Partei fast 1 Million Mitglieder. Das bedeutet: 300 000 Mitglieder gehörten der SPD schon vor 10 Jahren an; rund 670 000 der heutigen Mitglieder sind seit damals beigetreten... Die meisten, nämlich fast zwei Drittel, sind ... Jüngere, nämlich unter 35 Jahre alt."[74]

Die Auseinandersetzungen zwischen diesen neuen, jüngeren Mitgliedern und dem Parteiestablishment kreisen im wesentlichen um die Frage, ob die SPD eine pragmatische, am Wechselwähler orientierte Politik betreiben oder politisch-ideologischen Doktrinen folgen sollte — ein Streit, der darüber entscheiden mußte, ob die SPD die „neue Mitte" besetzt halten konnte oder wieder zu einer Minoritätenpartei absank. Denn solange die Politik gegen revolutionäre Prinzipien verstieß und sich durch einen verantwortungsvollen Pragmatismus auszeichnete, solange hatte die SPD die Chance, auch außerhalb des Kerns ihrer Anhänger Anerkennung und Zustimmung zu finden. Letztlich handelte es sich bei dieser Auseinandersetzung „um die Wiederbelebung jenes Revisionismusstreites, der die SPD seit ihrer Gründung kennzeichnet: Systemveränderung oder Mitwirkung im System unter den Bedingungen dieses Systems".[75]

Der innerparteiliche Streit schwächte die Parteiführung. Willy Brandt mußte dem zunehmenden Druck der Dogmatiker nachgeben, um zu verhindern, daß die Partei auseinanderbrach.* Er geriet damit in eine Situation, in der er von allen Seiten angegriffen wurde: Die gemäßigten, pragmatischen Kräfte hielten seine Zugeständnisse für übertrieben, die Linken hielten sie für nicht ausreichend. Der politische Gegner sprach von „kommunistisch beeinflußter Politik", von „Volksfronttendenzen"[76], während Teile der linksliberalen Presse offen ihre Sympathie für die Jungsozialisten kundtaten. „Die aus dem Unverständnis für gesellschaftliche Konflikte genährte Angst vor den Roten", schrieb der *Spiegel*, „versperrt ... die Einsicht, das Spartakisten, Maoisten und Marxisten-Leninisten in der Bundesrepublik [nur] ein Heer von einigen tausend romantischen Möchtegern-Revolutionären stellen." Wenngleich nicht zu übersehen sei, daß Jungsozialisten und FDP-Jungdemokraten das Parteien-Spektrum nach links verschoben hätten, so „entpuppt sich doch die Rotsichtigkeit deutscher Konservativer als Kollektivhysterie".[77]

Brandts Integrationsbemühungen hatten nach dem Parteitag in Hannover immer weniger Erfolg. Die zunehmende Kompromißlosigkeit zehrte an seinen Kräften. Ohnehin sensibel und empfindlich gegenüber direkten Angriffen, verweigerte Brandt den von ihm geforderten harten Führungs-

---

* Beispiele für Zugeständnisse: die Steuergesetzgebung, das SPD-Langzeitprogramm, Brandts Stellungnahmen zum Vietnam-Krieg.

stil. Damit wuchs die Kritik, was wiederum seinen Weg in die innere Emigration beschleunigte und das öffentliche Bild des Kanzlers nachhaltig verschlechterte: Denn in dem Maße, in dem sich die innerparteiliche Auseinandersetzung verschärfte und Brandt nicht in der Lage war, die Konflikte zu schlichten, in dem Maße bot die SPD das Bild einer zerrissenen und führungslosen Partei. Für die Öffentlichkeit stand fest: Die SPD konnte ihre Doppelrolle als Regierungs- und Integrationspartei nicht mehr bewältigen.

11. 4 Das Auslandsurteil

Drei Beispiele: Kurz nach dem Treffen zwischen Brandt und Stoph in Erfurt schilderte Marion Gräfin Dönhoff in der *Zeit,* wie die Polen Willy Brandt sahen. „Die Eloquenz des Kanzlers" sowie dessen „friedliche Absichten", zitierte Dönhoff den Chefredakteur der polnischen Zeitschrift *Polityka,* „eröffnen der Bundesrepublik einen Vertrauenskredit, den keine der ihr vorausgegangenen Regierungen besessen hat."[78] Ende 1970 — das amerikanische Nachrichtenmagazin *Time* hatte Willy Brandt gerade zum „Mann des Jahres" gewählt — nahm die *Zeit* diese internationale Ehrung zum Anlaß, mit dem Bundeskanzler ein Gespräch zu führen, in dem dieser ausführlich die Einbindung seiner Politik in die westliche Allianz darlegen konnte.[79] Und als — wiederum etwas später — die Entscheidung über den Mißtrauensantrag bevorstand, brachte der *Spiegel* eine breitangelegte Geschichte über die Reaktionen des Auslandes: „Die Welt gab Katastrophenalarm." So düstere Prophezeiungen habe es weder beim Tod von Kennedy oder Nasser, noch beim Abtritt von Chruschtschow oder de Gaulle gegeben. Ein „Scheitern der Ostverträge", ein „Fall der deutschen Regierung", zitierte der *Spiegel* die *New York Times,* hätte eine „sofortige Ost-West-Krise und vielleicht sogar eine ausgedehnte Neubelebung des Kalten Krieges" nach sich gezogen. „Eine Niederlage Brandts", so der *France Soir* laut *Spiegel,* „wäre eine Niederlage für ganz Europa."[80]

Diese Beispiele sind keine Einzelfälle. Die Durchsicht der hier untersuchten Zeitungen und Zeitschriften ergab, daß Zitate aus fremden Medien, daß Bezüge und Hinweise auf das Meinungsbild des Auslandes elementarer Bestandteil der Darstellungen im Inland waren. Rubriken wie „Blick in die Presse"[81], Reportagen über Reaktionen des Auslandes[82] sowie umfangreiche Geschichten über die Stimmungslage jenseits der Grenzen[83] zeigen die Bedeutung des Auslandsurteils für die inländische Presse. Als besonders bedeutsam stellte sich dabei der Einfluß von Zeitschriften wie *Time* oder *Newsweek* heraus, Zeitschriften, die strukturell eine große Nähe zu Magazinen wie *Spiegel* und *Stern* haben. Eine große Wirkung übten in diesem Zusammenhang auch die Auslandskorrespondenten aus, die immer wieder die Auslandsbesuche Brandts zum Anlaß ausführlicher Kommentare nahmen.

Wie aber sah man nun in den Hauptstädten der Welt die Politik der neuen Machthaber in Bonn?

Das Bild, das von einem politischen Führer jenseits der Grenzen gezeichnet wird, ist nicht zu trennen von dem Bild, das man von seinem Land hat. Die Urteile über Willy Brandt sind in ihrer Dimension somit nur zu verstehen vor dem Hintergrund des Deutschlandbildes in der Welt.

Die Bundesrepublik als kontinentale Mittelmacht ist das europäische Land mit den meisten Nachbarn. Diese Nachbarschaftslage hat in der Geschichte immer wieder zu Streitigkeiten mit den unmittelbar angrenzenden Ländern geführt. Die Folge war, daß das jeweilige Land ein negatives, mit Mißtrauen belastetes Bild vom anderen entwickelte. So ist es auch zu erklären, daß Deutschland von seinen Nachbarn stets als „aggressiv, unberechenbar und militaristisch" eingeschätzt wurde. „Ihm ist nicht zu trauen..."⁸⁴

Diese besondere Lage im Herzen Europas und die Erfahrungen aus der Vergangenheit haben in den an die Bundesrepublik grenzenden Ländern zu Empfindlichkeiten in bezug auf die genannten Stereotype geführt. Diese Sensibilität gegenüber bestimmten Verhaltensweisen einer Nation überträgt sich auf die Beurteilung der politischen Führer: Sind oder wirken diese aggressiv, unzuverlässig oder unberechenbar, so verstärken sie die negative Einschätzung des Landes; wecken sie jedoch Vertrauen und geben sie sich friedliebend, so führt dies zu großer Aufmerksamkeit und Wertschätzung, zu Reaktionen, die weitgehend durch das „Überraschungsmoment" hervorgerufen werden. „Fehler und Irrtümer werden uns nicht so leicht verziehen wie anderen", meinte Conrad Ahlers. „Das Mißtrauen ... in anderen Ländern ... ist ständig wach und reagiert auf kleine, sonst unwichtig erscheinende Begebenheiten. Das stärkste Mittel, mit dem wir Deutsche diesen Schwierigkeiten begegnen können, ist die richtige Auswahl der eigenen Führung."⁸⁵

Bezogen auf das Ansehen der Bundesrepublik schien Willy Brandt die richtige Wahl gewesen zu sein. Denn das Image Brandts, so wie es sich in der veröffentlichten Meinung des Auslandes spiegelte, war beispiellos: Die Wertschätzung, die der Bundeskanzler während seiner Regierungszeit in anderen Ländern erfuhr, war keinem anderen deutschen Politiker in dieser Intensität je dargebracht worden. Sie grenzte an Verehrung. Das Bild Brandts war strahlend hell. „Im Frühjahr 1972, zur Zeit der Ratifizierung der Ostverträge", beschreibt Alfred Grosser die Stimmungslage des Auslands, „galt der deutsche Kanzler nicht nur, wie es *Time* hervorhob, als ‚der Mann des Jahres', sondern als der einzige große europäische Staatsmann schlechthin. Eine seltene Einstimmigkeit herrschte darüber, insbesondere in der französischen Presse, obwohl doch eine ‚offene' deutsche Ostpolitik in Frankreich immer Besorgnis erregt hatte."[86] Die Attribute, die Brandt zugeschrieben wurden, waren stets die gleichen: Er sei bedächtig, abwägend, vernünftig, gezügelt. Er habe ein nachdenkliches, ruhiges Wesen. Er sei ehrlich. Er sei ein Mann, dem man uneingeschränkt vertrauen könne, der in der Lage sei, das Mißtrauen vor deutscher Aggressivität abzubauen — eine Ansicht, die Brandt mit einer seiner ersten Handlungen bestätigte: Er unterzeichnete den Atomsperrvertrag nur wenige Tage nach seinem Amtsantritt.

Die Hochachtung bezog sich sowohl auf die Person als auch auf die Politik des neuen Bundeskanzlers. Neben dem Naturell Brandts, das als Garant für eine nichtaggressive und vertrauensvolle Politik gewertet wurde, zählte in der ausländischen Öffentlichkeit sein persönlicher und politischer Werdegang. Die proletarische Jugend in Lübeck, der Kampf gegen den Nationalsozialismus in Deutschland und gegen den Faschismus in Spanien verschafften Brandt einen Vertrauenskredit, den er gerade in den Ländern vorfand, die besonders unter den Nationalsozialisten gelitten hatten.[87] „Wenn man die üblichen deutschen Maßstäbe anlegt", schrieb David Binder am 30. November 1969 in *Time*, „so hatte Brandt fast alles gegen sich. Er wurde unehelich geboren... Von 1933 bis 1945 war er expatriiert in Skandinavien, während die meisten seiner Zeitgenossen den Fahneneid schworen, für Hitler und das deutsche Vaterland zu leben und zu sterben... Unter diesen Umständen stellt seine Erhebung zum Kanzler ... nicht nur einen Wendepunkt in der deutschen Politik, sondern auch des deutschen Verhaltens ganz allgemein dar..."[88] All das, was den Kandidaten Brandt über Jahre geschadet hatte, kam nun dem Außenminister und späteren Bundeskanzler Brandt zugute.

Als im Herbst 1969 feststand, daß Willy Brandt der neue

Bundeskanzler werden würde, wurde dies „von allen Ländern mit Ausnahme Chinas begrüßt".[89] Rotchina begegnete Brandts Regierungsantritt mit Skepsis, da es befürchtete, daß Brandts Politik des Ausgleichs die eigene, chinesische, Position schwächen würde. Moskau hätte nach einer Übereinkunft mit den westlichen Nachbarn, dachte man in Peking, mehr Zeit für die Ost-Grenze. — Die Polen waren demgegenüber hocherfreut, erwartete man doch, daß der neue Bundeskanzler seine als Außenminister formulierte neue Ostpolitik umsetzen werde.

In der westlichen Welt war das Urteil einhellig: Mit der Wahl Brandts zum Kanzler beginne „ein neues Kapitel für Deutschland", diese Wahl bedeute „einen klaren Bruch mit dem, was vorher war"[90], man könne sich nur „beglückwünschen, diesen klugen und gemäßigten Mann jenseits des Rheins an das Ruder der Politik gelangen zu sehen..."[91] Willy Brandt sei „vielleicht der attraktivste Kanzler, den Deutschland seit der Zeit gehabt hat, als Otto ‚Blut und Eisen' von Bismarck ... das deutsche Reich errichtete".[92] Und nach den ersten ostpolitischen Erfolgen bescheinigte *La Libre Belgique* dem deutschen Kanzler, daß er „der legitime europäische Nachfolger de Gaulles"[93] und — in der westlichen Allianz — „die Nummer zwei nach Nixon"[94] sei. Die italienische Zeitung *Il Messagero*" faßte zusammen: „In London und Paris steht alles still, an den Ufern des Rheins ist alles in Bewegung... Großbritannien und Frankreich werden weiterhin zum Club der Großen Vier gerechnet. Doch in Wirklichkeit gibt es heute in Europa nur einen Staat, der in der Lage ist, eine autonome Politik zu machen und den anderen die Straße zu öffnen: Das ist die Bundesrepublik Deutschland."[95]

Dem *veröffentlichten* Bild Brandts entsprach auch das *öffentliche* Bild im westlichen Ausland. Umfragen ausländischer Meinungsforschungsinstitute ergaben, daß Willy Brandt „der im Ausland beliebteste politische Hauptdarsteller [ist], den die Bundesrepublik hervorgebracht hat". Er sei „ruhig, vertrauenswürdig und ganz und gar nicht unnahbar". In Frankreich wurde Brandt mit dem Filmschauspieler Jean Gabin verglichen. Für die Briten war er ein „besonders sympathischer Mann, ein verläßlicher, kurz: ein guter Deutscher". Auch in den USA schien Brandt das Deutschlandbild positiv beeinflußt zu haben. Zwischen 1966 und 1972 sank die Zahl der negativen Nennungen von 12 % auf nahe Null; in derselben Zeit vervierfachten sich die neutralen Stellungnahmen.[96]

Willy Brandt kamen dabei persönliche Kontakte zugute, die er im Laufe seines politischen Lebens hatte knüpfen können. Zwei der profiliertesten Sozialdemokraten Europas, Schwedens Olof Palme und Österreichs Bruno Kreisky, mit denen Brandt regelmäßig im Rahmen von Tagungen der Sozialistischen Internationale zusammentraf, unterstützten den deutschen Bundeskanzler. Diese beiden sowie der jugoslawische Staatspräsident Tito leisteten nicht unerhebliche Vermittlerdienste im ostpolitischen Interessenausgleich.[97]

Brandt hatte diese seine hohe Reputation durch zahlreiche Auslandsreisen fördern können. In den Jahren 1970 und 1972 war er elfmal offiziell im Ausland: Er war in Paris (30. und 31. 1. 1970), Kopenhagen (13. und 14. 2. 1970), London (2. bis 4. 3. 1970), in den USA (5. bis 11. 4. 1970), in Oslo (23. und 24. 4. 1970), in Moskau zur Unterzeichnung des deutsch-sowjetischen Vertrages (11. und 12. 8. 1970), in Rom (23. bis 25. 11. 1970), in Warschau zur Unterzeichnung des Polen-Vertrages (6. und 7. 12. 1970); 1971 besuchte er erneut die USA (14. bis 19. 6. 1971), machte er die spektakuläre Reise nach Oreanda auf der Krim (16. bis 18. 9. 1971) und fuhr schließlich nach Oslo, wo ihm am 10. Dezember 1971 der Friedensnobelpreis verliehen wurde, sichtbarstes Zeichen der ausländischen Anerkennung.

Brandt hatte erkannt, daß seine Ostpolitik nur Erfolg haben könnte, wenn er Befürchtungen und Spekulationen der Allianzmitglieder durch enge Zusammenarbeit und zahlreiche Konsultationen vorbeugte. „Wir wollen nicht", sagte er in Moskau, „daß wir für die Verbesserung der Beziehungen zur Sowjetunion mit einer Verschlechterung der Beziehungen zu anderen Staaten bezahlen."[98] Brandts Ideen waren eingebettet in ein allumfassendes europäisches Gerüst der Entspannung. „Both the ‚Ostpolitik' and the ‚Deutschlandpolitik' are integral parts of a wider commitment. One can conclude that Brandt's politics have been so successful because ... the little German détente is in step with a wider move to European relaxation."[99]

Auf vielen dieser Auslandsbesuche, bei denen er sich bemühte, seine Entspannungsbemühungen auf eine breite Basis zu stellen, waren Brandt Ehrungen zuteil geworden, die für einen ausländischen Staatsgast ungewöhnlich waren: Bei seinem Aufenthalt in Großbritannien wurde er von der Königin nach Windsor eingeladen — eine Auszeichnung, die Adenauer und Heuss bei ihren England-Besuchen verwehrt geblieben war; Brandt erhielt als erster deutscher Staatsmann seit mehr als 150 Jahren einen Ehrengrad in Oxford; und schließlich wurde er gebeten, vor beiden Häusern des britischen Parlaments zu sprechen.[100] Dieselbe Ehrung erfuhr der Bundeskanzler in Oslo, wo er im Storting — dem norwegischen Parlament — seine Politik erläutern durfte. Und auch seine zweite Reise in die Vereinigten Staaten blieb nicht ohne sichtbare Anerkennung: Die Yale-Universität verlieh ihm die Ehrendoktorwürde mit der knappen Begründung: „Sie haben bewiesen, daß die Bundesrepublik Deutschland einen grundlegenden politischen Führungswechsel ertragen kann, ohne das Vertrauen in die Werte des demokratischen Prinzips zu verspielen. Eine des Kalten Krieges überdrüssige Welt erfährt Hoffnung durch Ihr beherztes und optimistisch angelegtes Bemühen, eine

Basis zu finden, auf der sich Europas Osten und Westen in beiderseitigem Interesse aussöhnen können."[101]

Soviel zur Zustimmung der westlichen Welt für Brandt als Person. Was seine politischen Ziele betraf, so gab es in Nuancen doch einige Kritik, und zwar — verständlicherweise — gerade dort, wo diese die jeweiligen nationalen Belange tangierten. In *Großbritannien* galt diese Einschränkung jedoch nicht, da London die Politik Brandts, im besonderen seine Ostpolitik, vorbehaltlos unterstützte. Beide Länder hatten konforme Ziele. Das Foreign Office in London veröffentlichte zum Beispiel nach dem erfolgreichen Abschluß der deutsch-sowjetischen Verhandlungen im August 1970 folgende Erklärung: „Dies ist eine höchst bedeutende Entwicklung zu einer Verbesserung der Ost-West-Beziehungen, und sie kann als erster Schritt auf dem schwierigen Weg zur Lösung einiger noch wichtiger Probleme angesehen werden, die Europa spalten. Die britische Regierung befand sich während der Verhandlungen in engem Kontakt sowohl mit der Bundesregierung wie auch mit den Regierungen der Vereinigten Staaten und Frankreich..."[102]

Die englische Öffentlichkeit befürwortete den Übergang der Regierungsmacht auf Brandt schon deshalb, weil nach britischer Auffassung der Wechsel der Parteien in der Regierungsverantwortung *das* konstitutive Merkmal einer parlamentarischen Demokratie ist. Erst durch einen solchen Wechsel könne sich die Demokratie in der Bundesrepublik bewähren. So wurde zum Beispiel die Große Koalition lediglich als Vorstufe für einen ordnungsgemäßen Übergang der Macht an die Sozialdemokraten gesehen. Brandt das Beste zu wünschen, war somit gleichbedeutend mit der Hoffnung, daß die deutsche Demokratie diese Prüfung bestehe.[103]

Hinzu trat ein weiterer Grund: Brandt hatte schon als Außenminister keinen Hehl daraus gemacht, daß er den EWG-Beitritt Großbritanniens uneingeschränkt unterstützen wolle. Auf der EWG-Gipfelkonferenz in Den Haag am 1. und 2. Dezember 1969, also nur wenige Wochen nach seinem Amtsantritt, gab er seiner Haltung nach einer erweiterten und schlagkräftigen europäischen Gemeinschaft deutlich Ausdruck. Es war der deutsche Bundeskanzler, der mit seinem Einsatz das Gipfeltreffen beherrschte. „Man erwartete Pompidou, und es war Brandt, der kam..." schrieb der Pariser *Combat* am 2. Dezember 1969. Der deutsche Kanzler habe sich mit seiner deutlichen Haltung zum Beitritt Großbritanniens sowie seinem Vorschlag einer Währungseinheit und einem europäischen Reservefonds eine Machtposition verschafft, die kaum mehr erschüttert werden könne.

Die deutsch-britischen Beziehungen waren infolge dieses Engagements völlig frei von Spannungen und Mißtrauen.[104] Es gab kein Land in Mitteleuropa, mit dem Großbritannien mehr Gemeinsamkeiten hatte als mit der Bundesrepublik. „Man kann von einer ‚totalen Identität der Ansichten' (Harold Wilson) zwischen beiden Staaten ausgehen, zu der die Persönlichkeit Willy Brandts entscheidende Momente beigesteuert hat..."[105] Oder, wie David Shears im *Daily Telegraph* am 2. März 1970 schrieb: „Von dieser Seite des Kanals hat es niemals einen besseren deutschen Kanzler gegeben."

Dieses positive Image ist um so bemerkenswerter, als England, anders als andere westeuropäische Länder, zäher und irrationaler an dem alten Bild eines feindlichen und unzuverlässigen Deutschland festgehalten hatte. Begünstigt wurde diese Abkehr von den alten Vorurteilen noch durch folgendes: den „angelsächsischen Touch" Brandts — dessen englische Sprachkenntnisse immer wieder gelobt wurden[106] — sowie Brandts Arbeit als Berliner Bürgermeister. Für die Briten war Berlin stets die Stätte, wo auch deren Freiheit verteidigt wurde. Die Sympathie, die die Engländer zu „ihren" Berlinern hegten, übertrug sich dabei stets auch auf deren Repräsentanten. So war es die *Times*, die anläßlich der Verleihung des Friedensnobelpreises sehr deutlich die Kritik an der Wahl Brandts zurückwies: „Das Auswahl-Komitee neigt dazu, die internationale öffentliche Meinung zu reflektieren — falls es so etwas gibt. Schon das allein hat einen gewissen Wert, obwohl es gefährlich ist, wenn die Vox Nobeli als Vox Dei aufgefaßt wird. In diesem besonderen Falle sollte man jedoch alle Vorbehalte zurücknehmen: Herr Brandt ist die richtige Wahl."[107]

In *Frankreich* mischte sich unter die Bewunderung für Brandt jedoch auch Besorgnis. Zwar begrüßte Paris ganz allgemein die Ostverträge, zumal sich der deutsche Bundeskanzler stets bemüht hatte, seine Politik mit Frankreich abzustimmen. Bitter für die Franzosen war jedoch die Erkenntnis, daß die Bundesrepublik in der Ostpolitik Frankreich den Rang abgelaufen hatte, „was um so schwerer wog, als de Gaulle, Promoter einer Entspannungspolitik, jahrelang mit seiner Konzeption ‚détente, entente et coopération' den westeuropäischen Führungsanspruch Frankreichs behauptet hatte".[108] Die französischen Politiker hatten ihre Vorzugsstellung als privilegierte Gesprächspartner der osteuropäischen Staaten an Brandt verloren, was auch Befürchtungen in bezug auf ökonomische Konsequenzen weckte. Frankreich hatte sehr genau den wirtschaftspolitischen Hintergrund der Ostverträge beobachtet und nicht übersehen, daß die Bundesrepublik durch die internationale Aufwertung nicht nur politisch einen Sprung nach vorne machte, sondern auch ökonomisch: Denn angesichts des unübersehbaren russischen Marktes erwartete man eine uneinholbare Expansion der deutschen Wirtschaft.[109]

Die Skepsis der Franzosen ging jedoch nicht so weit, daß man der Bundesrepublik im Rahmen der Viermächteverhandlungen Steine in den Weg legte. Frankreich stimmte der Ostpolitik stets zu und versuchte über die regelmäßigen Konsultationsgespräche die Entwicklung zu beeinflussen.

Diese Gespräche waren dann auch der nervus rerum der französischen Haltung; hier kritisierte Paris immer wieder die mangelhafte Unterrichtung. „Man kann sich vorstellen", sagte Pompidou resignierend am 29. September 1971, „daß der deutsch-französische Kooperationsvertrag und übrigens auch das französisch-sowjetische Protokoll etwas mehr an Vorausinformation gerechtfertigt hätten. Aber was hätte dies im Grunde geändert?"[110]

All diese Verstimmungen hatten jedoch keinen nachhaltigen Einfluß auf das positive Bild Brandts in Frankreich. Von besonderer Bedeutung war dabei die Geste des Kanzlers vor dem Denkmal im ehemaligen Warschauer Ghetto. In Paris wurde sehr gut verstanden, daß Brandt „die deutsche Außenpolitik nicht nur von der Unaufrichtigkeit, sondern auch von der Ohnmacht befreien wollte, die das ständige ‚so tun als ob' mit sich gebracht hatte. Bonn als Motor und nicht mehr als Bremse: War das nicht ein beachtliches Resultat? Und das politische Prestige wurde noch gestärkt durch die moralische Größe, die im Niederknien vor dem Warschauer Ghetto-Denkmal zum Ausdruck kam."[111] Die große, „sonst unsentimentale" (Grosser) Pariser Wochenzeitung *L'Express* schrieb, Brandts Geste sei im Jahre 1970 die einzige Darstellung menschlicher und moralischer Erhabenheit bei einem Staatsmann gewesen. Und in Belgien ging der Erziehungsminister so weit, das Verhalten Brandts in allen Schulen kommentieren zu lassen.[112]

Auch in den Vereinigten Staaten gab es zu Anfang der Regierungszeit Brandts gewisse Irritationen über Tempo und Inhalt der Ostpolitik. Anlaß für die öffentliche Zurückhaltung war die Befürchtung, daß die parlamentarische Basis der sozial-liberalen Koalition für ein so weitreichendes Unternehmen zu schmal sei. Bei einem etwaigen Scheitern der Regierung Brandt/Scheel hätten die USA dann, so meinte man dort, die zu erwartende internationale Krise zu verarbeiten. Außerdem schätzten die außenpolitischen

Experten des Weißen Hauses die Ergebnisse der Ausgleichsbemühungen anders ein als Bonn, da sie nicht nur die europäische Perspektive im Auge hatten. Nach Ansicht der USA habe die UdSSR den Vorteil, „ihre Position in Mitteleuropa zu festigen, ohne entsprechende Anstrengungen im globalen Rahmen unternehmen zu müssen".[113]

Zwei Entwicklungen verunsicherten die US-Regierung nachhaltig: die von Brandt geförderte Erweiterung der EG von sechs auf zehn Mitgliedstaaten sowie die wachsende diplomatische Selbständigkeit der Bundesrepublik. „Bahr unterrichtete [die amerikanische Regierung] nur noch über den von Brandt beabsichtigten Kurs", erinnerte sich Kissinger. „Er [Bahr] betonte, diese Politik solle in Zusammenarbeit und Freundschaft mit den Vereinigten Staaten verfolgt werden, ließ aber kaum einen Zweifel daran, daß die Politik selbst kein Gegenstand von Diskussionen mehr sein könne."[114]

Erst als sich anläßlich der Viermächteverhandlungen von Berlin herauskristallisierte, daß die Sowjetunion zu Konzessionen bereit war (Breschnews Entspannungswille war Präsident Nixon bei dessen Moskau-Besuch im Mai 1972 deutlich geworden), reduzierten sich die Vorbehalte. Gefördert wurde dieser Prozeß durch intensive Konsultationen von Seiten der Bonner Regierung, die wußte, daß sie nur mit den USA im Rücken über eine annähernd gleichwertige Verhandlungsposition wie die UdSSR verfügte. „Niemand kann und wird vergessen", formulierte Egon Bahr diese Erkenntnis, „daß die schwierigen Verhandlungen mit der sowjetischen Regierung nicht zu diesem Ergebnis geführt hätten, wenn die Bundesrepublik nicht in der Sicherheit des westlichen Bündnisses stünde und mit der Deckung der drei Mächte verhandelt hätte."[115]

Willy Brandts Reputation selbst wurde jedoch durch die Vorbehalte gegenüber seiner Politik nicht tangiert. Der deutsche Bundeskanzler, den den Amerikanern seit seiner

Zeit als Regierender Bürgermeister von Berlin in guter Erinnerung war, konnte auf seinen Besuchen in den USA ungewöhnlich viel Lob, Zuspruch und Anerkennung in Empfang nehmen. Die Wahl Brandts zum Bundeskanzler war für die amerikanischen Beobachter so bemerkenswert, weil sie „ein Zeichen für die Überwindung der alten Klassen- und Kastenvorurteile in der Bundesrepublik" sei. „Er [Brandt] hat kein einziges Universitätsexamen, und das in einem Lande, wo die meisten führenden Politiker einen Doktor-Professoren-Titel vor dem Namen haben. Er ist aus eigener Kraft aus den schrecklichen Verwüstungen des Nazismus und des Krieges nach oben gekommen."[116]

Wie groß die Popularität Brandts in den ersten Jahren seiner Regierungszeit in den USA war, zeigt eine Tagebuchnotiz Hans Apels, der anläßlich eines Amerika-Besuchs im September 1970 schrieb, Willy Brandt habe „in diesem Lande einen legendären Ruf. Der Bürgermeister von Berlin in schweren Tagen, der Einiger Westeuropas, der untadelige Demokrat, der sich so gut in Englisch ausdrücken kann, genießt überall Vertrauen. ‚He's from Willy Brandt's party...' Diese Feststellung hat magischen Wert und öffnet viele Türen."[117] Die hohe Wertschätzung für den deutschen Bundeskanzler ist um so bemerkenswerter, als die Regierung Brandt mit ihrem reformerischen Impetus und ihrer außenpolitischen Aktivität in den USA Erinnerungen an die Kennedy-Ära wachrief und damit der konservativen Nixon-Administration eigentlich ein Dorn im Auge hätte sein müssen. Das Gegenteil war jedoch der Fall: Brandt und Nixon — beide „Pragmatiker, die die Regeln der politischen Geschäftstüchtigkeit glatt beherrschen" — kamen recht gut miteinander aus.[118]

Durch die außenpolitische Innovation war es der Regierung Brandt gelungen, die Rolle der Bundesrepublik im internationalen System neu zu formen. Im Detail bedeutete die Erweiterung des Handlungsspielraums nach Osten ein

Anwachsen der politischen Bedeutung der Bundesrepublik, aber auch ein Anwachsen der persönlichen Bedeutung Brandts. Durch die intensiven Verhandlungen seines engsten Beraterstabes mit der sowjetischen Führung verfügte der Bundeskanzler über eine „organizational intelligence"[119], die in westlichen Ländern bis dahin einmalig war. „So lange", schrieb Gerd Ruge, „hat Gromyko in seiner 13-jährigen Amtszeit noch nie mit Vertretern einer westlichen Regierung verhandelt. Keine Regierung verfügt über eine solche Kenntnis der Art und des Inhalts sowjetischen Denkens über die Weltpolitik wie heute die deutsche."[120]

Dies alles blieb im Inland nicht unbekannt. Die Folge war, daß die Anerkennung, die Brandt im Ausland fand, das nationale Selbstbewußtsein der Bürger stärkte — ein Prozeß, den Brandt auch immer wieder zu betonen wußte. „Die deutsche Außenpolitik", sagte Brandt schon als Außenminister im September 1968 auf der Genfer Konferenz, „ist manchen Entstellungen und sogar Verleumdungen ausgesetzt. Entstellungen kann niemand ganz entgehen, Verleumdungen weise ich mit Nachdruck zurück. Ich tue dies als jemand, den keiner mit den Verbrechen Hitlers in Verbindung bringen kann und der trotzdem seinen Teil der nationalen Gesamthaftung trägt."[121]

Welcher andere Außenminister hätte sich so äußern können? Kurz nach seiner Wahl zum Kanzler konkretisierte Brandt vor ausländischen Journalisten dann, wie er die Rolle der Bundesrepublik für die Zukunft sah. Er fühle sich, sagte er, „nicht als Kanzler eines *besiegten,* sondern eines *befreiten* Landes".[122] Jetzt habe Hitler endgültig den Krieg verloren.[123] Und als zwei Jahre später, kurz nach seinem Treffen mit Breschnew auf der Krim, die Alliierten mit skeptischem Mißtrauen den Rapallo-Komplex wiederbelebten[124], da rechtfertigte Brandt das Zustandekommen seiner Reise ohne vorherige Konsultationen der Verbündeten mit den Worten: „Wir nehmen uns nicht wichtiger als wir sind, aber wir sind ein mündiger Staat, eine mündige Regierung."[125] Solche Worte waren Balsam auf den Wunden des Volkes, dessen nationales Selbstbewußtsein nie hatte Schritt halten können mit den wirtschaftlichen Erfolgen. Und so war der Weg nicht mehr weit zur Anerkennung, ja Verehrung desjenigen, der diese Emanzipation zu einem neuen nationalen Selbstwertgefühl bewirkt hatte. Der Satz Olof Palmes aus dem Jahre 1969 stimmte jetzt, Ende 1972, nicht mehr. Palme hatte gesagt: „Willy Brandt könnte von jedem Land in Europa als Ministerpräsident gewählt werden, ausgenommen von seinem eigenen."[126]

12. Medienspezifische Aspekte

In der Bundesrepublik sollen die Massenmedien „vollständig", „sachlich"[1] und „objektiv"[2] informieren. Presse und Rundfunk sind gehalten, ein „unmittelbares Abbild der Wirklichkeit" zu liefern, „ungefärbt von willkürlicher Veränderung durch Reporter und Redakteure".[3] Die Kommentierung soll angesichts des hohen Differenzierungsgrades der modernen Gesellschaften integrativ wirken.[4] Die Funktion der Presse sei es, so das Bundesverfassungsgericht im *Spiegel*-Urteil, die in der Gesellschaft und ihren Gruppen unaufhörlich sich neu bildenden Meinungen und Forderungen kritisch zusammenzufassen.[5]

Soweit das Ideal. Es bedeutet, daß die Medien vorhandene Meinungen zur Grundlage ihrer Betrachtungen machen sollen, somit in dienender Funktion dem öffentlichen Meinungsspektrum gegenüber zu stehen haben. Diese Funktion unterstreichen auch Peter Glotz und Wolfgang R. Langenbucher: „Zuerst ... haben Journalisten ... ehrliche Makler ... zu sein; eben Gesprächsanwälte und dann erst Vertreter des eigenen Standpunkts..."[6]

Im Jahre 1973 fanden keine Wahlen statt, weder Bundestags- noch Landtagswahlen. Der Einstellungswandel, der sich in der linksliberalen Presse von Juni 1973 bis Anfang 1974 vollzog, kann somit nicht rückgeschlossen werden aus einem eventuellen Meinungswandel in der Bevölkerung. Das legt den Verdacht nahe, daß sich die hier untersuchten Medien nicht im Rahmen der ihnen vom Bundesverfassungsgericht vorgeschriebenen Aufgabenzuweisung hielten. Sie waren in dem untersuchten Zeitraum nicht mehr nachvollziehend Kommentatoren der öffentlichen Auseinandersetzung, sondern zu einem großen Teil deren Ursache. Der Imagewandel Brandts könnte somit Folge der veränderten Beurteilungen in der Presse sein. Folgende Fragen knüpfen sich in diese Vermutung:

1. Deckt sich diese Beobachtung mit den Ergebnissen der Wirkungsforschung?
2. Welche medienspezifischen Gründe kommen für die Abkehr in Betracht?
3. Was könnten die Ursachen sein für den in den untersuchten Medien nahezu konsonanten Wandel der Einstellung?
4. Welche Merkmale der Persönlichkeit Brandts forderten diese Kehrtwendung heraus?

12. 1 Der Einfluß der Presse auf das Image eines Politikers

Die Empfindlichkeit von Politikern gegenüber kritischer Beurteilung beruht auf der Annahme, die Wirkung der Massenmedien sei bedeutsam. Urteile könnten, so die Befürchtung, das eigene Bild in der Öffentlichkeit nachhaltig verschlechtern und somit die Wahlchancen beeinflussen. Die Argumentation der Vertreter dieser Ansicht verläuft folgendermaßen: Entscheidend für den Ausgang einer Wahl seien die Wechselwähler. Die gelte es zu beeinflussen. Größe und Bedeutung dieser Gruppe richte sich nach der Struktur des gesellschaftlichen Umfeldes: Unter homogenen politischen Umweltbedingungen sei die Zahl der festgelegten Parteianhänger sehr hoch, während die Bereitschaft zum Wechsel eher in heterogenen Umfeldern zu finden sei. Bei der Bundesrepublik als moderner Industriegesellschaft mit großer Bevölkerungsdichte handele es sich um ein heterogenes Umfeld. Die Zahl der unentschlossenen Wechselwähler sei deshalb hierzulande bedeutend. Und da Wechselwähler leichter beeinflußt werden könnten als Parteianhänger, seien Massenmedien für den Wahlerfolg des einzelnen Politikers von ausschlaggebender Bedeutung.[7]

Die Wirkungsforschung scheint diese Befürchtungen jedoch nicht zu bestätigen. Zwar gehen die Ansichten, wie groß der Anteil der Massenmedien an der Bewußtseinsbildung ist, stark auseinander. Einerseits wird jeder Einfluß bestritten, auf der anderen Seite hat man Angst vor der totalen Manipulation. Der heutige Stand der Forschung zeigt jedoch, daß weder das eine noch das andere vollkommen zutrifft. Folgende Ergebnisse können einen hohen Grad an Gültigkeit beanspruchen:

Die — zumindest kurzfristige — Wirkung hängt weniger von der Aussage des Mediums ab als von der Persönlichkeitsstruktur und der sozialen Situation des Rezipienten. Frühe Studien erbrachten bereits, daß der einzelne dazu neigt, sich vor allem denjenigen Aussagen auszusetzen, die mit seinen Einstellungen übereinstimmen. Entgegenstehende Informationen und Urteile werden eher vergessen oder so aufgefaßt und zurechtgebogen, daß sie zu den eigenen Einschätzungen passen. Erreicht wird dies durch drei Auswahlvorgänge: selektive Zuwendung, selektives Aufnehmen und Interpretieren, selektives Behalten.

Begründet wird dieses Selektionsverhalten mit der psychologischen Struktur des Menschen. Das Individuum strebt nach Stabilität seiner Einstellungen. Es versucht, sich seine Sicherheit zu erhalten, indem es gegenüber Argumenten, die seine Einstellung bedrohen, Augen und Ohren verschließt; dies geschieht um so entschiedener, je engagierter jemand in einer Frage ist.

Die Erklärung für diesen Selektionsmechanismus liefert die Theorie der kognitiven Dissonanz.[8] Der einzelne sei bestrebt, Unsicherheiten und Konflikte zu vermeiden. So suche er Mitteilungen, die seine bestehenden Überzeugungen und einmal getroffenen Entscheidungen bestätigen. Kognitive Dissonanzen tauchten immer dann auf, wenn jemand einen Widerspruch zwischen seinem Wissen und seinem Tun empfinde. Subjektiv fühle sich der Betroffene dann unbehaglich. Dieses Unbehagen entstehe, wenn es zu der getroffenen Entscheidung eine Alternative gebe, die ähnlich attraktiv sei. Je ähnlicher die Alternativen in ihrer Attraktivität, um so größer sei das Unbehagen, sich falsch entschieden zu haben, um so größer aber sei auch das Bedürfnis nach Kompensation dieses Gefühls. Der Prozeß der Dissonanzminderung erfolge, so diese Theorie weiter, durch verstärkte Rechtfertigung der getroffenen Entscheidung oder durch Abwertung der Alternative. Für die Wirkung der Medien bedeute dies: Helfe die Kommunikation dem einzelnen, sein Unbehagen zu mindern, d. h. bestätige die Aussage des Mediums seine Überzeugungen und einmal getroffenen Entscheidungen, so werde der einzelne für die Absicht des Mediums in erhöhtem Maße empfänglich.

Dieser Vorgang hat weitreichende Konsequenzen für die Massenkommunikation: Viele Aussagen erreichen überhaupt nicht das Publikum, weil die potentiellen Rezipienten befürchten, durch diese Aussagen in ihren bereits vorhandenen Ansichten verwirrt zu werden. Zusammengefaßt kann man von der allgemeinen Regel ausgehen, daß die Wirkung der Massenmedien mehr abhängt von den Eigenschaften und Prädispositionen des Publikums als vom Inhalt der Medien.

Die unter diesen Voraussetzungen möglichen Wirkungen der Massenmedien sind im wesentlichen folgende:[9]

1. Wo kein themenrelevantes Vorwissen und keine vorgängigen Urteile bestehen, wo der Sachverhalt neu ist, so daß sich noch keine Meinung bilden konnte, und wo es keine Alternative zum speziellen Medienangebot gibt, ist die meinungsbildende Wirkung groß.

2. Wo Prädispositionen vorhanden sind, ist die wahrscheinlichste Wirkung die Verstärkung oder zumindest Bestätigung der bestehenden Meinung. Kleine Veränderungen, besonders in bezug auf die Stärke der Meinung, ist

die nächstmögliche Wirkung. Die Veränderung von Meinungen ist am unwahrscheinlichsten.
3. Die Veränderung von Meinungen ist möglich, wenn keine Abwehrhaltung gegen unwillkommene Mitteilungen besteht, sei es, weil sich die Situation des Empfängers geändert hat, sei es, weil die meinungsregulierenden Gruppen unwirksam geworden sind.
4. Die Wiederholung von Aussagen, besonders die Wiederholung mit kleineren Variationen, verstärkt die überzeugende Wirkung der Medien.

Massenmedien haben also insofern einen großen Einfluß, als sie vorhandene Auffassungen oder Meinungstendenzen mit Argumenten versorgen. Wer immer schon ungefähr eine bestimmte Auffassung vertreten hat, der kann sie mit Hilfe von Zeitungen oder Fernsehen besser ausdrücken: Er kann seine Meinung solider begründen.

Wie gültig aber ist die Verstärkerthese, wenn der Leser unterschiedlichen Ansichten über einen Politiker ausgesetzt ist? Hat die kontroverse Darstellung einen nachhaltigen Einfluß auf das Image? Die Bestärkung schon vorhandener Einstellungen und Überzeugungen konnte im Rahmen von Imagestudien auch bei Lesern nachgewiesen werden, die extrem gegensätzlichen Urteilen über Politiker ausgesetzt waren.[10] Man stellte fest, daß bei Politikern, für die deutliche Argumentationsunterschiede zwischen den Zeitungen aufgedeckt worden waren*, auch größere Einstellungsunterschiede bei den Lesern auftraten als bei Politikern, die in den Zeitungen praktisch unkontrovers dargestellt wurden.** Damit bestätigte diese langfristig angelegte Studie die Ergebnisse kurzfristiger Untersuchungen, die schon dieses Phänomen der Verstärkung mit dem all-

---

* In der angesprochenen Untersuchung: Brandt und Barzel.
** In der angesprochenen Untersuchung: Wehner und Scheel.

gemeinen Selektionsmechanismus begründeten: Wähler suchen und lesen eben Äußerungen gerade des Kandidaten, den sie ohnehin schon unterstützen. So wird der einzelne sogar durch eine Zeitung in seinen Ansichten bestätigt, die im Prinzip die andere Seite vertritt. Das einzelne Blatt mag zwar nur für eine Seite sein, wenn es aber über beide Seiten berichtet, kann sich der Wähler gegenüber einem Bekehrungsversuch erfolgreich isolieren.

Bezogen auf das Bild eines Politikers in der Öffentlichkeit heißt dies, daß eine kontroverse Kommentierung somit keinen Imagewandel hervorruft. Wenn es zu Veränderungen kommt, dann sind diese nicht auf die Zeitungen zurückzuführen. „Die deutlichen Veränderungen im Image der Politiker sind ... epochal und nicht zeitungsbedingt ... Subjektiv unterschiedlich argumentierende Zeitungen ... modifizieren das Image von sehr bekannten Politikern sehr wenig."[11] Das bedeutet, daß andere, gegenläufige Einflüsse wie interpersonale Kommunikationsprozesse, Rundfunk und Fernsehen sowie andere Zeitungen das Meinungsbild des einzelnen stärker verändern, als die jeweilige Zeitung. Insoweit scheint die Angst führender Politiker von Beeinflussungsversuchen der Presse überflüssig zu sein.

Soweit die Wirkung, besser: Nichtwirkung, bei *konträrer* Berichterstattung in verschiedenen Zeitungen. Was aber geschieht bei *konsonanter* Beurteilung mehrerer ähnlicher Presseerzeugnisse über einen längeren Zeitraum, so wie sie Willy Brandt — positiv — bis Ende 1972 und — negativ — von Mitte 1973 an erlebte?

Grundsätzlich ist anzumerken, daß Urteile über Personen eine größere Wirkung erzielen als Urteile über Sachfragen. Dies wird darauf zurückgeführt, daß sich Änderungen über Personen anscheinend „leichter vollziehen lassen, ohne Grundeinstellungen zu gefährden".[12] Schon frühe amerikanische Untersuchungen ergaben, daß die öffentliche Meinung über *Personen* leichter zu beeinflussen ist. Auch bei Beobachtungen in der Bundesrepublik fiel auf, wie rasch sich die sonst nur zäh bewegenden Meinungen veränderten, wenn es um Personen geht. Begründet wurde diese Beobachtung mit der Annahme, daß die selektive Wahrnehmung bei Personen ausgeschaltet sei. Das Bild über Personen sei im einzelnen Rezipienten nicht so verankert, mit der Folge, daß ein Meinungswechsel keine nachhaltige kognitive Dissonanz auslöse. Für Politiker eine bedenkliche Erkenntnis. Denn: nur ein kleiner Teil der Bevölkerung kann die Informationen der Massenmedien kontrollieren, kann einen persönlichen Eindruck von einem führenden Politiker gewinnen. Und umgekehrt: Ein ungünstiges Bild in den Medien kann von einem einzelnen Mann, selbst wenn er sich noch so anstrengt, nicht durch persönliches Auftreten korrigiert werden. Es bleibt deshalb festzuhalten: „In bezug auf Personen ist die Möglichkeit der Manipulation durch Massenmedien gegeben."[13]

Zum anderen ist die Wirkung der Massenmedien nicht abzuschätzen ohne einen der wichtigsten Aspekte: Den Einfluß der interpersonellen Kommunikation, der auf Umwegen ein Einfluß der Massenmedien ist. Kein Mensch ist allein den Massenmedien ausgesetzt. Der einzelne pflegt vielmehr den Kontakt mit anderen Individuen und Gruppen. Deshalb kann die Wirkung der Medien nicht losgelöst von den interpersonellen Beeinflussungsprozessen abgeschätzt werden. Die empirischen Untersuchungen scheinen sogar zu bestätigen, daß Meinungen viel eher durch die zwischenmenschliche als durch die Massenkommunikation verändert werden. Die Bedeutung der Medien ist somit eine indirekte: Die Beeinflussung erfolgt in einem Zwei-Stufen-Fluß über Meinungsbildner. Diese Personen entnehmen Urteile und Argumente den Massenmedien und vermitteln sie innerhalb ihrer eigenen sozialen Gruppe an den Personenkreis, auf den sie Einfluß haben.

Die wesentlichen Elemente des Meinungsbildes prägen

sich somit während einer Legislaturperiode. Der Wahlkampf aktualisiert nur. Dementsprechend vollziehen sich Einstellungsänderungen in relativ großen Zeiträumen. Hierbei stellt die medienvermittelte Kommunikation einen wichtigen Faktor dar, allerdings nur, wenn sie konsonant und kumulativ erfolgt. Das heißt, daß eine einheitlich-einseitige und immer wiederkehrende Argumentation, auch wenn sie im Widerspruch zu der des Rezipienten steht, langfristig eine Wirkung erzielt.

Denn: Die immer wiederkehrenden, gleichartigen Äußerungen der Massenmedien zu einer Person lassen beim Rezipienten den Eindruck entstehen, die Mehrheit denke so, wie es den Medien zu entnehmen ist. Die Furcht des Rezipienten vor sozialer Isolation verleitet ihn deshalb dazu, sich der vermeintlichen Mehrheitsmeinung anzupassen.[14] Wer will schon Außenseiter sein, wer fällt gerne auf, wer will sich immer verteidigen müssen, nur weil er eine abweichende Ansicht vertritt? Durch eine einheitlich-einseitige Darstellung der Massenmedien wird eben der Eindruck einer allgemeinen Übereinstimmung suggeriert. Und da der einzelne Angst vor sozialen Sanktionen hat, paßt er sich mit der Zeit der vermuteten Mehrheit an. Für den Politiker bedeutet dies: Sein Image hat sich gewandelt.

12. 2 Medienspezifische Gründe für den Einstellungswandel

Eines der wesentlichen Merkmale der Darstellung in den Medien ist das Streben nach Vereinfachung. Komplexe politische Sachverhalte werden meist auf einen allgemein verständlichen Nenner gebracht, der nicht selten ein Schlagwort ist. „Obwohl sich der denkende einzelne davor hütet, verwickelte und vielstufige Erscheinungen mit einem eindeutigen Prädikat zu belegen, unterscheidet das öffentliche

Meinen nur: hell und dunkel, gut und schlecht, Glück und Unglück."[15]

Häufigste Form der Vereinfachung ist die Gleichsetzung eines Problems mit einer Person. Die Beziehung zu einem Politiker ersetzt die Beziehung des Individuums zur Politik.[16] Das hat zwei Konsequenzen: Aus der Sicht der Parteien spielt die Präsentation des Führers, seine „Aufmachung und Verpackung"[17], eine größere Rolle als die Darlegung der politischen Ziele. Und aus der Sicht der Medien gewinnt die Beurteilung des politischen Führers eine größere Bedeutung als die Diskussion der Probleme.

Diese Reduzierung eines schwierigen Sachverhaltes auf eine Person hat jedoch nicht nur den Nachteil, daß der einzelne gegenüber komplizierten Erscheinungen in einem Zustand der Unwissenheit verharrt, sie führt auch zu klischeehaften Vorstellungen in bezug auf die politischen Personen. Hagemann verweist zur Begründung auf die kategorischen Urteile, die in der Öffentlichkeit über geschichtliche Persönlichkeiten bestehen: „Hitler als Halbgott oder Teufel, Bismarck als Staatsschöpfer oder Despot, Napoleon als Weltkaiser oder Weltzerstörer."[18]

So ist es auch kein Wunder, daß die Presse die komplizierten Streitfragen der Jahre 1973 und 1974 (Ölkrise, Tarifkonflikt, Reformpolitik, Nah-Ost-Krieg) stets mit Willy Brandt in Verbindung brachte und im Zusammenhang mit seiner Person, seinem Führungsstil diskutierte. Diese Art der Annäherung an die Streitfragen endete stets vereinfachend bei den Fähigkeiten und dem Geschick des Bundeskanzlers. Es war eben leichter, Willy Brandt Führungsschwäche vorzuwerfen, als zum Beispiel Konzepte zu entwickeln, die es der Bundesrepublik ermöglicht hätten, trotz finanzieller Engpässe Reste des Reformpakets zu verwirklichen. Gerade die Reformpolitik hätte eine erhöhte Kommunikation nötig gehabt. Die Medien hätten die Sachverhalte kritisch und erläuternd kommentieren müssen. Tatsächlich aber taten sie dies nicht. „Viele Journalisten tun sich leichter", beobachtete Langenbucher, „ ‚normale', ‚konservierende' Politik kritisch-kontrollierend in feinsinnigklugen Kommentaren zu begleiten, als die Prozesse konzeptioneller Politik transparent zu machen."[19] Durch diese Art der Problemdiskussion bewirkten die linksliberalen Medien schließlich das, was sie eigentlich — von ihrem politischen Standort her gesehen — hätten verhindern müssen: die Verknüpfung der politischen Probleme mit dem Führungsstil des Kanzlers. Die Abweichung der linksliberalen Medien von ihrer ursprünglichen Einstellung zu Brandt und die vereinfachende Projizierung aller Ereignisse auf ihn bewirkten im Endeffekt somit erst den Verfall der Macht des Bundeskanzlers.

Hinzu kommt, was Hagemann den „Trieb zur geistigen Selbsterhaltung" nannte. Der Drang zur „Selbstrechtfertigung" führe nicht selten zu einer Abkehr von lange vertretenen Urteilen, schrieb er. „Die Vielen beeilen sich... zu vergessen und vergessen zu machen, was sie einmal gepriesen, wofür sie gekämpft haben, wenn sich das Blatt gewendet hat und der Rückschlag strahlende Erfolge verdunkelt."[20]

Läßt sich dies nicht auch auf die Situation der linksliberalen Presse im Jahre 1973 übertragen? Was war mit der Ostpolitik geschehen? Und was war von dem begeisternden Aufbruchgefühl übriggeblieben, das viele zwischen 1969 und 1972 dazu verleitet hatte, idealistische Bilder einer transparenteren, emanzipierteren und humaneren Gesellschaft zu entwerfen? Das Thema Ostpolitik hatte seine Faszination verloren, und die innenpolitischen Schwierigkeiten hatten zu einer Tendenzwende geführt, zu einem Gefühl des Unbehagens, zu einer Abkehr von den alten Idealen. Lag da nicht nahe, wieder in vereinfachender Form dem politischen Führer die Schuld an dieser Entwicklung zuzuschieben, als sich einzugestehen, daß die Reform-euphorie, die Visionen einer besseren Gesellschaft, die Verherrlichung des Bundeskanzlers eigene Fehler waren — nämlich Einschätzungen ohne jedes Augenmaß?

12. 3 Der Rudeleffekt

Auffällig ist, daß der Einstellungswandel nahezu konsonant erfolgte. Es hatte nach Wehners Kritik aus Moskau den Anschein, als ob die linksliberale Presse wie auf ein geheimes Kommando nicht mehr gewillt sei, ein gutes Haar am Bundeskanzler zu lassen. Diese Einheitlichkeit in der Beurteilung war schon vorher ein deutliches Kennzeichen: Die Regierungsübernahme, die ersten spektakulären ostpolitischen Schritte, der Friedensnobelpreis, das Mißtrauensvotum — fast alle Ereignisse wurden von den hier untersuchten Medien — bis auf kleine Nuancen — gleich bewertet. Damit bestätigt sich teilweise das, was Erich Mende über die Rolle der linksliberalen Presse sagte: „Augstein und sein *Spiegel* sowie Nannen und sein *Stern* spielten ... die Rolle derer, die etwas auslösen, etwas ausmachen. Die anderen haben die Rolle der Meute, die sich dranhängt und hinterherjagt."[21] Mit den anderen meinte Mende die *Zeit*, die *SZ*, die *FR* sowie das *Erste Deutsche Fernsehen*.

Diese Ansicht ist zutreffend bei der Beurteilung der Kritik Wehners. Da war der *Spiegel* in der Rolle desjenigen, der die Richtung angab. Hermann Schreiber, der Autor der Geschichte „Was der Regierung fehlt, ist ein Kopf"[22], projizierte als erster die generelle Unzufriedenheit auf den Kanzler. Schreiber konkretisierte die allgemein gehaltenen Worte Wehners, interpretierte sie um und bezog sie auf Brandt. Erst nachdem seine Geschichte im *Spiegel* erschienen war, folgten die anderen Medien mit kritischen Anmerkungen zum Führungsstil des Kanzlers.

Bezogen auf den gesamten Untersuchungszeitraum läßt sich diese Rollenverteilung in Leittier und Meute jedoch nicht halten. Die hier untersuchten Medien traten weitgehend als eine homogene und gleich argumentierende Gruppe auf. Lediglich bei der Aufdeckung von Skandalen und der Erforschung von Affären hatten *Spiegel* und *Stern* stets einen Vorsprung. Dies hatte und hat strukturelle Gründe: Die finanziellen Mittel, die *Spiegel* und *Stern* für Recherchen, für Vorabdrucke, für Informationen zur Verfügung haben, sind um ein Vielfaches höher als bei den anderen untersuchten Medien. Hierzu kommen: der zahlenmäßig größere Personalbestand, der es dem einzelnen Journalisten ermöglicht, sich in ein Thema „zu verbeißen"; die wöchentliche Erscheinungsweise, die den Zeitraum für Recherchen vergrößert; die hohe Auflage, die die Unabhängigkeit und Unangreifbarkeit erhöht sowie — beim *Spiegel* — institutionelle Vorteile wie ein Archiv, das als das beste in der Bundesrepublik gilt. So ist es zu erklären, daß *Spiegel* und *Stern* beim Mißtrauensvotum, bei der Steiner-Wienand-Affäre, beim Rücktritt Brandts (und heute bei dem Skandal um die Parteispenden oder um die Neue Heimat) die besseren Informationen haben, ja nicht selten die verborgenen Zusammenhänge erst ans Tageslicht bringen.

Als Gründe für die gleichartige Beurteilung sind folgende zu nennen: die übereinstimmenden Annahmen und Erfahrungen der Journalisten; die gegenseitige Beeinflussung beim Ausbau von Bezugsrahmen; die übereinstimmende Tendenz zur Selbstbestätigung[23] sowie die persönlichen Beziehungen zwischen einzelnen Meinungsführern und Willy Brandt.

Journalisten vertreten einen eng begrenzten Gruppenstandpunkt. Man hat festgestellt, daß sie bei der Beurteilung politischer und sozialer Probleme besser übereinstimmen als andere Gruppen.[24] Die Folge ist, daß die Medienelite in den Zeitungen nicht die gesamte Breite der politischen Vorstellungen repräsentiert. Welchen Teilausschnitt sie wiedergibt, hängt ab von der politischen Orientierung. Eine Umfrage hat ergeben, daß im Jahre 1969 59 % der Redakteure der SPD nahestanden gegenüber 22 %, die für die CDU waren. Für die FDP votierten 11 %. Bei den Ressortleitern waren 54 % auf Seiten der SPD, 24 % auf Seiten der CDU und 10 % auf Seiten der FDP. Diese Parteipräferenzen änderten sich bis 1973. In diesem Jahr waren nur noch 42 % für die SPD (minus 12 %), 19 % für die CDU (minus 3 %) und 25 % für die FDP (plus 14 %). Bei den Ressortleitern war der Einstellungswandel noch krasser: 27 % SPD (minus 27 %), 27 % CDU (plus 3 %), 37 % FDP (plus 27 %). Das bedeutet, daß die SPD innerhalb von vier Jahren bei den Redakteuren 30 % und bei den Ressortleitern 50 % verloren hatte.[25] Dem veränderten Meinungsbild entsprach somit eine Wandlung der individuellen Parteienpräferenz.

Betrachtet man die linksliberale Presse auf voneinander abweichende Meinungen hin, so muß man feststellen, daß der Vielzahl von Informationen keine Vielzahl der Ansichten entspricht. Es scheint so zu sein, daß die Konkurrenzsituation, in der die linksliberalen Medien untereinander stehen, bewirkt, daß jeder meint, das bringen zu müssen, was auch der andere dem Publikum anbietet. Bei einzelnen bevorstehenden politischen Ereignissen argumentierte man im Rahmen eines einheitlichen Bezugsrahmens, der scheinbar für alle Kommentatoren mit der gleichen politischen Grundhaltung galt. Der für die Argumentation bedeutsame Bezugsrahmen beim Mißtrauensvotum zum Beispiel waren die Ostverträge. Alles, was diese zum Scheitern hätten bringen können, wurde negativ beurteilt. So wurde der Mißtrauensantrag auch nicht als ein normales verfassungsmäßiges Mittel der Opposition zur Regierungsübernahme angesehen, sondern als ein Instrument, dessen Gebrauch moralisch verwerflich und damit zu verurteilen ist.

Eine weitere Erklärung für den Rudeleffekt könnte die

unter Journalisten allgemein zu beobachtende Tendenz zur Selbstbestätigung sein. Gerade weil man sich in einer permanenten Konkurrenzsituation mit ähnlichen Medien befindet, liest man diese vergleichend. Das hat zur Folge, daß Argumentationen der Konkurrenten in eigene Kommentare einfließen und sich so kumulativ verstärken. Der daraus sich entwickelnde Grundtenor erlangt durch die Konsonanz und wechselseitige Kumulation schließlich ein Gewicht, das in keinem Verhältnis mehr steht zu dem Inhalt der Aussage. Als Beispiel sei das erste deutsch-deutsche Treffen genannt. Publizistische Übertreibungen und fulminante Übersteigerungen versahen den Meinungsaustausch in Erfurt zwischen Brandt und Stoph mit einer historischen Bedeutung, die das Ereignis nicht besaß. Die Folge waren mühsam verborgene Enttäuschungen, als sich bei dem Treffen in Kassel zeigte, daß Nüchternheit besser gewesen wäre als Euphorie.

Bedeutsam für das Verhältnis zwischen linksliberaler Presse und Regierung ist schließlich, daß einige Journalisten eine vertrauensvolle und persönliche Beziehung zum Regierungschef hatten. Einzelne wechselten sogar die Seiten. Von einem bestimmten Punkte persönlicher Dichte an wird es dem Betrachter wohl sehr schwerfallen, ein distanziertes, objektives und von Sympathien ungetrübtes Bild zu zeichnen. Angefangen hatte der stellvertretende Chefredakteur der *Zeit*, Theo Sommer. Dieser wurde im November 1969 für sechs Monate ins Verteidigungsministerium berufen, wo er (am 1. Dezember 1969) an die Spitze eines zentralen Planungsstabes trat, in dem die langfristige strategische und verteidigungspolitische Planung der militärischen und zivilen Abteilungen zusammengefaßt werden sollten. Sommer hielt man für geeignet, da er als Präsidiumsmitglied des Londoner Institute for Strategic Studies große internationale Erfahrung im Umgang mit Problemen der Sicherheit und Abrüstung hatte.[26]

Zu nennen ist auch Rudolf Augstein, der als FDP-Abgeordneter Ende 1972 in den 7. Bundestag einzog. Der Herausgeber des *Spiegel* kehrte jedoch bereits im Januar 1973 wieder nach Hamburg zurück. Ebenfalls vom *Spiegel* war Günter Gaus, der im April 1973 seinen Chefredakteursposten aufgab und als Staatssekretär im Kanzleramt der Regierung beitrat. Gaus ging schließlich Ende 1973 als Ständiger Vertreter nach Ostberlin. Und Karl-Hermann Flach, Chefredakteur der *Frankfurter Rundschau,* wurde im Mai 1971 auf Vorschlag des FDP-Parteivorsitzenden Walter Scheel das (neuzuschaffende) Amt des Generalsekretärs angeboten, das er im Oktober 1971 dann auch übernahm. Am 19. November 1972 gelangte Flach als FDP-Abgeordneter in den Bundestag, dem er bis zu seinem Tode im August 1973 angehörte.

Wie nah so mancher Journalist den sozialdemokratischen und liberalen Führungspersonen stand, zeigt die Beteiligung des damaligen Chefreporters (und heutigen Chefkorrespondenten) der *SZ,* Hans Ulrich Kempski, am Regierungsbildungsprozeß im September 1969. In der Nacht nach der Wahl am 28. September versuchte Kempski den hinsichtlich einer sozial-liberalen Koalition zögernden Herbert Wehner umzustimmen und zur Unterstützung anzuregen. Kempski (und der FDP-Pressesprecher Hans-Roderich Schneider) besuchten Wehner und redeten eine Stunde auf ihn ein. Mit Erfolg: Wehner fand sich noch zur selben Nachtstunde bereit, Brandt anzurufen, „um ihm eine vorsichtige Rückenstützung zuteil werden zu lassen".[27] Wohl auf diese und ähnliche Unterstützung bezog sich Willy Brandt in einem Gespräch, das er mit Werner Höfer im Februar 1970 führte. Dort sagte Brandt: „Ich habe mich eigentlich über die Presse nicht zu beklagen. Im Gegenteil! Ich habe in diesen letzten Monaten ... sehr viel Ermutigung erfahren."[28]

12. 4 Willy Brandt und die linksliberale Presse

Als Willy Brandt im Jahre 1969 Bundeskanzler wurde, begann ein neues Kapitel in der Geschichte der Bundesrepublik. Es war ein Mann Regierungschef geworden, der mehr von moralischen Überlegungen als von politischer Härte bestimmt war. Seine Tugenden — Integrität, Vertrauen in das Gute im Menschen, Rücksichtnahme, Redlichkeit — weckten in vielen Menschen die Hoffnung auf eine menschlichere, von Werten durchdrungene Politik. Willy Brandt war ein neues politisches Leitbild. „Das Wort Bonn, wenn Böll oder Walser es aussprachen, klang immer wie ein Glockenschlag von Big Ben", schrieb Horst Krüger: „düster, unheimlich, drohend; es war eine Anklage — und nun gibt es dieses Bonn plötzlich nicht mehr ... Bonn hat jetzt einen neuen Klang."[29]

Für die Mehrheit der deutschen Journalisten und Meinungsmacher in den linksliberalen Medien waren es gerade diese charakterlichen Züge, die sie zu dem einzigartigen Engagement für Willy Brandt bewegten. Auch später, als des Kanzlers Politik zunehmend von Mißerfolgen begleitet war, schätzte man noch die menschlich-moralischen Züge in Brandts Charakter, bedauerte aber die polare Einseitigkeit. Man vermißte, daß er neben seiner großherzigen Redlichkeit zu wenig Sinn für Mißtrauen entwickelt hatte, man vermißte kämpferische Fähigkeiten, die Tugenden eines Machiavelli. Dabei übersah man jedoch, daß es erst diese moralisch-menschlichen Merkmale waren, die Brandt zu dem weltweit wirkenden Pionier einer neuen Politik gemacht hatten.

Ein solches charakterliches Fundament ist schwankend. Dies zeigte sich auch bei dem Kanzler. Willy Brandt war übersensibel — dünnhäutig, wie man sagte. Er litt unter den Angriffen, sein Selbstwertgefühl war schwach. Resignative Gedanken begleiteten ihn während seiner ganzen

Regierungszeit. Depressionen waren ihm nicht fremd. Brandt lehnte Finessen ab, war gegen Ränkespiele, gegen ausgeklügeltes Taktieren. All diese Folgeerscheinungen seines menschlich-moralischen Grundzuges machen deutlich, daß Brandt nur Erfolg haben konnte als zentraler Pol einer solidarischen Führungsgruppe. Er war auf Menschen angewiesen, die seine wenig autoritäre Führung absicherten, die genau die Elemente ins politische Geschäft einbrachten, über die der Kanzler eben nicht verfügte.[30]

Dieses Bild des schwankenden Fundaments läßt erkennen, wie sehr Brandt stets auf solidarische Unterstützung angewiesen war. Er brauchte Hilfspotentiale — Menschen im engen Führungskreis, aber auch Interpretatoren in der Öffentlichkeit, Meinungsmacher — die ihn da unterstützten, wo er „blinde Flecken" hatte. Solange Brandt diese für ihn idealtypische Konstellation vorfand — ergebene Mitarbeiter wie Ehmke, Ahlers, Bauer, Bahr; zuverlässige Freunde in Regierung und Fraktion wie Scheel, Vogel, Schiller und Wehner; verläßliche Helfer in der Öffentlichkeit, eben die Mitstreiter in den linksliberalen Medien —, solange konnte Brandt sich erfolgreich als Symbolfigur eines neuen politischen Leitbildes entfalten.

Doch als diese idealtypische Konstellation auseinanderbrach, als all die Menschen, die Brandts fehlende Züge abgedeckt hatten, nacheinander wegfielen oder ihm die Hilfe entzogen, als also niemand mehr die Schwächen Brandts kompensierte, da konnte das Scheitern nicht ausbleiben. Das heißt: Das, was man dem Kanzler 1973 wieder und immer wieder als Hauptfehler vorwarf, nämlich führungsschwach zu sein, das war nicht die Ursache für den Reputationsverfall. Führungsschwach im Sinne von nicht autoritär war Brandt immer gewesen. Nur jetzt, im zunehmenden Rivalitätenspiel von Kompetenzen und Posten, jetzt, angesichts eines tiefgreifenden atmosphärischen Wandels, eben der Tendenzwende zu einer restaurativ geprägten Zeit, war niemand mehr da, der in selbstloser Weise die „blinden Flecken" Brandts abzudecken bereit war.

Das heißt aber auch: Nicht Willy Brandt hatte sich so sehr geändert. Seine Freunde, seine Mitstreiter, seine Helfer hatten ihm die für ihn lebensnotwendige solidarische Unterstützung entzogen. Damit scheiterte Willy Brandt nicht nur am politischen Gegner, nicht nur an politischen Problemen und nicht nur an Guillaume. Brandt scheiterte — auch — an seinen Freunden.

Fußnoten

Zu Kapitel 1: Ansatz und Anlage der Untersuchung

[1] *Stern* vom 18. 1. 1973, S. 3; vgl. auch Werner Kaltefleiter, Zwischen Konsens und Krise, Jahrbuch Verfassung und Verfassungswirklichkeit 1973, Teil 1, S. 6.
[2] Franz Josef Strauß im Bundestagswahlkampf 1972, zitiert nach Hans Reiser, Je größer der Saal, desto derber die Worte, *SZ* Nr. 259 vom 10. 11. 1982, S. 3.
[3] Vgl. *Spiegel* Nr. 46 vom 6. 11. 1982, S. 60.
[4] Hans Georg Lehmann, In Acht und Bann, München 1976, S. 271.
[5] Kurt Sontheimer, Die verunsicherte Republik, München 1979, S. 35.
[6] Matthias Walden, Kassandra-Rufe. Deutsche Politik in der Krise, München 1975, S. 14.
[7] Zitiert nach Arnulf Baring, Der Machtwechsel, Stuttgart 1982, S. 594.
[8] Walden, ebd.
[9] Vgl. *Spiegel* Nr. 7 vom 11. 2. 1974, S. 36.
[10] Günter Grass, Rede vor der Fraktion der SPD, zitiert nach Helmut L. Müller, Die westdeutschen Schriftsteller und die Politik, Diss., München 1981, S. 239.
[11] Baring, a. a. O., S. 594. Die *Zeit* allerdings brachte eine kurze Betrachtung der Rede, siehe Carl-Christian Kaiser, Des Kanzlers täglich Brot, Nr. 39 vom 21. 9. 1973, S. 7.
[12] Werner Kaltefleiter, a. a. O., S. 6.
[13] Willy Brandt, Über den Tag hinaus, Hamburg 1974, S. 53; siehe den ähnlichen Tenor in: Willy Brandt, Begegnungen und Einsichten, 1960—1975, München 1978, S. 579.

Zu Kapitel 2: Der Machtwechsel

[1] Zur Diskussion um den Begriff: Werner Kaltefleiter, Abschied von Adenauers CDU, *Rheinischer Merkur* Nr. 45 vom 7. 11. 1969, S. 4. Die Regierungsübernahme von Brandt, schreibt Kaltefleiter, sei kein Machtwechsel, sondern ein „im Vielparteiensystem üblicher Prozeß des Auswechselns von Koalitionspartnern". Rückblickend kann man aber von Machtwechsel sprechen: Auf eine 20jährige CDU/CSU-Herrschaft folgte eine

13jährige der SPD/FDP, siehe auch Arnulf Baring, Machtwechsel. Die Ära Brandt-Scheel, Stuttgart 1982. Inwieweit sich der Machtwechsel in einem Austausch der Führungselite niedergeschlagen hat, vgl. Klaus von Beyme, Regierungswechsel 1969, in: Demokratisches System und politische Praxis der Bundesrepublik, hrsg. v. Gerhard Lehmbruch et al., München 1971, S. 255 ff., im besondern S. 283: „Eine personalpolitische Revolution kann der Regierungswechsel von 1969 nicht genannt werden." Der damalige Bundespräsident Gustav Heinemann zum „Machtwechsel": „Niemand von uns ist der Staat", sagte er bei der Übergabe der Ernennungsurkunden an die Minister der Bundesregierung. „Auch Ihnen ist nicht mehr als kontrollierte Macht auf Zeit anvertraut" (siehe Rede vom 22. Oktober 1969, abgedruckt in: Manfred Nemitz [Hrsg.], Machtwechsel in Bonn, Gütersloh 1970, S. 7 f.).

[2] Obwohl dessen Leistung durchaus anerkannt wurde: Die Große Koalition habe „mehr liberale Reformen ermöglicht als die fünf vorangegangenen Kabinette", schrieb Marion Gräfin Dönhoff, Bilanz der Großen Koalition, *Zeit* Nr. 39 vom 26. 9. 1969, S. 1.

[3] Claus Heinrich Meyer, Der falsche Wahlkampf, *SZ* Nr. 197 vom 18. 8. 1969, S. 4.

[4] Hans Heigert, Endlich normale Fronten, *SZ* Nr. 226 vom 20./21. 9. 1969, S. 4.

[5] Rolf Zundel, Wilde Streiks und grober Wahlkampf, *Zeit* Nr. 37 vom 12. 9. 1969, S. 1.

[6] Theo Sommer, Der lange Marsch zur Macht, *Zeit* Nr. 38 vom 19. 9. 1969, S. 3.

[7] Vgl. Baring, a. a. O., S. 648.

[8] *Spiegel* Nr. 29 vom 10. 7. 1972, S. 24.

[9] Carl-Christian Kaiser, *Zeit* Nr. 36 vom 5. 9. 1969, S. 1.

[10] Theo Sommer, Der lange Marsch zur Macht, *Zeit* Nr. 38 vom 19. 9. 1969, S. 3.

[11] Carl-Christian Kaiser, Staatsmann vor dem Volk, *Zeit* Nr. 37 vom 12. 9. 1969, S. 6.

[12] Ebd.

[13] Hans Ulrich Kempski, „Hier stehe ich und kann nicht anders", *SZ* Nr. 222 vom 16. 9. 1969, S. 3.

[14] Wehners Mißtrauen gegenüber der FDP schwand erst, als die Freien Demokraten bei der Bundespräsidentenwahl am 5. März 1969 in Berlin über drei Wahlgänge unter harten Flügelkämpfen, schließlich aber doch sehr diszipliniert, dem SPD-Kandidaten Gustav Heinemann zum Sieg verhalfen.

[15] Hans Apel, Bonn, den ... Tagebuchnotizen eines Bundestagsabgeordneten, Köln 1972, S. 7.
[16] *Spiegel* Nr. 38 vom 15. 9. 1969, S. 50.
[17] *Spiegel*-Gespräch, abgedruckt in: Nr. 38 vom 15. 9. 1969, S. 57.
[18] Ausnahmen waren bis dahin nur 1966 in Nordrhein-Westfalen die Regierung aus CDU und FDP gegen die stärkste Partei, die SPD, und 1954 in Bayern die Koalition zwischen SPD, FDP, BP und BHE gegen die CSU. Beide Regierungen hatten jedoch keinen Bestand über die volle Legislaturperiode.
[19] Zitiert nach *Spiegel* Nr. 38 vom 29. 9. 1969.
[20] Hans Ulrich Kempski, Mit kühlen Köpfen auf dem Weg zur Macht, SZ Nr. 238 vom 4./5. 10. 1969, S. 3.
[21] FR vom 29. 9. 1969, S. 1.
[22] Hans Heigert, FDP-Niederlage mit Folgen, *SZ* Nr. 233 vom 29. 9. 1969, Fern-Ausgabe. Der Tenor dieses Kommentars für die M-Ausgabe gewechselt.
[23] Hans Reiser, Ein Machtwechsel wäre möglich, SZ Nr. 254 vom 30. 9. 1969, S. 4.
[24] Theo Sommer, Das Ende einer Herrschaft, *Zeit* Nr. 40 vom 3. 10. 1969, S. 1.
[25] Hans Reiser, Bundeskanzler Willy Brandt. Die Karriere begann im dritten Leben, SZ Nr. 253 vom 22. 10. 1969, S. 3.
[26] Hans Ulrich Kempski, Noch keiner weiß, wie die Münze fällt, SZ Nr. 250 vom 18./19. 10. 1969, S. 3.
[27] Karl-Hermann Flach, in: *FR* vom 6. 10. 1969.
[28] Hermann Schreiber, „Dies darf alles nicht rührselig werden", *Spiegel* Nr. 43 vom 3. 11. 1969, S. 46.
[29] Karl-Hermann Flach, Ende der Nachkriegszeit, *FR* vom 22. 10. 1969.
[30] Rolf Zundel, Ein Mann der gelinden Macht, *Zeit* Nr. 43 vom 24. 10. 1969, S. 3.
[31] Zundel, ebd.
[32] *Stern* vom 2. 11. 1969, S. 26.
[33] Rolf Zundel, Ohne Schwulst und Schnörkel, *Zeit* Nr. 44 vom 31. 10. 1969, S. 1.
[34] *Stern* vom 2. 11. 1969, S. 22.
[35] *Stern* vom 2. 11. 1969, S. 243.
[36] Kurt Becker, Bonns politische Ouvertüre, *Zeit* Nr. 50 vom 12. 12. 1969, S. 1.
[37] Kurt Becker, Pompidou macht es nicht billig, *Zeit* Nr. 49 vom 5. 12. 1969, S. 3.
[38] Hans Ulrich Kempski, Die britische Karte liegt auf dem Tisch, SZ Nr. 289 vom 3. 12. 1969, S. 3.

[39] Becker, ebd.
[40] Rolf Zundel, Bilanz nach hundert Tagen. Seit Adenauer zum ersten Mal wieder ein Kanzler, *Zeit* Nr. 5 vom 30. 1. 1970, S. 1.
[41] Hans Reiser, Drinnen gebremst — draußen ermuntert, *SZ* Nr. 24 vom 28. 1. 1970, S. 3.
[42] Hans Ulrich Kempski, Der Kanzler dämpft Triumphgefühle, *SZ* Nr. 28 vom 2. 2. 1970, S. 3.
[43] Karl-Heinz Wocker, Brandt bei den Briten, *Zeit* Nr. 10 vom 6. 3. 1970, S. 1.
[44] Hans Ulrich Kempski, So lustig war es im Weißen Haus noch nie, *SZ* Nr. 88 vom 13. 4. 1970, S. 3.
[45] Henry A. Kissinger, Memoiren 1968—1973, München 1979, S. 441.
[46] Kempski, a. a. O.
[47] Dieter Buhl, Die roten Fahnen nach hinten, *Zeit* Nr. 19 vom 8. 5. 1970, S. 2.

Zu Kapitel 3: Die ostpolitischen Aktivitäten

[1] Am 28. 2. 1967 hat beispielsweise der *Stern*-Chefredakteur Henri Nannen den damaligen FDP-Vorsitzenden Erich Mende besucht und für eine deutliche ostpolitische Wende plädiert: Anerkennung der DDR, der Oder-Neiße-Linie, Schaffung einer deutsch-deutschen Konföderation (vgl. Baring, Machtwechsel, Stuttgart 1982, S. 219 ff.).
[2] Baring, a. a. O., S. 208.
[3] So Egon Bahr, damals Berliner Senatspressechef, in einer berühmt gewordenen Rede vor dem politischen Club der Evangelischen Akademie Tutzing (vgl. Baring, ebd.).
[4] Siehe das Schema des ostpolitischen Zeitplans, in: Die Ostverträge in Dokumentation und Argumentation. Deutschland-Ost-Europapolitik. Zur Sache, Band 4/1972. Vertragstexte, Zeittafel und Beiträge, hrsg. vom Presse- und Informationszentrum des Deutschen Bundestages.
[5] *Zeit* Nr. 13 vom 27. 3. 1970, S. 3.
[6] Rolf Zundel, Seit Erfurt ist alles anders, *Zeit* Nr. 13 vom 27. 3. 1970, S. 2.
[7] Zundel, ebd.
[8] Hermann Schreiber, Für einen Tag die heimliche Hauptstadt, *Spiegel* 13/1970, S. 33; vgl. auch Hans Ulrich Kempski, Die Realität zu sehen, war die Reise wert, *SZ* Nr. 69 v. 21./22. 3. 1970.

[9] Zundel, ebd.
[10] Willy Brandt, Begegnungen und Einsichten, Hamburg 1976, S. 491; vgl. auch *Spiegel* Nr. 20/21 vom 17. 5. 1976, S. 108.
[11] Zitiert nach Carl Christian Kaiser, Der dramatische Tag von Kassel, *Zeit* Nr. 22 vom 29. 5. 1970, S. 3.
[12] Vgl. Kaiser, ebd.; siehe auch das Interview der *FR* mit Willy Brandt, in: *FR* vom 21. 5. 1970, „Ich habe ein paar Modelle anzubieten."
[13] Kurt Becker, Brandt muß mehr wagen, *Zeit* Nr. 26 vom 26. 6. 1970, S. 1.
[14] Siehe zum Beispiel *Spiegel* Nr. 23 vom 1. 6. 1970, S. 34; *SZ* Nr. 128 vom 29. 5. 1970, S. 1 und 8; *Spiegel*-Gespräch in Nr. 25 vom 15. 6. 1970, S. 29.
[15] Guttenberg, Rede vor dem Deutschen Bundestag, Stenografische Berichte, 6. Wahlperiode, 53. Sitzung vom 27. 5. 1970, S. 2695; *SZ* Nr. 128 vom 29. 5. 1970, S. 9 (Dokumentation); vgl. auch Doris Middendorf, Die Politik des CSU-Abgeordneten von Guttenberg, Diss., München 1980, S. 6 ff. und 173 f.
[16] Schreiber, Er hat auch nicht geweint, *Spiegel* Nr. 23 vom 1. 6. 1970, S. 34.
[17] Schreiber, ebd.
[18] Die Wahlergebnisse im einzelnen: Nordrhein-Westfalen: CDU 46,3 %; SPD 46,1 %; FDP 5,5 %. Saarland: CDU 47,9 %; SPD 40,8 %; FDP 4,4 %. Niedersachsen: SPD 46,2 %; CDU 45,7 %; FDP 4,4 %.
[19] *Spiegel* Nr. 26 vom 22. 6. 1970, S. 25.
[20] Kurt Becker, Brandt muß mehr wagen, *Zeit* Nr. 26 vom 26. 6. 1970, S. 1.
[21] Rolf Zundel, Der Kanzler lebt gefährlicher, *Zeit* Nr. 25 vom 19. 6. 1970.
[22] *Spiegel* Nr. 24 vom 8. 6. 1970, S. 30 ff. und Nr. 26 vom 22. 6. 1970, S. 23 ff.
[23] Becker, ebd.
[24] Rolf Zundel, Trotzdem: innere Reformen, *Zeit* Nr. 50 vom 11. 12. 1970, S. 1.
[25] *Spiegel,* Total erschöpft, Nr. 30 vom 20. 7. 1970, S. 21.
[26] Siehe den Wirbel um Pressesprecher Conrad Ahlers, der die Springer-Zeitungen als „Kampfpresse" bezeichnet hatte, sowie die Panne mit dem Gomoulka-Brief, den Brandt an Außenminister Scheel vorbei und ohne dessen Kenntnis geschrieben hatte.
[27] Rolf Zundel, Pannen und Publizität, *Zeit* Nr. 27 vom 3. 7. 1970, S. 4.

[28] Hans Reiser in einer Bilanz, *SZ* Nr. 3 vom 4. 1. 1971, S. 4.
[29] Rolf Zundel, Trotzdem: innere Reformen, *Zeit* Nr. 50 vom 11. 12. 1970, S. 1.
[30] Vgl. u. a. Willi Kinnigkeit, *SZ* Nr. 206 vom 28. 8. 1970.
[31] Marion Gräfin Dönhoff, Die Weichen stehen auf Frieden, *Zeit* Nr. 34 vom 21. 8. 1970, S. 3.
[32] Klaus Dreher, *SZ* Nr. 196 vom 17. 8. 1970, S. 4.
[33] Hans Heigert, *SZ* Nr. 197 vom 18. 8. 1970, S. 4.
[34] Claus Heinrich Meyer, Politik — oder Franz Josef Strauß, *SZ* Nr. 193 vom 13. 8. 1970, S. 4.
[35] Dönhoff, ebd.
[36] Hans Schuster, *SZ* Nr. 192 vom 12. 8. 1970, S. 4.
[37] Dönhoff, ebd.
[38] Claus Heinrich Meyer, Politik — oder Franz Josef Strauß, *SZ* Nr. 193 vom 13. 8. 1970, S. 4.
[39] Marion Gräfin Dönhoff, Die Weichen stehen auf Frieden, *Zeit* Nr. 34 vom 21. 8. 1970, S. 3.
[40] *Stern*, hier zitiert nach Baring, Machtwechsel, S. 351.
[41] Rolf Zundel, Mit etwas Glück bis 1973? *Zeit* Nr. 43 vom 23. 10. 1970, S. 3. Vgl. auch Theo Sommer, Ein Jahr ist nicht genug, *Zeit* Nr. 43 vom 23. 10. 1970.
[42] Hans Ulrich Kempski, Der Kanzler unterschreibt mit schwerer Hand, *SZ* Nr. 293 vom 8. 12. 1970, S. 3. Brandt hat verschiedentlich ausgeführt, was er bei dieser eindrucksvollen Geste gedacht hat. Hans Ulrich Kempski gesteht er am Tage danach, daß er sich vorher überlegt hat, wie er sich verhalten soll. „Ich habe mir gedacht, daß das nicht so einfach geht, nur so den Kopf neigen, nein, das konnte ich nicht" (zitiert nach Kempski, ebd.). Näheres über seine Motive gibt der *Spiegel* wieder: „Ich habe im Namen unseres Volkes Abbitte leisten wollen für ein millionenfaches Verbrechen, das im mißbrauchten deutschen Namen verübt wurde" (zitiert nach *Spiegel* Nr. 51 vom 14. 12. 1970, S. 31). Und, ähnlich, in seiner Rede vom 21. März 1971 zur Woche der Brüderlichkeit: „Ich habe ... getan, was Menschen tun, wenn die Worte versagen, und ich habe so — für meine Landsleute mit — der Millionen Ermordeter gedacht. Aber ich habe auch daran gedacht, daß Fanatismus und Unterdrückung der Menschenrechte — trotz Auschwitz — kein Ende gefunden haben" (zitiert nach Grosser, Geschichte Deutschlands seit 1945, S. 468). Und in seinem Buch Begegnungen und Einsichten: „Unter der Last der jüngeren deutschen Geschichte tat ich, was Menschen tun, wenn die Worte ver-

sagen; so gedachte ich der Millionen Ermordeter" (Brandt, ebd. S. 525; siehe auch *Spiegel* Nr. 20/21 vom 17. 5. 1976, S. 108).

43 Hermann Schreiber, Ein Stück Heimkehr, *Spiegel* Nr. 51 vom 14. 12. 1970, S. 29.
44 Kempski, ebd.
45 Keine Meinung äußerten 11 Prozent, siehe *Spiegel* Nr. 51 vom 14. 12. 1970, S. 31.
46 Hermann Schreiber, Ein Stück Heimkehr, *Spiegel* Nr. 51 vom 14. 12. 1970, S. 29.
47 Hermann Schreiber, a. a. O., S. 30.
48 Hansjakob Stehle, Schlußpunkt unter die Vergangenheit, *Zeit* Nr. 50 vom 11. 12. 1970, S. 1.

Zu Kapitel 4: Das Stimmungstief im Jahre 1971

1 Vgl. Werner Kaltefleiter, Zwischen Konsens und Krise, Köln 1973, S. 11 f.
2 Untersuchung des Instituts für Demoskopie Allensbach, abgedruckt in: Kaltefleiter, a. a. O., S. 13.
3 Vgl. *Spiegel*, Droht die Ostpolitik zu scheitern? Nr. 15 vom 5. 4. 1971, S. 24.
4 Vgl. *Spiegel*, Viel Zeit für Prag-Verhandlungen, Nr. 16 vom 12. 4. 1971, S. 25.
5 Rolf Zundel, Durststrecke für Willy Brandt, *Zeit* Nr. 7 vom 12. 2. 1971, S. 3. Vgl. auch Günter Gaus, Warten auf einen Kanzler, *Spiegel* Nr. 6 vom 1. 2. 1971, S. 27.
6 Rolf Zundel, ebd.; vgl. auch Diether Stolze, Treibjagd auf Schiller, *Zeit* Nr. 12 vom 20. 3. 1970, S. 39.
7 Vgl. *Spiegel*, Reformen ohne Geld, Nr. 12 vom 15. 3. 1971, S. 23.
8 Es war der Koalition nicht gelungen, ihre innenpolitischen Versprechungen einzulösen. Als einen der Gründe gab Brandt die unvermeidliche Hektik nach dem überraschenden Machtwechsel an. Eilends habe man zusammentragen müssen, was an Veränderungen notwendig sei, ohne daß man in Ruhe hätte prüfen können, wieviel sich davon realisieren lasse, vgl. *Spiegel*-Interview, in: Nr. 40 vom 25. 9. 1972.
9 *Spiegel* Nr. 21 vom 17. 5. 1971, S. 23.
10 Rolf Zundel, Abschied von Blütenträumen, *Zeit* Nr. 21 vom 21. 5. 1971, S. 1.
11 Rolf Zundel, Durststrecke für Willy Brandt, *Zeit* Nr. 7 vom 12. 2. 1971, S. 3.

Zu Kapitel 5: Das Ende der Talfahrt

[1] Rolf Zundel, Durststrecke für Willy Brandt, *Zeit* Nr. 7 vom 12. 2. 1971, S. 3.
[2] Alex Möller war am 13. 5. 1971 zurückgetreten, weil seine Kabinettskollegen seinen „Vorschlägen zur Sicherung einer konjunkturgerechten Haushaltsführung im Blick auf das Jahr 1972 nicht folgen" wollten (Alex Möller, Genosse Generaldirektor, München/Zürich 1978, S. 463). Alex Möller war übrigens zum Zeitpunkt seines Rücktritts schon 75 und nicht 69 Jahre alt. Baring weist darauf hin, daß Möller bereits 1897 geboren wurde und nicht, wie überall nachzulesen, im Jahre 1903 (siehe Baring, a. a. O., S. 179).
[3] Vgl. *Spiegel*, Der Kanzler hat sich freigeschwommen, Nr. 22 vom 24. 5. 1971, S. 21.
[4] Rolf Zundel, Abschied von Blütenträumen, *Zeit* Nr. 21 vom 21. 5. 1971, S. 1.
[5] Rudolf Augstein, 4 zu 2 zu 4, *Spiegel* Nr. 44 vom 25. 10. 1971, S. 34.
[6] Hermann Schreiber, Vorbei die Tage der Regionalliga, *Spiegel* Nr. 43 vom 18. 10. 1971, S. 41.
[7] SZ Nr. 252 vom 21. 10. 1971, S. 4.
[8] Zitiert nach *Spiegel*, Die Unions-Fraktion blieb sitzen, Nr. 44 vom 25. 10. 1971, S. 27.
[9] *Spiegel*, Zuständig für Frieden und so, Nr. 44 vom 25. 10. 1971, S. 28.
[10] *Spiegel*, ebd.
[11] Vgl. *Spiegel*, Jeder dritte CDU-Wähler für die Ostverträge, Nr. 45 vom 1. 11. 1971, S. 30.
[12] Hans Reiser, In Berlin bewährt, *SZ* Nr. 102 vom 24. 8. 1971, S. 4. Eine *Spiegel*-Umfrage ergab, daß ca. 66 % der West-Berliner das Abkommen für „befriedigend" hielten und 63 % mit der neuen Ostpolitik der Bundesregierung einverstanden waren, siehe *Spiegel* Nr. 38 vom 13. 9. 1971, S. 80.
[13] Das bedeutet auch, daß Berlin nicht als echtes Land der Bundesrepublik anerkannt wurde.
[14] Hans Heigert, Ein historisches Datum, *SZ* Nr. 206 vom 28./29. 8. 1971, S. 4.
[15] An diesem Einsatz änderte sich auch nichts durch den außerordentlichen Bundesparteitag der SPD (Steuerparteitag), der vom 18.—20. November 1971 in Bonn stattfand. Die SPD-Führung erlitt dort „eine spektakuläre Niederlage", die „die Sozialdemokraten als Partei in der Krise erscheinen" ließen.

Eine Dreiviertel-Mehrheit der Delegierten hatte einem Steuerbeschluß zugestimmt, der dem Parteiestablishment zu weit ging. Der Streitpunkt: Die Erhöhung des Spitzensatzes der Einkommenssteuer auf 60 %. *Spiegel,* „Bei allem an 1973 denken", Nr. 48 vom 22. 11. 1971, S. 25.

[16] Ein Besuch, der von den hier untersuchten Zeitungen positiv bewertet wurde, vgl. Hans Ulrich Kempski, Rückblick beim Rückflug von der Krim, *SZ* Nr. 225 vom 20. 9. 1971, S. 3; Hans Schuster, Die Früchte von der Krim, *SZ* Nr. 225 vom 20. 9. 1971, S. 4; *Spiegel*-Titelgeschichte „Die Bundesrepublik ist mehr als Luxemburg", Nr. 40 vom 27. 9. 1971, S. 25; der *Stern* zitiert einen „hohen Bonner Regierungsbeamten", um die Bedeutung der Reise deutlich zu machen: „Ich weiß nichts davon, daß SED-Chef Honecker und Breschnew jemals zusammen gebadet haben. Brandts Reise ist doch so, als wäre Honecker zu Nixon in dessen Ferienort San Clemente geflogen" (*Stern,* Schlips ab zum Gespräch, 26. 9. 1971, S. 192).

[17] Hans Heigert, Tiefschläge statt Opposition, *SZ* Nr. 230 vom 25./26. 9. 1971, S. 4. Im gleichen Tenor Günter Gaus, Rapallo liegt nicht auf der Krim, *Spiegel* Nr. 39 vom 20. 9. 1971, S. 26.

Zu Kapitel 6: Höhepunkt des Machtkampfes

[1] Literatur zum Mißtrauensvotum: Martin Müller, Das konstruktive Mißtrauensvotum. Chronik und Anmerkungen zum ersten Anwendungsfall nach Art. 67 GG. In: Zeitschrift für Parlamentsfragen (ZParl), 3. Jg. 1972, Heft 3, S. 275—292; Rolf Lange und Gerhard Richter, Erste vorzeitige Auflösung des Bundestages. Stationen vom konstruktiven Mißtrauensvotum bis zur Vereidigung der zweiten Regierung Brandt/Scheel. In: ZParl, 4. Jg. 1973, Heft 1, S. 38—76.

[2] Siehe den Titel von Theo Sommer, Trommelfeuer mit Platzpatronen. Das letzte Gefecht um die Ostverträge, *Zeit* Nr. 2 vom 14. 1. 1972, S. 1.

[3] Theo Sommer, Niedertracht aus der Dunkelkammer, *Zeit* Nr. 16 vom 21. 4. 1972, S. 1.

[4] *Spiegel,* Die Ernennungsurkunde für 15 Uhr bestellt, Nr. 19 vom 1. 5. 1972, S. 24.

[5] Karin Friedrich, Die Spannung löste sich in Begeisterung, *SZ* Nr. 98 vom 28. 4. 1972, S. 13. Mehr als 50 000 Berliner jubelten Brandt zu, als er am 29. April vor dem Schöneberger Rat-

haus sprach. „Mir wurde klar", so Jens Feddersen, der Chefredakteur der *Neuen Ruhr Zeitung,* „daß Brandt für den Mann auf der Straße in Deutschland mehr bedeutet hatte, als Adenauer in seinem Leben jemals bedeutet hatte" (zitiert nach Prittie, Willy Brandt, S. 420).

[6] Rolf Zundel, Zehn Tage, die Bonn erschütterten, *Zeit* Nr. 18 vom 5. 5. 1972, S. 3.

[7] *Spiegel,* a. a. O., S. 31.

[8] Hermann Schreiber, Eine Art Andacht, *Spiegel* Nr. 19 vom 1. 5. 1972, S. 26.

[9] *Spiegel* Nr. 19 vom 1. 5. 1972, S. 26.

[10] Rolf Zundel, ebd.

[11] Weitere Abgeordnete, die ihre Partei verließen, waren die Berliner SPD-Abgeordneten Klaus-Peter Schulz (zur CDU) und Franz Seume. Nach dem konstruktiven Mißtrauensvotum legte Anfang Mai 1972 der FDP-Abgeordnete Gerhard Kienbaum sein FDP-Bundestagsmandat nieder. Im Juni 1972 folgte ihm Knut von Kühlmann-Stumm. Diese beiden Austritte kosteten der FDP allerdings keinen Parlamentssitz, da andere Politiker (Rudolf Opitz und Alexander Menne) nachrückten. Sorgen bereitete der Koalition noch der SPD-Abgeordnete Günther Müller, der am 20. 4. 1972 in der Münchner *Abendzeitung* seinen Unmut über den Linksrutsch des SPD-Unterbezirks München geäußert hatte (vgl. auch sein Buch „Rote Zelle Deutschland — oder was wollen die Jungsozialisten wirklich?", Stuttgart [2. Aufl.] 1972). Müllers Abwanderungsabsichten allerdings konnten — zunächst — gestoppt werden, als die SPD ihm — am 26. 4. 1972 — den sicheren Wahlkreis Nürnberg-Süd freimachte.

[12] Die Gegenargumentation: 1. Ob Partei- oder Fraktionswechsler den Wählerwillen verfälschen, läßt sich — wenn überhaupt — erst bei der nächsten Wahl prüfen. 2. Nicht nur Abgeordnete, sondern auch Parteien können ihre Linie ändern: In diesem Falle entspricht es eher dem Wählerwillen, „wenn Abgeordnete, die an dem ursprünglichen Kurs festhalten, mit dem Mandat zu einer anderen Partei überwechseln ..." (Paul Kevenhörster, Das imperative Mandat, Frankfurt am Main/New York 1975, S. 82 f.).

[13] Vgl. Uwe Thaysen, Repräsentativ-Erhebung: Richten sich die Bundestagsabgeordneten nach ihrem Gewissen? In: ZParl, 5. Jg. 1974, Heft 1, S. 3 ff.

[14] Marion Gräfin Dönhoff, Bonn ist nicht Weimar. In der Krise bewährte sich die Demokratie, *Zeit* Nr. 8 vom 5. 5. 1972, S. 1.

[15] Willy Brandt am 26. 4. 1972 in der 182. Sitzung des Deutschen Bundestages, Stenographische Berichte 6/10 640: „Über die Methoden, mit denen man glaubt, der Überzeugung einzelner nachhelfen zu können, wird sich vermutlich im Laufe der Zeit auch noch einiges zutage fördern lassen."
[16] *Spiegel*-Gespräch mit Willy Brandt in Nr. 40 vom 25. 9. 1972, S. 28.
[17] Alle Koalitionsabgeordneten, die die SPD oder FDP verlassen hatten, wurden von der CDU 1972 bei der Bundestagswahl nominiert: Zoglmann, Mende, Starke, Schulz und Hupka, vgl. Baring, Machtwechsel, S. 400.
[18] Kienbaum, von Kühlmann-Stumm, die nach der Abstimmung dann auch versicherten, dies getan zu haben, vgl. Baring, a. a. O., S. 420.
[19] Siehe die 182. Sitzung des 6. Bundestages vom 26. 4. 1972, Band 79, S. 10 689; auf den Zwischenruf Wehners antwortete noch einmal Haase zu Schiller: „Im NS-Rechtswahrerbund waren Sie, als die Judengesetze gemacht wurden! Und Sie wollen uns beschimpfen? Dieser Obernazi!" (Haase, ebd.).
[20] Rolf Zundel, Sturm aufs Palais Schaumburg, *Zeit* Nr. 17 vom 28. 4. 1972, S. 1.
[21] Rolf Zundel, Das Risiko des Rainer Barzel, *Zeit* Nr. 20 vom 19. 5. 1972, S. 3.
[22] Zitiert nach Roth, Außenpolitische Innovation und Herrschaftssicherung, S. 186.
[23] Carlo Schmid in der *Zeit* Nr. 9 vom 3. 3. 1972, S. 3, War es eine große Debatte?
[24] Vgl. Günter Gaus, Die Situation ist da, *Spiegel* Nr. 20 vom 8. 5. 1972, S. 22.
[25] Marion Gräfin Dönhoff, Wenn Barzel Kanzler wäre ..., *Zeit* Nr. 12 vom 24. 3. 1972, S. 1.
[26] Marion Gräfin Dönhoff, ebd.
[27] Hans Heigert, Verträge der Nation, *SZ* Nr. 113 vom 18. 5. 1972, S. 4.
[28] Theo Sommer, Jenseits des Kleingedruckten, *Zeit* Nr. 20 vom 19. 5. 1972, S. 1.
[29] 29 % waren unentschieden, siehe Institut für Demoskopie Allensbach, Tabelle 22, zitiert nach Kaltefleiter, Zwischen Konsens und Krise, S. 70.
[30] Die Auflösung des Parlaments ist nach dem Grundgesetz nur möglich, wenn 1. ein neugewählter Bundestag nach Ausschöpfung der Möglichkeiten nicht in der Lage ist, einen Bundeskanzler mit absoluter Mehrheit zu wählen (Art. 63 IV GG)

oder 2. wenn einem amtierenden Bundeskanzler das Vertrauen verweigert wird (Art. 68 I GG); zur Problematik der Vertrauensfrage im Jahre 1972 siehe auch die Debatten am 20. 9. und 22. 9. 1972 im Bundestag, Stenographische Berichte der 197. und 199. Sitzung des VI. Deutschen Bundestages.

[31] Streiflicht in: *SZ* vom 20. 9. 1972, S. 1.

[32] Vgl. *SZ*-Interview mit Herbert Wehner vom 25. 9. 1972.

[33] Hans Reiser, Vertrauensfrage an die Wähler, *SZ* Nr. 215 vom 19. 9. 1972, S. 4.

[34] Hans Schuster, Bahn frei für Neuwahlen, *SZ* Nr. 115 vom 20./21./22. 5. 1972, S. 4.

[35] Hans Reiser, Einiges dazugelernt über Neuwahlen, *SZ* Nr. 135 vom 15. 6. 1972, S. 4.

[36] Eduard Neumaier, Nach 1066 Tagen: Der Kanzler und seine Krise. Reflexionen nach einem *Zeit*-Gespräch mit Brandt, *Zeit* Nr. 38 vom 22. 9. 1972, S. 2.

[37] Hans Heigert, Der Kampf beginnt, *SZ* Nr. 217 vom 21. 9. 1972, S. 4.

[38] Vgl. Hans Ulrich Kempski, Auf leisen Sohlen in die Wahlschlacht, *SZ* Nr. 219 vom 23./24. 9. 1972, S. 3.

[39] Hans Heigert, Verfall einer Autorität, *SZ* Nr. 154 vom 8./9. 7. 1972, S. 4.

[40] Vgl. *Spiegel* Nr. 29 vom 10. 7. 1972, S. 22.

[41] Heigert, ebd.

[42] Im Wahlkampf trat Schiller dann tatsächlich gemeinsam mit Ludwig Erhard in Anzeigenkampagnen gegen die Wirtschafts- und Finanzpolitik der Bundesregierung auf — was aber wohl mehr der Union als der SPD Nachteile brachte, vgl. auch Baring, a. a. O., S. 507.

[43] Hans Heigert, Verfall einer Autorität, *SZ* Nr. 154 vom 8./9. 7. 1972, S. 4.

[44] Hans Schuster, Über dem Schlachtgetümmel, *SZ* Nr. 231 vom 7./8. 10. 1972, S. 4.

[45] Vgl. Baring, Machtwechsel, S. 486.

[46] Erst viel später, im August 1975, kamen die Dinge wieder in Fluß: Helmut Schmidt einigte sich mit Edward Gierek am Rande der KSZE-Konferenz von Helsinki über einen Kredit, für dessen Gewährung Warschau weiteren Aussiedlern die Ausreise ermöglichte, vgl. Baring, a. a. O., S. 487.

[47] Hans Heigert, Der Kampf beginnt, *SZ* Nr. 217 vom 21. 9. 1972, S. 4.

[48] Siehe zum Beispiel *SZ* vom 11. und 13. 10. 1972, S. 3; *Spiegel*-Titelgeschichte: Scheel in Peking, Nr. 43 vom 16. 10. 1972.

[49] *Spiegel* Nr. 43 vom 16. 10. 1972, S. 23.
[50] Josef Riedmiller, Nicht mehr der „Kleine Staatssekretär", *SZ* Nr. 237 vom 14. 10. 1972, S. 11.
[51] Die SPD gab für Anzeigen ca. 3,5 Millionen Mark aus, die CDU 15,2 Millionen (siehe Dokumentation über die Werbekampagnen, Bonn 1973, S. 12); vgl. auch Binder, The other German, S. 301.
[52] Hans Heigert, Herrscht nur noch Niedertracht? *SZ* Nr. 230 vom 6. 10. 1972, S. 4.
[53] *Spiegel* Nr. 45 vom 30. 10. 1972, S. 31.
[54] Heigert, ebd.
[55] Günter Grass schrieb, daß es ungefähr 350 solcher Initiativen gegeben habe. Nach seinen Angaben fanden etwa 600 Veranstaltungen unter dem Motto „Bürger für Brandt" statt, siehe *Vorwärts* vom 1. 3. 1973.
[56] Dieter E. Zimmer, Ein Abbau von Illusionen, *Zeit* Nr. 41/1976, S. 33.
[57] *Zeit* Nr. 43 vom 20. 10. 1972, S. 1.
[58] Max Frisch, Bundestagswahl — von außen gesehen, *Zeit* Nr. 46 vom 17. 11. 1972, S. 18.
[59] *Spiegel* Nr. 45 vom 30. 10. 1972, S. 41; vgl. auch *Spiegel* Nr. 47 vom 13. 11. 1972, S. 34.
[60] Beispiele dieser überzogenen Wahlwerbung: „Es geht um die Entscheidung zwischen einer freien Gesellschaft und dem Sozialismus" (Rainer Barzel); „Wer die SPD wählt, wählt die Inflation" (Konrad Kraske); „Wenn Brandt in der Macht bestätigt wird, wird er seine Partei in eine Volksfront umwandeln" (Franz Josef Strauß); „Die SPD ist zurückgekehrt zum Klassenkampf" (Rainer Barzel), siehe *Spiegel* Nr. 45 vom 30. 10. 1972, S. 30.
[61] *Spiegel* Nr. 45 vom 30. 10. 1972, S. 30.
[62] *Spiegel*, a. a. O., S. 44.
[63] *Spiegel*, a. a. O., S. 46.
[64] *Spiegel*, a. a. O., S. 46.
[65] Günter Gaus, Der maßlose Wahlkampf, *Spiegel* Nr. 40 vom 25. 9. 1972, S. 20.
[66] Erhebungen des Godesberger Infas-Instituts, abgedruckt in: *Spiegel* Nr. 47 vom 13. 11. 1972, S. 38.
[67] *Spiegel* Nr. 45 vom 30. 10. 1972, S. 31.
[68] Günter Gaus im *Spiegel* Nr. 47 vom 13. 11. 1972, S. 26.
[69] *Spiegel* Nr. 47 vom 13. 11. 1972, S. 30; „wenn die Leute zum Beispiel gefragt wurden", schrieb Hermann Schreiber, „welche Rolle sie mit Barzel, wäre er Schauspieler, für gut besetzt hiel-

ten, nannten sie Tartüff-Figuren wie den falschen Kaplan, der mit kleinen Mädchen zugange ist und gleichwohl von der Kanzel Sittlichkeit predigt" (Hermann Schreiber, Und Barzel ist ein ehrenwerter Mann, *Spiegel* Nr. 47 vom 13. 11. 1972, S. 41).

[70] *Spiegel* Nr. 45 vom 30. 10. 1972, S. 33; siehe auch die Reportage über Strauß im Wahlkampf von Hans Reiser, Je größer der Saal, desto derber die Worte, *SZ* Nr. 259 vom 10. 11. 1972, S. 3.

[71] Hermann Schreiber, Und Barzel ist ein ehrenwerter Mann, *Spiegel* Nr. 47 vom 13. 11. 1972, S. 44.

[72] Hans Ulrich Kempski, Der Kanzler macht sanfte Seelenmassage, *SZ* Nr. 263 vom 15. 11. 1972, S. 3.

[73] Schreiber, ebd.

[74] Peter Koch, Der Vertrag, *Stern* Nr. 48 vom 19. 11. 1972, S. 24.

[75] *Zeit* Nr. 45 vom 10. 11. 1972, S. 3.

[76] Hans Heigert, Ein Wechsel auf die Zukunft, *SZ* Nr. 258 vom 9. 11. 1972, S. 4.

[77] Theo Sommer, Grundvertrag macht Mögliches möglich, *Zeit* Nr. 45 vom 20. 11. 1972, S. 3.

[78] Koch, ebd.

[79] Hans Heigert, ebd.

[80] Gerhard Ziegler, Die Union und die Menschlichkeit, *FR* Nr. 264 vom 13. 11. 1972; vgl. auch Klaus Dreher, Barzels seltsames Angebot, *SZ* Nr. 259 vom 10. 11. 1972, S. 4.

[81] Darauf war in den letzten Wochen auch der Wahlkampf der SPD angelegt gewesen: „Die Identifizierung mit dem Kanzler soll zur Identifizierung mit dem von ihm geführten Staat überleiten", erklärte Horst Ehmke. So präsentierten die Sozialdemokraten in der Endphase des Wahlkampfes ihren Kanzler mit der Banderole Schwarz-Rot-Gold und der patriotischen Ermunterung: „Deutsche, wir können stolz sein auf unser Land." Siehe *Spiegel* Nr. 47 vom 13. 11. 1972, S. 38.

[82] Günter Gaus, *Spiegel* Nr. 48 vom 21. 11. 1972, S. 26.

Zu Kapitel 7: Erschöpfung nach großem Sieg

[1] Vgl. *Spiegel* Nr. 49 vom 27. 11. 1972, S. 30.

[2] Vgl. auch das 3. Kapitel „Neue Mitte", in: Willy Brandt, Über den Tag hinaus, Hamburg 1974, S. 57 ff.; vgl. auch die *Frankfurter Allgemeine Zeitung* vom 16. 7. 1974, Der Kanzler und die neue Mitte.

[3] Hans Schuster, Der Kampf um die Mitte, *SZ* Nr. 21 vom 26. 1. 1973, S. 4.

4 Gordon Smith, The New German Politics. In: The Political Quaterly, Vol. 44, London 1973, S. 290. Das Kapitel lautet: Brandt and a German Turning Point.
5 Gordon Smith, West Germany and the Politics of Centrality. In: Government and Opposition, Band 11, 1976, S. 388.
6 Willy Brandt, a. a. O., S. 68; vgl. auch Reinhard Appel, Nach Adenauer eine Ära Brandt/Scheel? SZ Nr. 269 vom 22. 11. 1972.
7 *Spiegel* Nr. 49 vom 27. 11. 1972, S. 22; *Stern* Nr. 15 vom 5. 4. 1973, S. 103.
8 Martin Walser, Wahlgedanken, *Zeit* Nr. 45 vom 10. 11. 1972, S. 26; siehe dazu auch die Anmerkungen von Marion Gräfin Dönhoff, Walsers Traum, *Zeit*, ebd.
9 Hans Schuster, Das Kräftefeld der Koalition, SZ Nr. 284 vom 9./10. 12. 1972, S. 4.
10 *Spiegel* Nr. 48 vom 21. 11. 1972, S. 27.
11 Siehe Klaus Dreher, Mit kranker Stimme so klar wie noch nie, SZ Nr. 285 vom 11. 12. 1972, S. 3.
12 *Spiegel* Nr. 52 vom 18. 12. 1972, S. 21.
13 Hans Ulrich Kempski, Der Chef zeigt Frondeuren die Muskeln, SZ Nr. 84 vom 12. 4. 1973, S. 3.
14 Brandt hatte vom 23. November an völlig auf Nikotin verzichtet, was ihm schwer zu schaffen machte. „Der Kampf mit sich selbst schlägt immer wieder um in erhöhte Reizbarkeit. Niemand darf zu dicht an ihn heran ..." *(Stern* vom 11. 1. 1973, S. 17).
15 Klaus Dreher, Mit kranker Stimme so klar wie noch nie, SZ Nr. 285 vom 11. 12. 1972, S. 3.
16 Dreher, ebd.
17 Ulrich Blank, Ein Sancho Pansa namens Willy Brandt, *Stern* vom 11. 1. 1973, S. 14.
18 Dreher, ebd.
19 Zitiert nach *Spiegel* Nr. 48 vom 21. 11. 1972, S. 32.
20 Schmidt, zitiert nach *Spiegel*, ebd.
21 *Spiegel* Nr. 49 vom 27. 11. 1972, S. 22.
22 Vgl. *Spiegel* Nr. 45 vom 3. 11. 1969, S. 27.
23 *Spiegel* Nr. 9 vom 26. 2. 1973, S. 27.
24 Vgl. Hans Reiser, Selbsttrost und späte Klagen, SZ Nr. 286 vom 12. 12. 1972, S. 4.
25 *Spiegel* Nr. 52 vom 18. 12. 1972, S. 22.
26 Hans Heigert, Das verlorene Augenmaß, SZ Nr. 70 vom 24./25. 3. 1973, S. 4.
27 Heigert, ebd.

[28] Zitiert nach Baring, a. a. O., S. 535.
[29] Hans Reiser, Diffuse Sozialdemokratie, *SZ* Nr. 67 vom 20. 3. 1973, S. 4.
[30] Hans Heigert, Die SPD muß sich erklären, *SZ* Nr. 52 vom 3./4. 3. 1973, S. 4.
[31] Zitiert nach *Spiegel* Nr. 10 vom 5. 3. 1973, S. 21.
[32] Heigert, ebd.
[33] Hans Reiser, Diffuse Sozialdemokratie, *SZ* Nr. 67 vom 20. 3. 1973, S. 4.
[34] *Spiegel* Nr. 10 vom 5. 3. 1973, S. 29.
[35] Zitiert nach *Spiegel* Nr. 10 vom 5. 3. 1973, S. 21.
[36] Hans Ulrich Kempski, Der Chef zeigt Frondeuren die Muskeln, *SZ* Nr. 84 vom 12. 4. 1973, S. 3.
[37] Ulrich Blank, „Gottvater hat alles wohl getan", *Stern* Nr. 17 vom 18. 4. 1973, S. 176.
[38] Blank, a. a. O., S. 178.
[39] *SZ* Nr. 84 vom 12. 4. 1973, S. 3.
[40] *Stern* Nr. 15 vom 5. 4. 1973, S. 102.
[41] Ulrich Blank, Peter Koch, Bis daß der Marx euch scheidet, *Stern* Nr. 15 vom 5. 4. 1973, S. 102.
[42] Kempski, ebd.
[43] *Stern* Nr. 17 vom 18. 4. 1973, S. 176.
[44] Hans Heigert, Die Fahnen sind gezeigt, *SZ* Nr. 88 vom 14./15. 4. 1973, S. 4.
[45] Ulrich Blank, Peter Koch, a. a. O., S. 103.
[46] Hermann Schreiber, Die Partei hat einen Patriarchen, *Spiegel* Nr. 16 vom 16. 4. 1973, S. 22.
[47] Martin Bernstorf, Brandt siegte auf der halben Linie, *Zeit* Nr. 16 vom 20. 4. 1973, S. 4; siehe auch Ulrich Blank, „Gottvater hat alles wohl getan", *Stern* Nr. 17 vom 18. 4. 1973, S. 176.
[48] Blank, Koch, ebd.
[49] Hans Joachim Noack in der *FR* vom 14. 4. 1973.
[50] Ulrich Blank, „Gottvater hat alles wohl getan", *Stern* Nr. 17 vom 18. 4. 1973, S. 176.
[51] Schreiber, ebd.
[52] Peter Brügge, „Und alle sind sie Präsident", *Spiegel* Nr. 27 vom 2. 7. 1973, S. 28.
[53] Zitiert nach *Spiegel* Nr. 44 vom 25. 10. 1971, S. 31.
[54] Siehe auch Hans Joachim Noack, Auf die Sänfte hoben ihn nur die Knappen, *FR* vom 28. 6. 1973, S. 3.
[55] Heinrich Jaenecke, Ausflug ins Volk, *Stern* Nr. 28 vom 5. 7. 1973, S. 102.

[56] Wibke Bruhns, Sie schlagen und sie brauchen sich, *Stern* Nr. 44 vom 25. 10. 1973, S. 72.
[57] Bruhns, ebd.
[58] *Spiegel* Nr. 21 vom 21. 5. 1973, S. 21.
[59] Hermann Schreiber, „Bestimmt kein böser Deutscher — leider", *Spiegel* Nr. 25 vom 18. 6. 1973, S. 28.
[60] Zitiert nach *Spiegel* Nr. 19 vom 7. 5. 1973, S. 19.
[61] *Spiegel* Nr. 32 vom 6. 8. 1973, S. 19.

Zu Kapitel 8: Verfall der Macht

[1] Umfrage des *Stern* Nr. 29 vom 12. 7. 1973, S. 119.
[2] Hans Reiser, Koalition im Schüttelfrost, *SZ* Nr. 10 vom 12. 1. 1974, S. 4.
[3] Reiser, ebd.
[4] Hans Reiser, Nebel unter dem Olymp, *SZ* Nr. 231 vom 6. 10. 1973, S. 4.
[5] Vgl. *Spiegel* Nr. 24 vom 11. 6. 1973, S. 21.
[6] Steiner am 29. 5. 1973: „Ich habe eine weiße Karte reingeworfen ..." (*Spiegel* Nr. 23 vom 4. 6. 1973, S. 24). Als Grund gab er an: „Ich glaube, daß der Mann (Barzel) nicht in der Lage ist, eine Bundesrepublik zu regieren" (*Spiegel*, a. a. O., S. 25). Er habe befürchtet, daß eine Regierung Barzel/Strauß unter dem Vorwand, bessere Konditionen mit der Sowjetunion auszuhandeln, die Ratifizierung der Verträge auf unabsehbare Zeit aussetzen würde (vgl. *Spiegel*, a. a. O., S. 27).
[7] Baeuchles Schritt an die Öffentlichkeit hatte persönliche Motive: Er war vor der Bundestagswahl 1972 von seinen Parteifreunden nur noch auf einen aussichtslosen Listenplatz gesetzt worden und war nicht mehr in den 7. Bundestag gelangt.
[8] Zitiert nach *Spiegel* Nr. 24 vom 11. 6. 1973, S. 23.
[9] Die Ergebnisse des Untersuchungsausschusses sind allerdings Verschlußsache, was auf die geheimdienstliche Tätigkeit Steiners hinweist, siehe Zeitschrift für Parlamentsfragen, Dezember 1974, S. 470 ff.; Verhandlungen des Deutschen Bundestages, 7. Wahlperiode, Anlagen Band 188, 1974, Bundestagsdrucksache 7/1803 vom 13. 3. 1974; zur Debatte im Bundestag siehe Verhandlungen des Deutschen Bundestages, 7. Wahlperiode, 90. Sitzung vom 27. 3. 1974, Stenografische Berichte, Band 87, 1974, S. 5944 (A) ff.; Schlußstrich unter die Steiner-Affäre, in: *NZZ* vom 29. 3. 1974; Steiner-Ausschuß legt Beschlüsse vor, in: *SZ* vom 15. 3. 1974.

[10] Brief abgedruckt in *Spiegel* Nr. 24 vom 11. 6. 1973, S. 23.
[11] Siehe *Spiegel* Nr. 24 vom 11. 6. 1973, S. 23. Einige Jahre später ließ auch Herbert Wehner durchblicken, daß Steiner nicht ganz von allein mit der SPD gestimmt habe. Auf die Frage, ob beim konstruktiven Mißtrauensvotum „vieles nicht mit rechten Dingen zugegangen sei", antwortete er: „Was sind rechte Dinge, daß man Leute bezahlt, nicht? Wie das gemacht worden ist, es gibt doch heute Leute, ich könnte sie aufzählen. Ich denke nicht daran, weil dann die besondere Seite unserer Demokratie zum Vorschein kommt, dann werde ich fortgesetzt vor Gericht geschleppt ... Ich kenne zwei Leute, die das wirklich bewerkstelligt haben, der eine bin ich, der andere ist nicht mehr im Parlament" (Herbert Wehner in einem Interview am 6. 1. 1980, ausgestrahlt von den Dritten Fernseh-Programmen der Nordkette und des WDR in der Sendereihe „Zeugen der Zeit". Fragen von Dr. Jürgen Kellermeier; siehe auch *SZ*, „Zwei Leute haben das wirklich bewerkstelligt", Nr. 6 vom 8. 1. 1980, S. 6).
[12] Rolf Zundel, SPD Sturz vom Podest, Die Affäre Wienand/Steiner: Wer ist Sünder, wer Sündenbock? *Zeit* Nr. 25 vom 15. 8. 1973, S. 1.
[13] *Spiegel* Nr. 23 vom 4. 6. 1973, S. 25.
[14] Siehe *Spiegel* Nr. 35 vom 26. 8. 1974, S. 19.
[15] Als schließlich zweifelsfrei feststand, daß Wienand Beratungshonorare von Paninternational bekommen hatte, wurde gegen ihn noch ein Verfahren wegen Steuerhinterziehung eröffnet, da er diese Honorare nicht versteuert hatte. Wienand legte am 30. August 1974 das Amt des Fraktionsgeschäftsführers nieder und schied im Dezember 1974 aus dem Bundestag aus (siehe Abschiedsbrief Wienands an Wehner vom 24. 11. 1974, *FAZ* Nr. 271 vom 22. 11. 1975). 102 000 DM mußte Wienand dann im November 1975 als Strafe bezahlen. In dieser Höhe war ein Strafbefehl des Bonner Amtsgerichts ergangen *(Abendzeitung* Nr. 271 vom 21. 11. 1975).
[16] Rudolf Augstein, (Noch kein) Watergate in Bonn, *Spiegel* Nr. 25 vom 18. 6. 1973, S. 22.
[17] Zundel, ebd.
[18] Für die Beurlaubung stimmten lediglich Friedhelm Farthmann, Horst Krockert und Heinz Westphal.
[19] Rudolf Augstein, ebd.; siehe auch Udo Bergdoll, Wehner und Wienand, *SZ* Nr. 136 vom 16. 5. 1973, S. 4.
[20] Vgl. *Spiegel* Nr. 24 vom 11. 6. 1973; Herbert Wehner verneinte in dem erwähnten Fernseh-Interview die Kenntnis

Brandts: „Ein Fraktionsvorsitzender muß wissen, was geschieht und was versucht wird, um einer Regierung den Boden unter den Füßen zu entziehen. Die Regierung selber muß das alles gar nicht wissen" (Herbert Wehner im Fernseh-Interview vom 6. 1. 1980, ebd.).

[21] Vgl. Udo Bergdoll, Wehner und Wienand, SZ Nr. 136 vom 15. 6. 1973, S. 4.
[22] Zundel, ebd.
[23] Hartmut Palmer, Der Erzähler schweigt sich aus, SZ Nr. 282 vom 7. 12. 1973, S. 3.
[24] Palmer, ebd.
[25] Hans Reiser, Ehmkes Komplott-Theorie, SZ Nr. 205 vom 6. 9. 1973, S. 4.
[26] Carl-Christian Kaiser, Wie lange noch im Zwielicht?, Zeit Nr. 52 vom 21. 12. 1973, S. 5.
[27] Hans Schuster, Probe auf den Grundvertrag, SZ Nr. 64 vom 16. 3. 1973, S. 4.
[28] Spiegel Nr. 32 vom 6. 8. 1973, S. 29, Reformen: „Ein gewisser Widerwille."
[29] Spiegel Nr. 35 vom 27. 8. 1973, S. 21.
[30] Spiegel, ebd.
[31] Vgl. EMNID, Aktueller politischer Dienst, März 1974, Tabelle 4, in: Werner Kaltefleiter, Vorspiel zum Wechsel. Eine Analyse der Bundestagswahl 1976, Berlin 1977, S. 30.
[32] Spiegel Nr. 32 vom 6. 8. 1973, S. 19.
[33] Vgl. Baring, Machtwechsel, S. 608 ff.
[34] Vgl. Spiegel Nr. 50 vom 10. 12. 1973, S. 36.
[35] Erst am 11. Dezember 1973 war — nach monatelangem Hin und Her — der Vertrag mit der Tschechoslowakei perfekt und konnte unterzeichnet werden.
[36] Zitate nach Spiegel Nr. 50 vom 10. 12. 1973, S. 28.
[37] Theo Sommer, Bonner Baldrian, Zeit Nr. 48 vom 23. 11. 1973, S. 1.
[38] Spiegel, „Was der Regierung fehlt, ist ein Kopf", Nr. 41 vom 8. 10. 1973, S. 27.
[39] Spiegel, a. a. O., S. 28.
[40] Vgl. Spiegel, a. a. O., S. 29.
[41] Spiegel, a. a. O., S. 28 und 31.
[42] Hans Reiser, Wehner prüft seinen Stellenwert, SZ Nr. 228 vom 3. 10. 1973, S. 4.
[43] Dieter Schröder, Mehr als eine Stilfrage, SZ Nr. 225 vom 29. 9. 1973, S. 4.
[44] Nr. 41 vom 8. 10. 1973, S. 25.

[45] *Spiegel*, a. a. O., S. 28, 33, 34.
[46] Klaus Dreher, Denkzettel für Wehner, *SZ* Nr. 281 vom 5. 12. 1973, S. 4.
[47] „Ich habe ... meist von ‚wir' gesprochen", schrieb Wehner, „wenn ich versuchte klarzumachen, wovor wir uns eben hüten sollten ... Das ‚wir' bezieht uns alle ein, auch mich selbst. Es richtet sich nicht gegen jeweils diese oder jene Person oder verantwortliche Stelle der Bundesregierung oder des Berliner Senats" *(Spiegel,* Wehner wieder auf Linie? Nr. 42 vom 15. 10. 1973, S. 22).
[48] Baring, Machtwechsel, S. 619.
[49] Wehner in dem Fernseh-Interview vom 6. 1. 1980, ausgestrahlt von den Dritten Fernsehprogrammen der Nord-Kette und des WDR in der Sendereihe „Zeugen der Zeit". Fragen von Dr. Jürgen Kellermeier.
[50] Nr. 41 vom 8. 10. 1973, S. 36 ff.
[51] Wehner in dem Fernseh-Interview vom 6. 1. 1980, a. a. O.
[52] Wehner in dem Fernseh-Interview vom 6. 1. 1980, a. a. O.
[53] Hans Heigert, Arroganz und Augenmaß, *SZ* Nr. 225 vom 4. 10. 1973, S. 4.
[54] Hans Reiser, Nebel unter dem Olymp, *SZ* Nr. 231 vom 6. 10. 1973, S. 4.
[55] Reiser, ebd.; vgl. auch Wibke Bruhns, Sie schlagen und sie brauchen sich, *Stern* Nr. 44 vom 25. 10. 1973, S. 68.
[56] Reiser, ebd.
[57] *Spiegel* Nr. 50 vom 10. 12. 1973, S. 29.
[58] Wibke Bruhns, a. a. O., S. 68; vgl. auch A. Freudenhammer/K. Vater, Herbert Wehner. Ein Leben mit der deutschen Frage, München 1978, S. 260.
[59] Rolf Zundel, Wie „entrückt" ist Willy Brandt? *Zeit* Nr. 50 vom 7. 12. 1973, S. 3.
[60] *Spiegel*-Gespräch mit Herbert Wehner in Nr. 41 vom 8. 10. 1973, S. 38.
[61] Eduard Neumaier, *Zeitmagazin* Nr. 51 vom 14. 12. 1973.
[62] Tatsächlich lag die Inflationsrate 1974 bei 7 %, siehe Geschäftsberichte der Deutschen Bundesbank für das Jahr 1973, S. 33 und S. 45; sowie für 1974, S. 16 f.
[63] *Spiegel* Nr. 50 vom 10. 12. 1973, S. 30.
[64] *FR* vom 8. 7. 1973.
[65] Hermann Schreiber, Versagen in netter Form, *Spiegel* vom 13. 8. 1973.
[66] Theo Sommer, Heißer Herbst des Unbehagens, *Zeit* Nr. 33 vom 10. 8. 1973, S. 1.

⁶⁷ Vgl. Sommer, ebd.
⁶⁸ Eduard Neumaier, Vertrauen auf „ihren" Kanzler, *Zeit* Nr. 49 vom 30. 11. 1973, S. 7.
⁶⁹ Theo Sommer, Kotau vor dem Öl, *Zeit* Nr. 47 vom 16. 11. 1973, S. 1.
⁷⁰ Theo Sommer, Bonner Baldrian, *Zeit* Nr. 48 vom 23. 11. 1973, S. 1.
⁷¹ Diether Stolze, Ein Zeitalter des Mangels? *Zeit* Nr. 49 vom 30. 11. 1973, S. 1.

Zu Kapitel 9: Verlust der Macht

1 Hans Reiser, Das schwache Jahr nach dem Sieg, *SZ* Nr. 291 vom 17. 12. 1973, S. 4; vgl. auch Annamarie Doherr, Keine begeisterten Willy-Brandt-Rufe wie in früheren Jahren, *FR* vom 18. 12. 1973.
2 Willy Brandt 60: Das Denkmal bröckelt, *Spiegel* Nr. 50 vom 10. 12. 1973, S. 28.
3 Werner Holzer, Der deutsche Traum vom starken Mann, *FR* vom 11. 12. 1973.
4 Rolf Zundel, Wie „entrückt" ist Willy Brandt? *Zeit* Nr. 50 vom 7. 12. 1973, S. 3.
5 *Spiegel*, a. a. O., S. 28; auf dem Titelbild war Brandt als Denkmal zu sehen. Der Bundeskanzler dazu: „Das Bild, auf dem ich als Denkmal erschien, war nicht von Feinden, nicht einmal von Gegnern, sondern von der Kritik allzu eifriger Freunde entworfen: Das Monument schien zur Beschädigung einzuladen. An meinem 60. Geburtstag, im Dezember 1973, spürte ich, daß die Luft, in der ich zu wirken hatte, dünner geworden war" (Willy Brandt, Begegnungen und Einsichten, Hamburg 1976, S. 583).
6 *Spiegel*, ebd.
7 *Spiegel*, ebd.
8 *Stern*, Gottvater ohne Donnerwort, Nr. 51 vom 13. 12. 1973, S. 47.
9 Zundel, ebd.
10 Rudolf Augstein, Er hat's nötig, *Spiegel* Nr. 9 vom 25. 2. 1974, S. 20.
11 Diese Müdigkeit, diese Niedergeschlagenheit des Kanzlers, hatte — abgesehen von seiner generellen Anfälligkeit für depressive Stimmungen — auch einen konkreten Anlaß. Brandt glaubte, nicht mehr lange zu leben. Auf seinem 60. Geburtstag, am 18.

12. 1973, sagte er zu einem erschrockenen Geburtstagsgast, er wisse, daß er nur noch wenige Jahre zu leben habe (vgl. Baring, Machtwechsel, S. 634). Brandt hatte die dunklen Wolken bemerkt, die sich über ihm zusammenbrauten: Am Tage vor seinem Geburtstag sagte er zu Erhard Eppler, daß es eine „sehr schwere Zeit sei". Jetzt, wo die Zustimmung zurückgehe, merke man, wer die wenigen wahren Freunde seien (Baring, ebd.).

[12] Zundel, ebd.
[13] Werner Holzer, Der deutsche Traum vom starken Mann, *FR* vom 11. 12. 1973.
[14] Zundel, ebd.
[15] *Vorwärts* vom 29. 11. 1973.
[16] *Spiegel* Nr. 50 vom 10. 12. 1973, S. 40.
[17] Siehe *Spiegel*, a. a. O., S. 29.
[18] Nach *Zeit* Nr. 16 vom 12. 4. 1974, S. 18.
[19] Dieter Hildebrandt, Politischer Witz — gar nicht zum Lachen, *Zeit* Nr. 16 vom 12. 4. 1974, S. 18.
[20] Hans Heigert, Agitation gegen Vernunft, *SZ* Nr. 59 vom 11. 3. 1974, S. 4.
[21] Hildebrandt, ebd.
[22] Zitiert nach Baring, a. a. O., S. 695.
[23] Rolf Zundel, Muß der Staat stets kapitulieren? *Zeit* Nr. 8 vom 15. 2. 1974, S. 1.
[24] Siehe *Stern*, „Willy funkt jetzt SOS", Nr. 9 vom 21. 2. 1974, S. 124.
[25] Zundel hatte die Enttäuschung richtig erkannt. In seinen Erinnerungen schrieb Brandt über diese Zeit: „Ich kann die kaltschnäuzige Art nicht so leicht vergessen, mit der gewisse Verbandsvertreter meine wohlbegründeten Warnungen vom Tisch fegten ..." (Willy Brandt, Begegnungen und Einsichten, Hamburg 1976, S. 582).
[26] *Stern*, ebd.
[27] Vgl. *Stern*, ebd.
[28] Willy Brandt, ebd.
[29] Zundel, ebd.
[30] *Stern*, „Willy funkt jetzt SOS", Nr. 9 vom 21. 2. 1974, S. 123.
[31] *Stern*, ebd.
[32] Rolf Zundel, Der Schock von Hamburg, *Zeit* Nr. 11 vom 8. 3. 1974, S. 1.
[33] Hans Heigert, Agitation gegen Vernunft, *SZ* Nr. 59 vom 11. 3. 1974, S. 4.

34 Udo Bergdoll, Martin E. Süskind, „Es ist nicht die Zeit zum Jammern", *SZ* Nr. 106 vom 8. 5. 1974, S. 3.
35 Den Rücktrittsbrief hatte Brandt am Montag, dem 6. Mai, geschrieben und an den Bundespräsidenten gesandt. Der Inhalt: „Sehr geehrter Herr Bundespräsident, ich übernehme die politische Verantwortung für die Fahrlässigkeiten im Zusammenhang mit der Agentenaffäre Guillaume und erkläre meinen Rücktritt vom Amt des Bundeskanzlers. Gleichzeitig bitte ich darum, den Rücktritt unmittelbar wirksam werden zu lassen und meinen Stellvertreter, Bundesminister Scheel, mit der Wahrung der Geschäfte des Bundeskanzlers zu beauftragen, bis ein Nachfolger gewählt wird" (siehe Brandt, Über den Tag hinaus, Hamburg 1974, S. 178).
36 Bergdoll/Süskind, ebd.
37 *Stern*, Warum Willy Brandt gehen mußte, Nr. 21 vom 16. 5. 1974, S. 18 ff.
38 Theo Sommer, Des Kanzlers jäher Sturz, *Zeit* Nr. 20 vom 10. 5. 1974, S. 1.
39 Sommer, ebd.
40 *Spiegel* Nr. 37 vom 9. 9. 1974, S. 21; siehe auch *Stern* Nr. 21 vom 16. 5. 1974, S. 36.
41 *Spiegel*, ebd.
42 Hans Ulrich Kempski, „Mir kommt das Ganze wie im Kino vor", *SZ* Nr. 109 vom 11./12. 5. 1974, S. 3.
43 Willy Brandt, Über den Tag hinaus, S. 179; vgl. auch Bergdoll/Süskind (a. a. O.): „Eine Kampagne solcher Art, die womöglich in Verbindung mit dem Fall Guillaume gebracht worden wäre, glaubte Brandt nicht zu ertragen und auch der Koalition nicht zumuten zu können."
44 *Spiegel* Nr. 37 vom 9. 9. 1974, S. 23; dieses Gespräch wurde von beiden verschieden wiedergegeben: „Brandt meint, Wehner habe ihm unter anderem den Umgang mit zwei, übrigens respektablen Damen vorgehalten, mit denen er, Brandt, nie etwas gehabt habe. Wehner hingegen meint, er habe in Münstereifel gar keine Namen genannt, das sei auch gar nicht nötig gewesen. Brandt habe über die Vernehmungsprotokolle ja Bescheid gewußt. Allerdings habe er zwei Tage später beiläufig einen Namen erwähnt, nicht gegenüber Brandt, und später festgestellt, daß Brandt ihm die Nennung dieses Namens verübelt habe, weil da nichts gewesen sei" *(Spiegel, ebd.).*
45 Hervorhebung vom Verfasser.
46 Willy Brandt, Über den Tag hinaus, S. 177.

[47] Theo Sommer, Des Kanzlers jäher Sturz, *Zeit* Nr. 20 vom 10. 5. 1974, S. 1.
[48] Siehe *SZ* Nr. 111 vom 14. 5. 1974, S. 3; noch Jahr später betonte Wehner, daß er auf Brandts Rücktritt nicht hingewirkt habe. „Ich habe nichts für notwendig gehalten. Ich habe Willy Brandt am 6. Mai 1974, als er in einem engen Kreis der Koalition gesagt hat, daß er sich entschlossen habe, zurückzutreten, ... habe ich zu denen gehört, ... die erklärt haben, es gibt keinen Grund für seinen Rücktritt, aber — und dann habe ich gesagt: Es gibt Gründe, daß der Soundso aufgrund der Verantwortung, die er während der fraglichen Wochen gehabt hat, geht. Kein Minister, sondern ein Staatssekretär, ... der die Verantwortung dafür hatte ..., daß Texte verschlüsselt und entschlüsselt durch die Hände von einem Menschen gingen, der sonst nie damit zu tun gehabt hätte" (Herbert Wehner in dem Fernseh-Interview vom 6. 1. 1980).
[49] Rudolf Augstein, Onkels Rolle, *Spiegel* Nr. 21 vom 20. 5. 1974, S. 20.
[50] Vgl. *Spiegel* Nr. 37 vom 9. 9. 1974, S. 23; auch in den Tagebuchaufzeichnungen Brandts schimmert immer wieder der Unmut über die Bemühungen „interessierter Kreise" (S. 172) durch, eine „vergiftende Kampagne in Gang zu setzen" (S. 169). Seine Notiz unter dem Datum „Montag, 29. April": „Schon jetzt ist jedoch zu erkennen: Interessierte Kreise werden den Fall G. zum Gegenstand der heftigsten Kampagne seit unserem Regierungsantritt machen. Der Dienst des Hamburger Großverlegers versorgt sie mit — meist unrichtigen — Informationen. Der Schaden ist ohnedies groß genug, aber hier wird eine Stimmung der öffentlichen Hysterie erzeugt. *Bild* überschlägt sich" (Brandt, Über den Tag hinaus, S. 172).
[51] Henri Nannen, Willy Brandt und der Heiligenschein, *Stern* Nr. 21 vom 16. 5. 1974, S. 17.
[52] *Stern*, a. a. O., S. 162; Brandt zu diesen Geschichten der Springer-Presse in seinen Tagebuchnotizen vom 4./5. Mai: „Dies ist, wie Ähnliches, eine üble Form von Stimmungsmache. Von Austausch war bei uns in der Regierung überhaupt nicht die Rede" (Brandt, Über den Tag hinaus, S. 177).
[53] Vgl. Sommer, ebd.
[54] Zitiert nach *Stern*, ebd.
[55] Brandt, a. a. O., S. 180.
[56] Kempski, ebd.
[57] Vgl. Sommer, ebd.

[58] Rolf Zundel, Ein Kanzler, der seine Kraft erschöpfte, *Zeit* Nr. 20 vom 10. 5. 1974, S. 3.
[59] Brandt, Über den Tag hinaus, S. 170. Die Sicherheitsüberprüfung war vom Bundesamt für Verfassungsschutz durchgeführt worden. Dieses Amt untersteht direkt dem Innenminister, damals also Genscher. Die politische Verantwortung für Fehler des Verfassungsschutzes hätte in letzter Konsequenz somit Genscher tragen müssen. Doch Genscher war der Letzte, der sein Amt zur Verfügung stellen konnte: „Genscher, was immer seine oder Nollaus Rolle gewesen sein mochte", schrieb Rudolf Augstein, „kann als einziger Politiker überhaupt nicht zurücktreten, ohne daß die Republik zusammenbräche. Er als einziger der in Bonn handelnden Politiker ist für die Regierungskoalition unentbehrlich" (Rudolf Augstein, Muß einer vom Schlitten? *Spiegel* Nr. 19 vom 6. 5. 1974, S. 18).
[60] Siehe Ergebnis der Guillaume-Untersuchungskommission. „Tatsächlich sind ..., vom Zeitpunkt der Entstehung des Verdachtsfalles an, keinerlei Überlegungen über notwendige Schutzvorkehrungen angestellt worden ... Damit nahmen die Verantwortlichen in Kauf, daß G. weiterhin Zugang zu Verschlußsachen behielt, und zwar — von der Entstehung des Verdachtsfalles an gerechnet — über einen Zeitraum von 11 Monaten" (Bundestags-Drucksache 7/3083, S. 30).
[61] Willy Brandt, in: *Spiegel* Nr. 37 vom 9. 9. 1974, S. 20.
[62] Vgl. *Spiegel*, ebd.
[63] Neben dieser regierungsinternen Kommission — „Vorbeugender Geheimschutz" — gab es noch ein strafrechtliches Ermittlungsverfahren sowie den parlamentarischen Untersuchungsausschuß 7/II. Dieser erstellte kein einheitliches Votum: Die divergierenden Auffassungen erforderten jeweils einen Mehrheits- (SPD/FDP) und einen Minderheits- (CDU/CSU) Bericht (vgl. Bundestags-Drucksache 7/3246, S. 45 ff.; vgl. auch Thomas Rieger, Der Bundesnachrichtendienst im demokratischen Rechtsstaat, Diss. Hannover 1984, S. 28 f.).
[64] Theodor Eschenburg, zitiert nach Baring, Machtwechsel, S. 739.
[65] Siehe Willy Brandt, Über den Tag hinaus, S. 180.
[66] Vgl. *Spiegel* Nr. 19 vom 6. 5. 1974.
[67] Streiflicht, *SZ* vom 8. 5. 1974, S. 1.
[68] Werner Holzer, Vor Robotern wird gewarnt, *FR* vom 10. 5. 1974.
[69] *SZ*, ebd.
[70] Rolf Zundel, Ein Kanzler, der seine Kraft erschöpfte, *Zeit* Nr. 20 vom 10. 5. 1974, S. 3.

[71] Hans Heigert, Das Ende einer Ära, *SZ* Nr. 106 vom 8. 5. 1974, S. 4.
[72] Golo Mann, Menschliche Schwäche, politische Größe, *Zeit* Nr. 21 vom 17. 5. 1974, S. 6.
[73] Zundel, ebd.

Zu Kapitel 10: Konsolidierung nach dem Amtsverzicht

[1] *Spiegel*, Brandt in der Sowjetunion: Makler für Bonn, Nr. 29 vom 14. 7. 1975, S. 18.
[2] *Spiegel*, a. a. O., S. 19 und 21.
[3] *Spiegel*, a. a. O., S. 22.
[4] *Spiegel* Nr. 37 vom 9. 9. 1974, S. 21.
[5] Rolf Zundel, Wetterleuchten über Bonn, *Zeit* vom 20. 9. 1974, S. 3.
[6] Volkmar Hoffmann, Die Zeitbombe des Vorsitzenden Willy Brandt, *FR* vom 10. 9. 1974, S. 3.
[7] Zundel, ebd.
[8] Zundel, ebd.
[9] Zitiert nach Horst Vetten, Vorher, nachher: Willy Brandt, *Zeit-Magazin* Nr. 20 vom 9. 5. 1975, S. 14.
[10] Vetten, ebd.; vgl. auch Jutta Roitsch, Das eingefrorene Gesicht ist wieder aufgetaut, *FR* vom 15. 10. 1974.
[11] Hans Ulrich Kempski, Die Genossen schließen eine Liebeslücke, *SZ* Nr. 263 vom 15./16. 11. 1975, S. 3.

Zu Kapitel 11: Einflußfaktoren

[1] Siehe unten Kapitel 12.
[2] Siehe Ergebnisse der Wirkungsforschung, Kapitel 12.1 Der Einfluß der Presse auf das Image eines Politikers.
[3] Vgl. Wilhelm Kewenig, Der verfassungsrechtliche Rahmen, in: Peter F. Krogh, Werner Kaltefleiter (Hrsg.), Geheimhaltung und Öffentlichkeit in der Außenpolitik, Bonn 1974, S. 18.
[4] Ein Grund für diese Diskretion liegt in der Tatsache, daß die Staatengesellschaft sich doch weithin noch als eine „Gruppierung von Feinden" empfindet, meint Christian Tomuschat. „Man könnte in Abwandlung eines bekannten Wortes sagen: res publica rei publicae lupus. Eben das ist die Situation, welche die Problematik im Bereich der Außenpolitik umreißt" (Christian Tomuschat, Öffentlichkeit und Außenpolitik in der

demokratischen Rechtsordnung. In: Krogh/Kaltefleiter, a. a. O., S. 23).

[5] Vgl. Reinhold Roth, Außenpolitische Innovation und politische Herrschaftssicherung, Meisenheim am Glan 1976, S. 77.

[6] *Spiegel* Nr. 20 vom 8. 5. 1972, S. 23.

[7] Siehe *Spiegel*-Interview vom 26. 1. 1970, S. 24.

[8] VI. Bundestag, 41. Sitzung vom 20. 3. 1970, Bd. 72, S. 2098; siehe auch die Übersicht über Wehners Äußerungen, in: *Zeit* vom 13. 3. 1970, Wehner und die DDR. Eine Dokumentation.

[9] Vgl. Elisabeth Noelle-Neumann, Information und öffentliche Meinung, in: Publizistik 1966, S. 359 mwN; vgl. auch David Manning White, The Gate Keeper. A Case Study in the Selection of News, in: Journalism Quarterly, Vol. 27, 1950, S. 383.

[10] Baring, Machtwechsel, S. 506.

[11] Vgl. Werner Kaltefleiter, Zwischen Konsens und Krise, Köln 1973, S. 33.

[12] Vgl. Heino Kaack, Opposition und Außenpolitik, in: Politische Vierteljahresschrift, Sonderheft 1/1979, S. 249, unter Bezugnahme auf James N. Rosenau, Foreign Policy as an Issue-Area. In: Rosenau (Ed.), Domestic Sources of Foreign Policy, New York 1967, S. 11–50.

[13] Siehe Brandts Regierungserklärung vom 28. 10. 1969: „Auch wenn zwei Staaten in Deutschland existieren, sind sie doch füreinander nicht Ausland; ihre Beziehungen zueinander können nur von besonderer Art sein" (zitiert nach Baring, a. a. O., S. 247).

[14] Baring, a. a. O., S. 219 und S. 220.

[15] Willy Brandt, zitiert nach *Stern* Nr. 14 vom 29. 3. 1970, S. 32.

[16] Roth, a. a. O., S. 60.

[17] Vgl. Marion Gräfin Dönhoff, Barzels Pappkameraden, *Zeit* Nr. 2 vom 9. 1. 1970, S. 1.

[18] In welchem Dilemma sich die CDU/CSU nach dem faktisch erfolgreichen Abschluß des Moskauer Vertrages befand, zeigt der Ausspruch des CDU-Abgeordneten Berthold Martin: „Wir können nicht ja sagen, weil unsere Bedenken nicht ausgeräumt sind, wir können nicht nein sagen, weil ein Teil unserer Bedenken berücksichtigt worden ist, und wir können nicht jein sagen, weil das im Publikum niemand verstünde" (Berthold Martin, zitiert nach *Spiegel* Nr. 34 vom 17. 8. 1970, S. 26).

[19] Vgl. Roth, a. a. O., S. 156.

[20] Siehe zum Beispiel Rainer Barzel, Nein zu Brandts Nebel-Taktik, *Bayernkurier* vom 6. 2. 1971.

[21] Theo Sommer, Nicht auf Biegen und Brechen, *Zeit* Nr. 14 vom 7. 4. 1972, S. 1.
[22] Vgl. Roth, a. a. O., S. 227.
[23] Vgl. Roth, a. a. O., S. 171.
[24] Vgl. Max Kaase, Die Bundestagswahl 1972: Probleme und Analysen, in: PVS, 14. Jg. 1973, S. 158.
[25] Vgl. Roth, a. a. O., S. 171.
[26] Vgl. Kaltefleiter, Zwischen Konsens und Krise, S. 16.
[27] Vgl. Kaltefleiter, a. a. O., S. 17.
[28] Morris Janowitz, Volunteer Armed Forces and Military Purpose, in: Foreign Affairs, 50. Jg. 1971/72, Heft 3, S. 430.
[29] Siehe Wilfried von Bredow, Sinkender Wehrwille. In: Liberal, 15. Jg. 1973, S. 101.
[30] Vgl. Kaltefleiter, a. a. O., S. 18: „Die Ostpolitik und die Zustimmung, die sie fand, sind ... ein Beispiel dafür, wie unter den Bedingungen der vereinfachten Vermittlung von Informationen in der veröffentlichten wie öffentlichen Meinung eine Politik die Voraussetzung für ihre eigene Akzeptierung schaffen kann ..."
[31] Vgl. Rudolf Wildenmann, CDU/CSU: Regierungspartei von morgen — oder was sonst? In: Richard Löwenthal et al. (Hrsg.), Die zweite Republik. 25 Jahre Bundesrepublik Deutschland — eine Bilanz, Stuttgart 1974, S. 349.
[32] Wildenmann, ebd.
[33] Die Bereitschaft, sich für Veränderungen einzusetzen, war bei den jüngeren Wählern signifikant stärker ausgebildet als bei älteren, vgl. Klaus R. Allerbeck, Demokratisierung und sozialer Wandel in der Bundesrepublik Deutschland, Opladen 1976, S. 56.
[34] Eugen Kogon, zitiert nach Hans Werner Kettenbach, Der lange Marsch der Bundesrepublik, Düsseldorf/Wien 1971, S. 27.
[35] Kurt Sontheimer, Die verunsicherte Republik. Die Bundesrepublik nach 30 Jahren, München 1979, S. 28.
[36] Baring, Machtwechsel, S. 364.
[37] Dieter E. Zimmer, Sie protestierten nur zwei Sommer lang. Ein vierteiliger Bericht über die APO und die Studentenbewegung, Teil IV, *Zeit* Nr. 27 vom 24. 6. 1977, S. 9.
[38] Max Kaase, Demokratische Einstellungen in der Bundesrepublik Deutschland. In: Sozialwissenschaftliches Jahrbuch für Politik, Band 2, hrsg. von Rudolf Wildenmann et al., München/Wien 1971, S. 119.
[39] 2,5 Millionen Erst- und Neuwähler durften im November 1972 nach der Herabsetzung des Wahlalters zusätzlich zu den übli-

chen Neuwählern an die Urnen treten. Etwa 60 % stimmten für die SPD, 30 % für die CDU, 10 % für die FDP. Ohne diese Gruppe wäre die SPD nicht stärkste Partei geworden (vgl. Kaase, a. a. O., PVS 1973, S. 164).
40 Willy Brandt, Regierungserklärung des Bundeskanzlers, Verhandlungen des Deutschen Bundestages, 7. Wahlperiode, Band 81, Stenografische Berichte 1.—15. Sitzung 1972/73.
41 Baring, a. a. O., S. 87.
42 Dieter E. Zimmer, Ein Kapitel Geist und Macht, *Zeit* Nr. 21 vom 17. 5. 1974, S. 13.
43 Helmut L. Müller, Die westdeutschen Schriftsteller und die Politik, Diss. München 1981, S. 241.
44 Heinrich Böll, in: Dagobert Lindlau (Hrsg.), Dieser Mann Brandt ... Gedanken über einen Politiker, München 1972, S. 39.
45 Alexander Mitscherlich, in: Lindlau (Hrsg.), a. a. O., S. 29.
46 Dieter Lattmann, in: Lindlau (Hrsg.), a. a. O., S. 95.
47 Zimmer, a. a. O., S. 14.
48 Willy Brandt, zitiert nach Wolfram Bickerich (Hrsg.), Die 13 Jahre. Bilanz der sozialliberalen Koalition, Reinbek bei Hamburg 1982, S. 168.
49 Bruno Heck auf dem CDU-Parteitag am 4./5. 10. 1971, Archiv der Gegenwart, 17. 10. 1971, S. 16 615.
50 *Spiegel* Nr. 45 vom 30. 10. 1972, S. 38.
51 *Spiegel*, ebd.
52 Baring, a. a. O., S. 67.
53 Horst Krüger, Was bleiben sollte. Am Ende der Studenten-Demonstrationen, *Zeit* Nr. 33 vom 13. 8. 1971, S. 13.
54 Zitiert nach Hermann Schreiber, Anatomie einer Veränderung, Düsseldorf/Wien 1971, S. 123.
55 Umfrage von Infratest, zitiert nach Schreiber, ebd.
56 Vgl. Hans-Georg Lehmann, In Acht und Bann, München 1976, S. 264.
57 Willy Brandt, zitiert nach Lehmann, a. a. O., S. 265.
58 Georg Picht, in: Dagobert Lindlau (Hrsg.), Dieser Mann Brandt ... Gedanken über einen Politiker, München 1972, S. 11.
59 Vgl. Martin Greiffenhagen, Neokonservatismus in der Bundesrepublik. In: Ders. (Hrsg.), Der neue Konservatismus der siebziger Jahre, Reinbek bei Hamburg 1974, S. 8.
60 Werner Kaltefleiter in einem Interview des Süddeutschen Rundfunks vom 5. 1. 1974. Vgl. Kaltefleiter, Vorspiel zum Wechsel, Berlin 1977, S. 35. Brandt dazu: „Ich habe das Wort

von der Tendenzwende abgeklopft und bin zu dem Ergebnis gekommen, daß es überwiegend eine Konstruktion ist, von einem durchaus nicht gering zu schätzenden Professor in die Diskussion gebracht, aber doch eine Konstruktion. Wenn man nämlich die Bürger befragt, was sie weiterhin von der Gesellschaft, vom Staat erwarten, dann hat sich — so zeigen Untersuchungen — nichts wesentliches verändert." Willy Brandt/ Helmut Schmidt, Deutschland 1976 — Zwei Sozialdemokraten im Gespräch. Reinbek bei Hamburg 1976, S. 154.
[61] Rolf Zundel, Man trägt wieder konservativ, *Zeit* Nr. 14 vom 29. 3. 1974, S. 1.
[62] Zundel, ebd.
[63] Werner Kaltefleiter, Mit Blick auf 1976. Die Konsequenzen der Wahlen von 1974. In: Die politische Meinung, 19. Jg. 1974, Heft Nr. 157, S. 4.
[64] Peter Glotz, Der Weg der Sozialdemokratie, Zürich 1975, S. 14.
[65] Zundel, ebd.
[66] Glotz, ebd.
[67] Franz Josef Strauß, zitiert nach *Quick,* Mitleid mit Willy Brandt, Nr. 13 vom 13. 3. 1974, S. 16 f.
[68] Henry A. Kissinger, Memoiren 1973—74, München 1982, S. 172.
[69] Kissinger, a. a. O., S. 173.
[70] *FAZ* vom 23. 2. 1973.
[71] Diese Parole hatte im wesentlichen die SPD betroffen, denn der weitaus größte Teil der Jugendbewegung ging in diese Partei: „Zehntausende. Hunderttausende. Die Partei Willy Brandts wurde die Partei der kritischen Jugend, was ihre politischen Chancen und Schwierigkeiten vergrößern mußte" (Baring, Machtwechsel, S. 90).
[72] Faßt man die Ergebnisse der zehn auf die Bundestagswahl 1969 folgenden Landtagswahlen zusammen, so ergibt sich für die SPD ein Rückgang um 0,3 % gegenüber den vorangegangenen Landtagswahlen und ein Rückgang um 0,5 % gegenüber der Bundestagswahl 1969 — ein gutes Ergebnis, da die Erfahrung zeigte, daß die führende Partei bei Landtagswahlen grundsätzlich verliert.
[73] Rolf Zundel, Der Aufstand der Theoretiker, *Zeit* Nr. 10 vom 2. 3. 1973, S. 3.
[74] Willy Brandt, zitiert nach Baring, a. a. O., S. 92; vgl. auch Tabelle 1: SPD-Mitgliederbewegung 1956—1972, und Tabelle 7: Wählerstruktur 1965/69/72, in: Peter Arend, Die in-

nerparteiliche Entwicklung der SPD 1966—1975, Bonn 1975, S. 34 und 44. „Es war das größte innenpolitische Wagnis", meint Baring, „diesen Menschenstrom einlassen und eindämmen, andererseits nutzen zu wollen. Als die Stromregulierung dann weitgehend gelang ..., wurde sie zu einem der wichtigsten Erfolge der sozial-liberalen Frühzeit insgesamt" (Baring, a. a. O., S. 92).

[75] Werner Kaltefleiter, Wandlungen des deutschen Parteiensystems 1949—1974. In: Aus Politik und Zeitgeschichte. Beilage zur Wochenzeitung *Das Parlament* Nr. 14 vom 5. 4. 1975, S. 7.
[76] *Bayernkurier,* Wandlung durch Kapitulation, 9. 1. 1971.
[77] *Spiegel* Nr. 45 vom 30. 10. 1972, S. 38.
[78] Marion Gräfin Dönhoff, Treffpunkt Erfurt, *Zeit* Nr. 12 vom 20. 3. 1970, S. 1.
[79] Werner Höfer, „Im ganzen hat es gut geklappt". Ein Gespräch mit dem Bundeskanzler, *Zeit* Nr. 1 vom 1. 1. 1971, S. 3.
[80] *Spiegel,* Die Welt hätte Brandts Sturz nie vergessen, Nr. 19 vom 1. 5. 1972, S. 86; die *Times* (London) fragte im Titel ihres Leitartikels und in deutscher Sprache: „Wird Willy Kanzler bleiben?" (zitiert nach *Neue Ruhr Zeitung* vom 29. 4. 1972).
[81] *Süddeutsche Zeitung,* S. 4.
[82] Zum Beispiel: Joachim Schwelien, Bonns Schlüsselrolle. Wie die Amerikaner Willy Brandts Ostpolitik beurteilen, *Zeit* Nr. 11 vom 13. 3. 1970, S. 1.
[83] Zum Beispiel: *Spiegel,* Willy Brandt — der „Starke Mann Europas"?, Nr. 49 vom 27. 11. 1972, S. 106 ff.
[84] Manfred Koch, Willy Brandt und das Andenken der Bundesrepublik im Ausland. In: Was hält die Welt von Willy Brandt? Aussagen internationaler Publizisten des In- und Auslandes, Hamburg 1972, S. 154.
[85] Conrad Ahlers, in: Was hält die Welt von Willy Brandt?, a. a. O., S. 10.
[86] Alfred Grosser, Geschichte Deutschlands seit 1945. Eine Bilanz, München 1979 (7. Aufl.), S. 467.
[87] Vgl. *Arbeiderbladet,* Oslo vom 13. 4. 1970.
[88] David Binder im *Time*-Magazine vom 30. 11. 1969.
[89] Terence Prittie, Willy Brandt, Frankfurt am Main 1973, S. 442 f.; vgl. auch Mark Arnold Foster, in: *Guardian* vom 21. 11. 1972.
[90] *Times* (London) vom 22. 10. 1969; vgl. auch *Time* (New York) vom 30. 1. 1969.
[91] *Le Figaro* (Paris) vom 22. 10. 1969.

[92] *Look* (New York) vom 21. 4. 1970.
[93] *La Libre Belgique* (Brüssel) vom 27. 9. 1971.
[94] *Morgenbladet* (Oslo) vom 17. 4. 1971.
[95] *Il Messaggero*, zitiert nach *Abendzeitung* (München) vom 24. 11. 1970.
[96] Koch, a. a. O., S. 60.
[97] Archiv der Gegenwart 1970, S. 15 680; zur Vermittlertätigkeit Palmes: AdG, 8. 8. 1970, S. 15 632; *Die Welt* vom 25. 8. 1970, Brandt informiert Palme und Kreisky über Moskau-Besuch; Carl E. Buchalla, Wehner zwei Stunden bei Tito, *Süddeutsche Zeitung* vom 3. 9. 1970; *Frankfurter Allgemeine Zeitung* vom 12. 10. 1970, Brandt und Tito besprechen die europäische Sicherheitskonferenz.
[98] Willy Brandt, zitiert nach: *Die Welt* vom 14. 8. 1970, Kanzler bekräftigt in Moskau Allianz mit dem Westen.
[99] Gordon Smith, The New German Politics. In: The Political Quarterly, Vol. 44, London 1973, S. 292.
[100] Vgl. *Zeit* Nr. 10 vom 6. 3. 1970, S. 1.
[101] Zitiert nach Hans Ulrich Kempski, Der Kanzler setzt Signale in Amerika. In: *SZ* Nr. 143 vom 16. 6. 1971, S. 3.
[102] Survey of British and Commonwealth Affairs, Vol. 4, No. 18, 28. 8. 1970, S. 766; vgl. auch Winfried Böttcher, Deutschland aus britischer Sicht 1960—1972, Wiesbaden/Frankfurt am Main 1972, S. 295.
[103] Vgl. Böttcher, a. a. O., S. 287 und 293.
[104] Die negativen Stimmen fielen kaum ins Gewicht. Sie gingen zurück auf einige wenige konservative Abgeordnete, die im wesentlichen das Tempo der Ostpolitik kritisierten (vgl. Böttcher, a. a. O., S. 295 ff. mwN).
[105] Böttcher, a. a. O., S. 335.
[106] Vgl. zum Beispiel *The Daily Telegraph* (London) vom 2. 3. 1970.
[107] *The Times* (London) vom 21. 10. 1971.
[108] Reinhold Roth, Außenpolitische Innovation und Herrschaftssicherung, Meisenheim am Glan 1976, S. 118.
[109] Wie sensibel Frankreich auf demonstrative wirtschaftspolitische Maßnahmen reagierte, zeigen die Spekulationen im Zusammenhang mit der Wechselkursfreigabe der D-Mark im Mai 1971: Man überlegte eine „entente cordiale" zwischen England und Frankreich als Gegengewicht zu einer ökonomisch und politisch expandierenden Bundesrepublik, die dann jedoch nicht zustande kam (vgl. Roth, ebd.).

[110] Georges Pompidou, zitiert nach: *Die Welt* vom 25. 9. 1971, Die wichtigsten Erklärungen Pompidous zur Außenpolitik; Kissinger schrieb über Pompidous Einschätzung: „Wie alle seine Kollegen behauptete er, er vertraue Brandt, fürchte jedoch, daß Brandts Politik nationalistische Tendenzen auslösen könne, deren Festhalten dann unmöglich wäre. Die Ungeduld der Deutschen mache ihm Sorgen ... Der deutsche Nationalismus könne wieder zum Ausbruch kommen" (Henry A. Kissinger, Memoiren 1968—1973, München 1979, S. 455).
[111] Grosser, a. a. O., S. 468 f. (Anm. 86).
[112] Vgl. Grosser, a. a. O.
[113] Roth, a. a. O., S. 109.
[114] Kissinger, a. a. O., S. 442.
[115] Egon Bahr, zitiert nach: Presse- und Informationsdienst der Bundesregierung (Hrsg.): Die Verträge der Bundesrepublik Deutschland mit der Union der Sozialistischen Sowjetrepubliken vom 12. August 1970 und mit der Volksrepublik Polen vom 7. Dezember 1970, Bonn 1972, S. 47.
[116] *Washington Post* vom 29. 4. 1970.
[117] Hans Apel, Bonn, den ... Tagebuch eines Bundestagsabgeordneten, Köln 1972, S. 76.
[118] Hans Ulrich Kempski, Sieben Tage, die Willy Brandt veränderten, *SZ* Nr. 146 vom 19./20. 6. 1971, S. 3; Kissinger bestätigte dies mit Einschränkungen: „Das Zusammentreffen zwischen Brandt und Nixon verlief in einer erstaunlich herzlichen Atmosphäre, obwohl keiner der beiden Männer, wenn das Schicksal ihnen nicht die Führung großer Nationen aufgebürdet hätte, die Gesellschaft des anderen gesucht hätte. Nixon hatte Vorbehalte gegen Persönlichkeiten, die er der Linken zuordnete, und Brandts Gewohnheit, lange Pausen des Schweigens einzulegen, machte ihn nervös" (Kissinger, a. a. O., S. 457).
[119] Roth, a. a. O., S. 122.
[120] Archiv der Gegenwart vom 8. 10. 1970, S. 15 634.
[121] Zitiert nach *Spiegel* Nr. 38 vom 15. 9. 1969, S. 57.
[122] Zitiert nach *Times* (London) vom 20. 10. 1969.
[123] Zitiert nach Klaus Harpprecht, Willy Brandt. Porträt und Selbstporträt, München 1970, S. 47.
[124] Vgl. *Spiegel* Nr. 40 vom 27. 9. 1971, S. 25.
[125] Zitiert nach Rolf Breitenstein, Brandt: Die Bundesrepublik ist ein mündiger Staat, *FR* vom 20. 9. 1971.
[126] Zitiert nach Koch, a. a. O., S. 50.

Zu Kapitel 12: Medienspezifische Aspekte

[1] Hermann Meyn, Massenmedien in der Bundesrepublik Deutschland, neu bearbeitete Auflage, Berlin 1974, S. 6.
[2] Rudolf Wildenmann/Werner Kaltefleiter, Funktionen der Massenmedien, Frankfurt am Main/Bonn 1965, S. 16 ff.
[3] Rainer Kabel, Politische Bildung und Nachrichten-Kritik. In: Rundfunk und Fernsehen, 21. Jg. 1973, S. 150.
[4] Vgl. Franz Ronneberger, Die politischen Funktionen der Massenkommunikationsmittel. In: Publizistik, 9. Jg. 1964, S. 294.
[5] Vgl. Meyn, a. a. O., S. 7.
[6] Peter Glotz/Wolfgang R. Langenbucher, Der mißachtete Leser. Zur Kritik der deutschen Presse, Köln/Berlin 1969, S. 29.
[7] Vgl. Werner Kaltefleiter, Vorspiel zum Wechsel. Eine Analyse der Bundestagswahl 1976, Berlin 1977, S. 13. Und Willy Brandt schrieb: „Es gab in dem Jahr 1972 Stimmungsschwankungen. Wenn in der ersten Maihälfte gewählt worden wäre, wäre das Ergebnis für die Koalition noch ein bißchen besser gewesen. Wenn im Sommer 1972 gewählt worden wäre, hätte die CDU möglicherweise ganz knapp die Mehrheit bekommen. Das zeigt übrigens, anders als es manche Meinungsforscher glauben, wieviel sich in einem Wahljahr bewegt", Willy Brandt und Helmut Schmidt, Deutschland 1976 — Zwei Sozialdemokraten im Gespräch, Reinbek bei Hamburg 1976, S. 165.
[8] Vgl. Leon A. Festinger, Theory of Cognitive Dissonance, Stanford/Cal. 1957.
[9] Vgl. Joseph T. Klapper, The Effect of Mass Communication, New York 1960, S. 49 ff. und S. 129 ff.
[10] Vgl. Jürgen Bortz und Paul Braune, Imagewandel von Politikern aus der Sicht der Leser zweier Tageszeitungen. Ergebnisse einer Langzeitstudie, in: Publizistik, 25. Jg. 1980, S. 230 bis 250.
[11] Bortz/Braune, ebd.
[12] Elisabeth Noelle-Neumann, Winfried Schulz (Hrsg.), Publizistik, Frankfurt am Main 1971, S. 328.
[13] Elisabeth Noelle-Neumann, Information und öffentliche Meinung, in: Publizistik, 11. Jg. 1966, S. 363.
[14] Vgl. die Theorie der Schweigespirale: Elisabeth Noelle-Neumann, Die Schweigespirale. Öffentliche Meinung — unsere soziale Haut, Frankfurt am Main/Wien/Berlin 1982.
[15] Walter Hagemann, Vom Mythos der Masse. Ein Beitrag zur Psychologie der Öffentlichkeit, Heidelberg 1951, S. 71.

[16] Vgl. Jürgen Habermas, Strukturwandel der Öffentlichkeit, Untersuchungen zu einer Kategorie der bürgerlichen Gesellschaft, Neuwied/Berlin 1965 (2. Aufl.), S. 238.
[17] Habermas, ebd.
[18] Hagemann, ebd.
[19] Wolfgang R. Langenbucher, Politik und Kommunikation. Über die öffentliche Meinungsbildung, München/Zürich 1979, S. 17.
[20] Hagemann, a. a. O., S. 73.
[21] Erich Mende in der *Bunten Illustrierten* Nr. 21 vom 20. 5. 1982; vgl. auch *Spiegel* Nr. 21 vom 24. 5. 1982 und *Stern* Nr. 22 vom 27. 5. 1982. Vgl. auch Baring, Machtwechsel, S. 209 f.
[22] Siehe oben Kapitel 8. 2.
[23] Vgl. Elisabeth Noelle-Neumann, Öffentlichkeit als Bedrohung. Beiträge zur empirischen Kommunikationsforschung, Freiburg/München (2. Aufl.) 1979, S. 137 f.
[24] Vgl. Hans Mathias Kepplinger (Hrsg.), Angepaßte Außenseiter, München 1979, S. 12.
[25] Vgl. *Zeit* Nr. 51 vom 14. 12. 1973, S. 7; ähnliche Ergebnisse erzielte eine Umfrage des Instituts für Demoskopie Allensbach, siehe Allensbacher Archiv, IfD-Umfragen 1185, S. 1235; das kritische Engagement vieler Journalisten gegen Politik, Verwaltung und Wirtschaft ist wohl nicht nur eine Folge ihrer Berufstätigkeit, sondern auch eine *Ursache* ihrer Berufswahl. Denn die Neigung der Journalisten zur politischen Linken dürfte nicht zuletzt darauf beruhen, daß diese noch am ehesten für eine fundamentale Distanz zu Wirtschaft, Verwaltung und Politik steht (vgl. Kepplinger, a. a. O., S. 27).
[26] Vgl. *Zeit* Nr. 45 vom 7. 11. 1969, S. 1.
[27] Baring, Machtwechsel, S. 172.
[28] *Zeit*, Der Kanzler und die Gazetten, Nr. 7 vom 13. 2. 1970.
[29] Horst Krüger, Bonn hat einen neuen Klang, *Zeit* Nr. 46 vom 14. 11. 1969, S. 21.
[30] Vgl. Horst Eberhard Richter, Brandts Sturz — ein Gruppenproblem, *Spiegel* Nr. 21 vom 20. 5. 1974, S. 132.

Anhang

Quantitative Inhaltsanalyse am Beispiel der *Zeit*

Als sich nach der Hamburger Bürgerschaftswahl am 3. März 1974 herausstellte, daß die SPD schwere Verluste hatte hinnehmen müssen, wurden vereinzelt Fragen nach dem Anteil der Presse an diesem Desaster laut. Das Bundespresseamt gab eine Analyse in Auftrag, die herausfinden sollte, wie die Bonner Koalition in den verschiedenen Medien während der 12 Monate vor dem 3. März 1974 präsentiert worden war. Dabei ergab sich, daß die Regierung in jenem Jahr an etwa 230 Tagen im Aufmacher der Zeitungen erschienen war — ein außerordentliches Ergebnis. Die Häufigkeit kann somit nicht das allein entscheidende Kriterium für den Einstellungswandel in der Öffentlichkeit sein. So meinte denn auch das Bundespresseamt in seiner Interpretation des Analyseergebnisses, daß das Kabinett zu oft mit zu vielen kontroversen Themen in die Schlagzeilen gekommen sei. Der Bürger habe aus Zeitungen, Rundfunk und Fernsehen den Eindruck gewinnen müssen, „daß eine emsige, sich vielleicht sogar verzettelnde, oftmals unglücklich operierende Regierungsmannschaft am Werke war".[1]

Doch exakte Angaben über Art der Kommentierung, über Stärke und Zielrichtung der Urteile, über Veränderungen in bezug auf einzelne Themenkreise, konnte diese lediglich auf das Jahr 1973 begrenzte Untersuchung nicht machen. Diese Angaben soll die folgende quantitative Analyse liefern.

1. DIE METHODE

Die Untersuchungsmethode richtet sich nach dem Untersuchungsgegenstand. Da „Aussagen" analysiert werden, bietet sich die Aussagen-(Inhalts-)Analyse an. Mit ihrer Hilfe soll festgestellt werden, welche Aspekte der Person Willy Brandts von den der sozial-liberalen Koalition nahestehenden Massenmedien gewürdigt wurden, und in welcher Form diese das taten. Die klassische Definition der Inhaltsanalyse stammt von Bernard Berelson:

---

[1] Zitiert nach Arnulf Baring, Machtwechsel, Stuttgart 1982, S. 701.

„Content analysis is a research technique for the objective, systematic, and quantitative description of the manifest content of communication."[2]

Vor Beginn einer jeden Inhaltsanalyse ist das „relevante Textmaterial"[3] zu bestimmen. Diese Forderung berührt zwei Bereiche:
1. Welche Massenmedien sollen überprüft werden und
2. Welche Teile der Aussagen sind zu untersuchen?

1. 1 Auswahl der Zeitung und der zu untersuchenden Texte

Bei der Auswahl des relevanten Textmaterials ergaben sich folgende Probleme: Die Auswahl der zu untersuchenden Zeitung mußte eine — naturgemäß begrenzte — Übertragbarkeit der Ergebnisse auf die anderen regierungsfreundlichen Presseerzeugnisse gewährleisten. Hinzu trat die Erkenntnis, daß der Einstellungswandel nur dann exakt zu ermitteln ist, wenn die Aussagen über den gesamten Zeitraum der Regentschaft Brandts in die Analyse einbezogen werden. Alle fünf Presseerzeugnisse konnten somit wegen der Unübersehbarkeit des Textmaterials nicht untersucht werden. Als weiteres Problem erwies sich die Art und Weise, in der die Urteile gefällt werden. In allen Massenmedien ist nämlich die Berichterstattung nicht eine einheitliche Form der Darstellung von Personen und Ereignissen. Sie setzt sich vielmehr aus einer Vielzahl verschiedener journalistischer Stilformen zusammen, zum Beispiel aus Nachrichten und Berichten, aus Reportagen und Features, aus Interviews, Editorials, Glossen, Streiflichtern, Kommentaren, Pressestimmen oder Leserbriefen. Auch wenn man berücksichtigt, daß für das Untersuchungsziel nur die Stilformen heranzuziehen waren, die auch Bewertungen enthalten, so war das relevante Textmaterial für einen einzelnen doch noch zu umfangreich.

Aus folgendem Grund: Bewertungen sind nicht nur in den Kommentaren enthalten, sondern auch in den Stilformen, bei denen man dies zunächst nicht vermutet: bei den Nachrichten und Berichten. Eine Nachricht über ein Zitat kann nämlich ebenso ein Urteil enthalten wie eine Nachricht über die Bewertung von

[2] Bernhard Berelson, Content Analysis in Communication Research, New York 1952, S. 18; auf eine umfassende Diskussion der inhaltsanalytischen Probleme wird verzichtet, da diese ohne größeren Belang sind für diese Studie.
[3] Renate Mayntz, Kurt Holm, Peter Hübner, Einführung in die Methoden der empirischen Soziologie, Opladen 1971, S. 154.

Personen oder Tatsachen.[4] Hinzu kommen folgende Faktoren, die aus einer Nachricht eine Meinung machen können: die einstellungsbedingte Selektion der Nachrichtenübermittlung, die Vermischung der Meldung mit (expliziten oder impliziten) Bewertungen, die Hervorhebung bzw. Hintansetzung bestimmter Informationen, die Auswahl der Zitate.[5] Nach Ansicht von Noelle-Neumann ist gerade letzteres eine große Gefahr, da „überschlägig geschätzt etwa die Hälfte aller Nachrichten, die veröffentlicht werden, aus Mitteilungen besteht, was diese oder jene Person gesagt hat".[6]

Es kam aus ökonomischen Gründen somit nur eine Wochenzeitung in Betracht sowie ein Medium, bei dem die Bewertungen möglichst nicht in den verschiedensten Stilformen präsentiert werden. Die Wahl fiel auf die *Zeit*. In dieser Hamburger Wochenzeitung gibt es im wesentlichen nur die analysierende und kommentierende Betrachtung von Personen oder Ereignissen. Zitate

---

[4] Siehe die vier Aussagetypen bei Klaus Schönbach, Trennung von Nachricht und Meinung, Freiburg/München 1977, S. 35.
[5] Selbstverständlich kann auch schon in einem einzelnen Wort eine Meinungsäußerung stecken. Die Semantik unterscheidet die „Darstellungsfunktion" und die „Kundgabe- und Auslösungsfunktion" (Karl Bühler, Sprachtheorie, Jena 1934, S. 28—33) von Worten. Die Konnotation, d. h. der „Nebensinn" oder „Gefühlswert" (Karl-Otto Erdmann, Die Bedeutung des Wortes. Aufsätze aus dem Grenzgebiet der Sprachpsychologie und der Logik, 4. Aufl., Leipzig 1925, S. 107) kann genauso wertend sein wie eine explizite Aussage. So wird zum Beispiel durch das Wort „Extremisten" nicht lediglich eine Gruppe von Leuten mit bestimmten Eigenschaften gekennzeichnet; wer diesen Begriff heute im öffentlichen Sprachgebrauch verwendet, drückt damit zugleich eine Einstellung zu dieser Personengruppe aus. Die Wortbedeutung enthält also nicht nur Merkmale, die als Elemente der „Widerspiegelung ... der objektiven Realität ... betrachtet werden" können (Gerd Wotjak, Untersuchungen zur Struktur der Bedeutung. Ein Beitrag zu Gegenstand und Methode der modernen Bedeutungsforschung unter besonderer Berücksichtigung der semantischen Konstitutenanalyse, Berlin 1971, S. 48), sondern auch Merkmale, die zu subjektiven Elementen (Einstellungen, Gefühlen, Absichten) in Beziehung stehen. Diese Konnotation von Begriffen wurde nicht extra codiert, sondern bei der Bewertung des Einzelurteils (siehe 1. 2 Analyseeinheit) berücksichtigt.
[6] Elisabeth Noelle-Neumann, zitiert nach Schönbach, a. a. O., S. 10.

Dritter sind kaum zu finden.[7] Die qualitative Analyse ergab auch, daß sich die Aussagen der *Zeit* nicht wesentlich von denen der anderen linksliberalen Presseerzeugnisse unterschieden. Eine Übertragbarkeit ist somit gewährleistet.[8]

1. 2 Die Analyseeinheit

1. 2. 1 Die Einstellung eines Kommunikators drückt sich in Urteilen aus. Als kleinste Analyseeinheit bietet sich deshalb das Urteil an. Unter einem Urteil ist eine wertende Feststellung über eine Tatsache, eine Person, ein Abstraktum oder ein Vorgang zu verstehen. Das inhaltlich definierte Urteil ist die kleinste Einheit dieser quantitativen Inhaltsanalyse: die Codier- oder Erhebungseinheit.

1. 2. 2 In einer quantitativen Inhaltsanalyse wird die Codiereinheit nicht bewertet, sondern gezählt. Codiereinheit ist jede bewertende Aussage eines Urhebers über eine Eigenschaft Willy Brandts.[9] Jede derartige Aussage wird auf einem eigenen Codierbogen verschlüsselt.

1. 2. 3 Der jeweilige Textzusammenhang beinhaltet regelmäßig den argumentativen Sinnzusammenhang. Die Urteile ähneln sich häufig, so daß dasselbe Urteil, wenn es öfter auftritt, pro Absatz nur einmal gezählt wird. Sind die Stellungnahmen jedoch unterschiedlich, so werden sie jede für sich berücksichtigt.

1. 3 Der Codierbogen

A. Formale Kategorien (Externe Textmerkmale)

Durchlaufende Nummer des Artikels: /.../.../.../
                                                1   2   3

---

[7] Im Gegensatz zum *Spiegel*, der im Regelfall seine Einstellung meistens durch die Auswahl der Äußerungen Dritter kundgibt.

[8] Die *Zeit*, überregionale Wochenzeitung für Politik, Handel und Kultur, hat eine einheitliche Ausgabe. Die Redaktion sitzt in Hamburg. Druckorte sind Hannover und Frankfurt. Pressel schreibt in seiner grundlegenden Untersuchung, daß sich die *Zeit* selbst als eine „liberale Zeitung" versteht (Alfred Pressel, Der „Rheinische Merkur" und „Die Zeit". Vergleichende Inhaltsanalyse zweier Wochenzeitungen von verschiedener weltanschaulicher Orientierung, Berlin 1968, S. 52 und S. 187 f.); Glotz schrieb, die *Zeit* sei „links-liberal" (Peter Glotz, Buchkritik in deutschen Zeitungen, Hamburg 1968, S. 169).

[9] Siehe Codierbogen.

Nummer des Codebogens innerhalb eines Artikels: /.../.../
4   5
Datum: /.../.../.../.../.../.../
6   7   8   9   10 11
Die Spalten 6 und 7 bezeichnen den Tag, die Spalten 8 und 9 den Monat, die Spalten 10 und 11 die Endziffern des Jahres.
Ausgewählter Text: /.../   (= inhaltliche Präsentation)
12
1 ... Nachricht über ein Zitat (wörtlich, Anführungsstriche)
2 ... Nachricht über Bewertung (sinngemäß, ohne A-striche)
3 ... Kommentar des Mediums (Autors) (Aussage oder Behauptung)
Urheber: /.........../
Der politische Zusammenhang des Urteils: /.........../

B. Inhaltliche Kategorien (Interne Textmerkmale)[10]

Persönlichkeit der Bezugsperson: /.../.../
13 14

1 ... Integrität
   Alle Aussagen, in denen davon die Rede ist, Brandt sei rechtschaffen, unbescholten, unbestechlich, redlich (unredlich), wahrhaftig, ehrlich (verlogen), habe keine Affären (Stichwort: Frauen), sei berechenbar (unberechenbar).
   Nicht: daß Brandt zuverlässig ist bzw. Vertrauen erweckt.

2 ... Zuverlässigkeit, Vertrauenswürdigkeit
   Alle Aussagen, in denen Brandt als seriös, loyal, solidarisch, zuverlässig dargestellt wird. Die Tatsache seiner Unehelichkeit soll seine Vertrauenswürdigkeit beeinträchtigen, also dies und Flucht (Emigration) unter diese Kategorie.

3 ... Ausstrahlung
   Alle Aussagen, in denen von seinem Ernst (Fröhlichkeit),

---

[10] Vgl. Doris Graber, Personal Qualities in Presidential Images: The Contribution of the Press. In: Midwest Journal of Political Science, Vol. XVI, 1972, S. 46—76; dieselbe, The Press as Opinion Resource During the 1968 Presidential Campaign. In: Public Opinion Quarterly, Vol. 95, 1971, Nr. 2, S. 168—182; dieselbe, Press and TV as Opinion Resources in Presidential Campaigns. In: Public Opinion Quarterly, 40. Jg., 1976, S. 285—303; vgl. auch Hans Mathias Kepplinger, Gabriela Ohl, Personalisierung und Selbstdarstellung im Wahlkampf 1976. In: Die Feder, Heft 10, Oktober 1980, S. 8 ff.

seiner Ruhe, Gelassenheit gesprochen wird, die ihn als bedächtig, schweigsam, schwerblütig, staatsmännisch (kleinkariert), sachlich, nüchtern (unbeherrscht) bezeichnen, in denen davon die Rede ist, er sei sympathisch (unsympathisch), geradeheraus (aalglatt), bescheiden (überheblich), entrückt, hoheitsvoll, würdig, missionarisch, hölzern, steif, verkrampft, spröde, er habe Autorität, Sendungsbewußtsein.

4 ... Selbstbewußtsein
Alle Aussagen, aus denen hervorgeht, daß Brandt sich seiner eigenen Fähigkeiten bewußt ist und das auch zu erkennen gibt.

5 ... Verständnis
Alle Aussagen, die zum Inhalt haben, daß sich Brandt der Sorgen anderer annimmt bzw. annehmen kann.

6 ... Stärke, Hartnäckigkeit
Alle Aussagen, in denen Brandt als dynamisch (schwerfällig), unbeirrbar (beeinflußbar), zupackend geschildert wird, in denen gesagt wird, daß er gut mit sich alleine sein könne, daß er in sich gefestigt sei, psychisch stabil, daß er Durchsetzungskraft besitze, daß er empfindlich sei.

7 ... Aktivität
Alle Aussagen, die Brandt als lebendig, tatkräftig, unternehmend, engagiert, leidenschaftlich kennzeichnen.

8 ... Fleiß
Alle Aussagen, aus denen hervorgeht, Brandt sei tüchtig und fleißig (faul).

9 ... Einfallsreichtum
Alle Aussagen, die Brandt als phantasievoll, geistig beweglich (starr) bezeichnen, die rühmen, er habe neue Ideen, biete neue Lösungen.

10 ... Verantwortungsbewußtsein
Alle Aussagen, in denen deutlich wird, daß sich Brandt der Verantwortung für Menschen oder seines Amtes bewußt ist oder diese Verantwortung übernehmen will.

Politische Fähigkeiten: /.../
15

Alle Aussagen über die Fähigkeiten Brandts, persönliche Qualitäten für die Durchsetzung seiner *politischen* Vorstellungen einzusetzen.

1 ... Prinzipientreue
   Alle Aussagen, in denen deutlich wird, daß Brandt seinen Prinzipien treu geblieben ist, daß er Kontinuität zeige, seine Grundsätze beibehalten habe.
2 ... Führungsqualitäten
   Alle Aussagen, aus denen hervorgeht, daß Brandt in der Lage ist zu führen, zu lenken, zu leiten, daß er tolerant (zu tolerant) sei, führungsstark (-schwach), argumentierend (indoktrinierend), großzügig, geduldig, breiten Konsens suchend, daß er überzeugen will, nicht überreden.
3 ... Vermittlungsgeschick
   Alle Aussagen, die zeigen, daß Brandt in der Lage ist zu vermitteln, zu integrieren, auszugleichen.
4 ... Taktik
   Alle Aussagen, die Brandt als listig, schlau (offen) bezeichnen, die beinhalten, daß Brandt geschickte Berechnungen über das Verhalten anderer anstellt und dieses ins eigene Kalkül zieht.
5 ... Sachverstand
   Alle Aussagen, in denen Brandt Kompetenz, Fähigkeit und Intelligenz zugeschrieben werden, daß er sachkundig sei (unfähig, fehlende sachliche Autorität, dilettantisch), daß er Augenmaß besitze, über eine gute Realitätssicht verfüge, weitblickend sei.
6 ... Organisationstalent
   Alle Aussagen, in denen deutlich wird, daß Brandt Arbeitsabläufe, Partei- und Regierungsapparat gut organisiert habe.
7 ... Personelles Geschick
   Alle Aussagen, die meinen, daß Brandt die richtigen Leute ausgesucht habe, über geeignete Mitarbeiter verfüge und diese an den richtigen Platz gesetzt habe.
8 ... Verhandlungsgeschick
   Alle Aussagen, aus denen hervorgeht, Brandts Verhandlungsführung sei klug, umsichtig, clever, zäh.

Politischer Stil: /.../
16

Alle Aussagen über Brandt, in denen deutlich wird, wie er politisch agiert, in welcher Art und Weise er sich im Amt, in der Partei, gegenüber der Öffentlichkeit verhält, und durch welche Ausdrucksmittel sein Verhalten charakterisiert wird.

1 ... Auftreten: sicher (hölzern, steif, verkrampft, spröde)
   Alle Aussagen, die sein Auftreten als überzeugend (widersprüchlich) kennzeichnen, die meinen, er sei aufgetreten, ohne Zweifel zu hinterlassen (schüchtern).
2 ... Auftreten: sachlich, ruhig, besonnen
   Alle Aussagen, aus denen hervorgeht, Brandts Auftreten sei abwägend und besonnen (aggressiv, autoritär, gereizt, hart, unbeherrscht, polemisch).
3 ... Auftreten: zurückhaltend
   Alle Aussagen, in denen Brandt als distanziert, verschlossen, schweigsam, nachdenklich (entrückt, hoheitsvoll, missionarisch) gekennzeichnet wird (menschenscheu).
4 ... Popularität
   Alle Aussagen, die Brandt die Attribute beliebt, gemeinverständlich, volkstümlich verleihen, daß Brandt großen Zulauf habe und gut ankomme.

Bewertung der Eigenschaften: /.../

17

Alle Aussagen über Eigenschaften Brandts *entsprechend der Intention der Urheber*, ohne dabei die Intensität der Wertung zu beachten.

1 ... positiv
   Alle aufwertenden, lobenden, befürwortenden Aussagen in bezug auf Person und Politik Brandts.
2 ... neutral
   Alle nicht eindeutig positiven oder negativen Aussagen.
3 ... negativ
   Alle abwertenden, ablehnenden, kritischen Aussagen über Willy Brandt.

1. 4 *Reliabilität des Verfahrens*

Es ist zu unterscheiden zwischen der maximal erreichbaren und der im Durchschnitt faktisch erreichten Zuverlässigkeit. Erstere hängt von der Schwierigkeit der Texte sowie der Angemessenheit des Kategoriensystems ab, letztere von Einstellung und Fähigkeit des Codierers sowie den besonderen Umständen der Auswertungsarbeit.[11]

[11] Vgl. Ernst H. Liebhart, Nationalismus in der Tagespresse 1949—1966. Studien zur Anwendung quantifizierender Inhaltsanalysen, Meisenheim am Glan 1971, S. 19.

Da die gesamte Auswertungsarbeit vom Verfasser allein durchgeführt wurde, ist eine konkrete Angabe zur Reliabilität nicht zu machen. Schwierig erwies sich die Tatsache, daß die Bayerische Staatsbibliothek Zeitungsbestände nicht ausleiht. Die Vercodung mußte deshalb dort unter den üblichen Einflüssen und Ablenkungen geschehen. Zur Überprüfung der Ergebnisse wurde jedoch eine — nach der Zufallsmethode — ausgewählte Menge des Textmaterials doppelvercodet. Die Übereinstimmungen waren befriedigend.

1. 5 Validität des Verfahrens

Anfechtbar ist, daß ein gewisses Maß an Interpretation nicht auszuschließen war. Der Ausschluß jeglichen subjektiven Elements ließ sich nicht realisieren, wäre doch ansonsten der Kategorienrahmen unübersehbar geworden. Jede Auswertung von Dokumenten, die sich nicht etwa auf einzelne Wortzählungen und dergleichen beschränkt, ist nur möglich durch Einbeziehung eines gewissen interpretativen Elements.[12] Das führt zu der Frage, ob die hier analysierten redaktionellen Reaktionen auch repräsentativ für das gesamte redaktionelle Meinungsbild der *Zeit* sind, ob also dem Ergebnis hinreichend hohe Gültigkeit zukommt. Diese Frage kann bejaht werden, da die erste Lage, also die ersten acht Seiten nahezu aller Ausgaben der *Zeit* zwischen dem 1. 9. 1969 und dem 31. 5. 1974 durchgesehen wurden. Offen bleiben muß allerdings das Problem, ob die in der *Zeit* manifest erschienenen Urteile auch tatsächlich mit dem Meinungsbild der Gesamtredaktion übereinstimmten.

---

[12] Vgl. Liebhart, a. a. O., S. 14.

2. ERGEBNIS

2.1 *Zeitraum: 12. September 1969 bis 13. März 1970*

negative Wertung ← 12.09.69 — 13.03.70 → positive Wertung

Persönlichkeit

```
 1  |||||
 2  ||||||
 3  |||||||
 4  |||||
 5  |||
 6  ||||||||||
 7  ||||||
 8  ||||||
 9  ||
10  |
```

Politische Fähigkeit

```
   1  |
   2  ||||||||
   3  ||||
   4  |
   5  |||||||
   6
 | 7  |||
   8  |
```

Politischer Stil

```
1  |||
2  ||||
3  ||
4  ||||||
```

Persönlichkeit: (1) Integrität - (2) Zuverlässigkeit, Vertrauenswürdigkeit - (3) Ausstrahlung - (4) Selbstbewußtsein - (5) Verständnis - (6) Stärke, Hartnäckigkeit - (7) Aktivität - (8) Fleiß - (9) Einfallsreichtum - (10) Verantwortungsbewußtsein

Politische Fähigkeiten: (1) Prinzipientreue - (2) Führungsqualitäten - (3) Vermittlungsgeschick - (4) Taktik - (5) Sachverstand - (6) Organisationstalent - (7) Personelles Geschick - (8) Verhandlungsgeschick

Politischer Stil: (1) Auftreten: sicher - (2) Auftreten: sachlich, ruhig, besonnen - (3) Auftreten: zurückhaltend - (4) Popularität

2.2 Zeitraum: 27. März 1970 bis 11. Dezember 1970

negative Wertung ← 27.03.70 — 11.12.70 → positive Wertung

Persönlichkeit

```
 1  |
 2  |||
 3  |||||
 4  |
 5
 6  ||
 7  |
 8  |||
 9
10  ||||||
```

Politische Fähigkeit

```
    1
 || 2  ||
    3  |
    4  |||
    5  ||||||
    6
    7
    8  |
```

Politischer Stil

```
    1  |
    2  |||||||||
    3  ||||
 |  4  |||||||||
```

Persönlichkeit: (1) Integrität - (2) Zuverlässigkeit, Vertrauenswürdigkeit - (3) Ausstrahlung - (4) Selbstbewußtsein - (5) Verständnis - (6) Stärke, Hartnäckigkeit - (7) Aktivität - (8) Fleiß - (9) Einfallsreichtum - (10) Verantwortungsbewußtsein

Politische Fähigkeiten: (1) Prinzipientreue - (2) Führungsqualitäten - (3) Vermittlungsgeschick - (4) Taktik - (5) Sachverstand - (6) Organisationstalent - (7) Personelles Geschick - (8) Verhandlungsgeschick

Politischer Stil: (1) Auftreten: sicher - (2) Auftreten: sachlich, ruhig, besonnen - (3) Auftreten: zurückhaltend - (4) Popularität

2.3 Zeitraum: 12. Februar 1971 bis 17. Dezember 1971

negative Wertung ← 12.02.71 — 17.12.71 → positive Wertung

Persönlichkeit

```
       1  ||
       2  ||
       3  ||
       4  |
       5  |
    |  6  |
       7  |||
       8
       9  |
      10  ||
```

Politische Fähigkeit

```
       1
    || 2  |||
     | 3  |||
     | 4  ||
       5  ||||||||
       6
       7
     | 8  |
```

Politischer Stil

```
       1  |
       2  |
     | 3
       4  ||||
```

Persönlichkeit: (1) Integrität - (2) Zuverlässigkeit, Vertrauenswürdigkeit - (3) Ausstrahlung - (4) Selbstbewußtsein - (5) Verständnis - (6) Stärke, Hartnäckigkeit - (7) Aktivität - (8) Fleiß - (9) Einfallsreichtum - (10) Verantwortungsbewußtsein

Politische Fähigkeiten: (1) Prinzipientreue - (2) Führungsqualitäten - (3) Vermittlungsgeschick - (4) Taktik - (5) Sachverstand - (6) Organisationstalent - (7) Personelles Geschick - (8) Verhandlungsgeschick

Politischer Stil: (1) Auftreten: sicher - (2) Auftreten: sachlich, ruhig, besonnen - (3) Auftreten: zurückhaltend - (4) Popularität

2.4 Zeitraum: 14. April 1972 bis 20. April 1973

negative Wertung ← 14.04.72 — 20.04.73 → positive Wertung

Persönlichkeit

```
  |  1  ||||
  |  2  ||||||||||
||| 3  ||||||||||
     4  |||
  |  5
||| 6  ||||||
||| 7  |
     8
     9  |
    10  ||||||||
```

Politische Fähigkeit

```
            1  |||
|||||||| 2  |||||||||||||||||||
       ||| 3  ||||||||||
    |||||| 4  |||||||||||||||||
       ||| 5  ||||||||||||
            6
     ||||| 7  |||
      |||| 8  |
```

Politischer Stil

```
      |  1  ||||||||
 ||||| 2  |||||||||||||||||||
|||||| 3  |||||||||||||||||||||||
      4  ||||||||||||
```

Persönlichkeit: (1) Integrität - (2) Zuverlässigkeit, Vertrauenswürdigkeit - (3) Ausstrahlung - (4) Selbstbewußtsein - (5) Verständnis - (6) Stärke, Hartnäckigkeit - (7) Aktivität - (8) Fleiß - (9) Einfallsreichtum - (10) Verantwortungsbewußtsein

Politische Fähigkeiten: (1) Prinzipientreue - (2) Führungsqualitäten - (3) Vermittlungsgeschick - (4) Taktik - (5) Sachverstand - (6) Organisationstalent - (7) Personelles Geschick - (8) Verhandlungsgeschick

Politischer Stil: (1) Auftreten: sicher - (2) Auftreten: sachlich, ruhig, besonnen - (3) Auftreten: zurückhaltend - (4) Popularität

2.5 Zeitraum: 15. Juni 1973 bis 17. Mai 1974

negative Wertung ← 15.06.73 — 17.05.74 → positive Wertung

Persönlichkeit

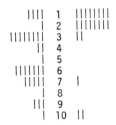

```
       ||||  1  |||||||||
          |  2  ||||||||
    ||||||||  3  ||
          ||  4
           |  5
     |||||||  6
       |||||  7  |
           |  8
         |||  9
           |  10 ||
```

Politische Fähigkeit

```
                                    |  1  |
||||||||||||||||||||||||||||||||||||  2  |
                                 ||||  3
                              |||||||  4
                             ||||||||  5  ||
                                 ||||  6
                           ||||||||||  7
                                |||||  8  |
```

Politischer Stil

```
                 |||  1
                     2  ||||
                ||||  3
  ||||||||||||||||||  4  |||||||
```

Persönlichkeit: (1) Integrität - (2) Zuverlässigkeit, Vertrauenswürdigkeit - (3) Ausstrahlung - (4) Selbstbewußtsein - (5) Verständnis - (6) Stärke, Hartnäckigkeit - (7) Aktivität - (8) Fleiß - (9) Einfallsreichtum - (10) Verantwortungsbewußtsein

Politische Fähigkeiten: (1) Prinzipientreue - (2) Führungsqualitäten - (3) Vermittlungsgeschick - (4) Taktik - (5) Sachverstand - (6) Organisationstalent - (7) Personelles Geschick - (8) Verhandlungsgeschick

Politischer Stil: (1) Auftreten: sicher - (2) Auftreten: sachlich, ruhig, besonnen - (3) Auftreten: zurückhaltend - (4) Popularität

Literaturverzeichnis

Das Literaturverzeichnis ist — in drei Abschnitten — durchgehend nach Autoren bzw. Herausgebern alphabetisch geordnet. Bei Autoren mit mehreren Veröffentlichungen werden zuerst die Buchtitel genannt, dann folgen Beiträge in Zeitschriften. Die namentlich gezeichneten Zeitungsartikel sind gesondert aufgeführt.

1. Dokumentationen und Materialien

Archiv der Gegenwart (AdG)
Bundesbank
— Geschäftsberichte der Deutschen Bundesbank für das Jahr 1973 und 1974.
Bundesministerium für innerdeutsche Beziehungen (Hrsg.):
— Meinungen und Dokumente zur Deutschlandpolitik und zu den Ostverträgen, Bonn 1972.
— Die Entwicklung der Beziehungen zwischen der Bundesrepublik Deutschland und der Deutschen Demokratischen Republik. Bericht und Dokumentation, Bonn 1973.
Bundestag
— Verhandlungen des Deutschen Bundestages, Stenographische Berichte, 6. und 7. Wahlperiode, 1969 ff. und 1972 ff.
— Mehrheitsbericht (SPD/FDP) des Guillaume-Untersuchungsausschusses, Bundestagsdrucksache 7/3246, S. 45 ff.
— Minderheitsbericht (CDU/CSU) des Guillaume-Untersuchungsausschusses, Bundestagsdrucksache 7/3246, S. 62 ff.
— Regierungskommission „Vorbeugender Geheimschutz" (Eschenburg-Kommission), Unterrichtung des Bundestages, Bundestagsdrucksache 7/3038, S. 1 ff.
Presse- und Informationsamt der Bundesregierung (Hrsg.):
— Bulletin.
— Die Verträge der Bundesrepublik Deutschland mit der Union der Sozialistischen Sowjetrepubliken vom 12. August 1970 und mit der Volksrepublik Polen vom 7. Dezember 1970.
— Die Berlin-Regelung. Das Viermächte-Abkommen über Berlin und die ergänzenden Vereinbarungen, Bonn 1971.
— Die Ostverträge in Dokumentation und Argumentation. Deutschland-Ost-Europapolitik. Zur Sache, Band 4/1972.
SPD
— Pressemitteilungen und Informationen, hrsg. vom Parteivorstand.
Westdeutscher Rundfunk
— Interview mit Herbert Wehner am 6. Januar 1980, ausgestrahlt von den Dritten Fernsehprogrammen der Nordkette und des WDR in der Sendereihe „Zeugen der Zeit". Fragen von Dr. Jürgen Kellermeier.

2. Bücher und Aufsätze in Zeitschriften

Adorno, Theodor W.; Horkheimer, Max: Soziologische Kurse, Frankfurt am Main 1967.
Allerbeck, Klaus R.: Demokratisierung und sozialer Wandel in der Bundesrepublik Deutschland. Sekundäranalyse von Umfragedaten 1953—1974, Opladen 1976.
Allport, Gordon W.: Die Natur des Vorurteils, herausgegeben und kommentiert von Carl Friedrich Graumann, Köln 1971.
Apel, Hans: Bonn, den ... Tagebuch eines Bundestagsabgeordneten, Köln 1972.
Arend, Peter: Die innerparteiliche Entwicklung der SPD 1966—1975, Bonn 1975.
Baring, Arnulf: Der Machtwechsel. Die Ära Brandt-Scheel, Stuttgart 1982.
Bauer, Wilhelm: Die moderne Presse als Geschichtsquelle, in: Zeitgeschichtliche Mitteilungen, Beiblatt zur Zeitschrift des Deutschen Vereins für Buchwesen und Schrifttum, Nr. 3/6, 1921.
Becker, Jörg; Lißmann, Hans-Joachim: Inhaltsanalyse — Kritik einer sozialwissenschaftlichen Methode, in: Arbeitspapiere zur politischen Soziologie, Heft 5, München 1973, S. 39—79.
Beer, Karl Willy: Die Zeit nach Brandt. Comeback für Illusionen? in: Die politische Meinung, 18. Jg. 1974, Heft 1954, S. 3.
Bender, Peter: Die Ostpolitik Willy Brandts oder die Kunst des Selbstverständlichen, Reinbek bei Hamburg 1972 (rororo aktuell Nr. 1548).
Berelson, Bernard: Content Analysis in Communication Research, New York 1952.
— Steiner, Gary A.: Menschliches Verhalten. Grundlegende Ergebnisse empirischer Forschung, Band II: Soziale Aspekte, Weinheim/Berlin/Basel 1972.
Bessler, Hansjörg: Aussagenanalyse. Die Messung von Einstellungen im Text der Aussagen von Massenmedien, Bielefeld 1970.
Beyme, Klaus von: Regierungswechsel 1969. Zum Wandel der Karrieremuster der politischen Führung, in: *Lehmbruch et al.* (Hrsg.): Demokratisches System und politische Praxis in der Bundesrepublik, München 1971.
Bickerich, Wolfram (Hrsg.): Die 13 Jahre. Bilanz der sozialliberalen Koalition, Reinbek bei Hamburg 1982.
Binder, David: The other German. Willy Brandt's Life and Times, Washington D. C. 1975.
Böhm, Anton: Ostpolitik und Spionage, in: Die politische Meinung, 18. Jg. 1974, Heft 154, S. 6.
Böttcher, Winfried: Deutschland aus britischer Sicht 1960—1972, Frankfurt am Main 1972.
Bortz, Jürgen; Braune, Paul: Imagewandel von Politikern aus der

Sicht der Leser zweier Tageszeitungen. Ergebnisse einer Langzeitstudie, in: Publizistik, 25. Jg. 1980, S. 230—250.
Bosch, Michael: Liberale Presse in der Krise. Die Innenpolitik der Jahre 1930—33 im Spiegel des Berliner Tageblatts, der Frankfurter Zeitung und der Vossischen Zeitung, Frankfurt am Main 1976.
Brandt, Willy: Mein Weg nach Berlin. Aufgezeichnet von Leo Lania, München 1960.
— Plädoyer für die Zukunft. Beiträge zur deutschen Politik. Mit einem Vorwort von Herbert Wehner, Frankfurt am Main 1972.
— Über den Tag hinaus. Eine Zwischenbilanz, Hamburg (2. Aufl.) 1974.
— Begegnungen und Einsichten. Die Jahre 1960—1975, Hamburg 1976.
— Links und frei. Mein Weg 1930—1950, Hamburg 1982.
— Möglichkeiten der deutschen Politik in einer sich wandelnden Welt, in: Bulletin des Presse- und Informationsamtes vom 11. 7. 1969, Nr. 92, S. 787.
Braunthal, Gerard: The Policy Function of the German Social Democratic Party, in: Comparative Politics, Vol. 9, Nr. 2, Jan. 1977, p. 127—145.
Brauswetter, Hartmut H.: Kanzlerprinzip, Ressortprinzip und Kabinettsprinzip in der ersten Regierung Brandt 1969—1972, hrsg. von der Konrad-Adenauer-Stiftung, Beiträge zur Wirtschaft und Politik, Band 14, Bonn 1976.
Bredow, Wilfried von: Sinkender Wehrwille. Anmerkungen zur These vom Ende der Wehrpflicht-Armee am Beispiel der Bundesrepublik Deutschland, in: liberal, 15. Jg. 1973, S. 94—111.
Bühler, Karl: Sprachtheorie, Jena 1934.
Cantril, Hadley: The Invasion from Mars. A Study in Psychology of Panic, New York 1940, Neuauflage 1966.
Edinger, Lewis J.: Political Change in Germany. The Federal Republic after the 1969 Election, in: Comparative Politics, Vol. 2. Nr. 4, New York 1970, p. 549.
Ellwein, Thomas: Das Regierungssystem der Bundesrepublik Deutschland, Opladen (3. Aufl.) 1973.
Eltermann, Ludolf K.: Kanzler und Oppositionsführer in der Wählergunst. Empirische Untersuchungsergebnisse zum Bild der Spitzenpolitiker in der Bevölkerung der Bundesrepublik von 1971 bis 1976, Stuttgart 1980.
Enzensberger, Hans Magnus: Journalismus als Eiertanz. Beschreibung einer allgemeinen Zeitung für Deutschland, in: Einzelheiten I, Bewußtseinsindustrie, Frankfurt am Main 1962.
Erdmann, Karl-Otto: Die Bedeutung des Wortes. Aufsätze aus dem Grenzgebiet der Sprachpsychologie und der Logik, Leipzig (4. Aufl.) 1925.

Fallaci, Oriana: Interview with Willy Brandt, in: Interview with History, New York 1976, S. 210—234.
Festinger, Leon A.: Theory of Cognitive Dissonance, Stanford/ Cal. 1957.
— Die Lehre von der kognitiven Dissonanz, in: *Wilbur Schramm* (Hrsg.): Grundfragen der Kommunikationsforschung, München 1973, S. 27—38.
Fraenkel, Ernst: Das amerikanische Regierungssystem, Köln/ Opladen 1960.
Freudenhammer, A.: Vater, K.: Herbert Wehner. Ein Leben mit der deutschen Frage, München 1978.
Fühlau, Ingunde: Untersucht die Inhaltsanalyse eigentlich Inhalte? in: Publizistik, 23. Jg. 1978, Heft 1—2.
Gaus, Günter: Interview mit Willy Brandt, in: Zur Person. Porträts in Frage und Antwort, München 1964.
Gerbner, Georg: The Analysis of Communication Content, New York 1969.
Glaser, Hermann (Hrsg.): Bundesrepublikanisches Lesebuch. Drei Jahrzehnte geistiger Auseinandersetzung, München 1978.
Glotz, Peter: Buchkritik in deutschen Zeitungen, Hamburg 1968.
— *Langenbucher, Wolfgang R.:* Der mißachtete Leser. Zur Kritik der deutschen Presse, Köln/Berlin 1969.
— Der Weg der Sozialdemokratie. Der historische Auftrag des Reformismus, Zürich 1975.
Graber, Doris: The Press as Opinion Resource During the 1968 Presidential Campaign, in: Public Opinion Quarterly, Vol. 35, Nr. 2, 1971, p. 168—182.
— Personal Qualities in Presidential Images: The Contribution of the Press, in: Midwest Journal of Political Science, Vol. 16, 1972, p. 46—76.
— Press and TV as Opinion Resources in Presidential Campaigns, in: Public Opinion Quarterly, 40. Jg. 1976, p. 285—303.
Greiffenhagen, Martin (Hrsg.): Der neue Konservatismus der siebziger Jahre. Mit Beiträgen von Imanuel Geis, Walter Jens, Wolfgang Schmidbauer u. a., Reinbek bei Hamburg 1974.
Grosser, Alfred: Geschichte Deutschlands seit 1945. Eine Bilanz, München (7. Aufl.) 1979.
Günther, Klaus: Regierungswechsel auf Raten — Zum Problem des partiellen Regierungswechsels und seiner Kontrollwirkungen, in: Kritik. Parlamentarismus ohne Transparenz, Band 3, Opladen 1971, S. 105.
Habermas, Jürgen: Strukturwandel der Öffentlichkeit. Untersuchungen zu einer Kategorie der bürgerlichen Öffentlichkeit, Neuwied am Rhein/Berlin (2. Aufl.) 1965.
Hagemann, Walter: Vom Mythos der Masse. Ein Beitrag zur Psychologie der Öffentlichkeit, Heidelberg 1951.
Haseloff, Otto Walter: Stern. Strategie und Krise einer Publikumszeitschrift, Mainz 1977.

Hermens, Ferdinand A.: Sicherung, Ausbau und Verankerung des parlamentarischen Systems in der Bundesrepublik, in: *Werner Kaltefleiter* (Hrsg.): Politik ohne Führung. Zur Situation des deutschen Parteiensystems nach den Landtagswahlen von 1970 und 1971, Köln 1971, S. 84.

Hillgruber, Andreas: Deutsche Geschichte 1945—1972. Die „deutsche Frage" in der Weltpolitik, Frankfurt am Main/Berlin/Wien 1974.

Hoppenkamps, Hermann: Information oder Manipulation? Untersuchung zur Zeitungsberichterstattung über eine Debatte des Deutschen Bundestages, Tübingen 1977.

Hrbek, Rudolf: Außenpolitische Gemeinsamkeiten von Regierung und Opposition, in: *Lehmbruch et al.* (Hrsg.): Demokratisches System und politische Praxis der Bundesrepublik, München 1971, S. 444—471.

Janowitz, Morris: Volunteer Armed Forces and Military Purpose, in: Foreign Affairs, 50. Jg. 1971/72, Heft 3, S. 430.

Kaack, Heino: Opposition und Außenpolitik, in: Politische Vierteljahresschrift (PVS), Sonderheft 1/1969, S. 224—249.

— Fraktions- und Parteiwechsler im Deutschen Bundestag, in: Zeitschrift für Parlamentsfragen (ZParl), 3. Jg. 1972, Heft 1, S. 3—27.

— Fraktionswechsel und Mehrheitsverhältnis im Deutschen Bundestag, in: Zeitschrift für Parlamentsfragen (ZParl), 3. Jg. 1972, Heft 2, S. 131—140.

Kaase, Max: Demokratische Einstellungen in der Bundesrepublik Deutschland, in: *Wildenmann et al.* (Hrsg.): Sozialwissenschaftliches Jahrbuch für Politik, München/Wien 1971, S. 119.

— Die Bundestagswahl 1972; Probleme und Analysen, in: Politische Vierteljahresschrift (PVS), 14. Jg. 1973, S. 148.

Kabel, Rainer: Politische Bildung und Nachrichten-Kritik, in: Rundfunk und Fernsehen, 21. Jg. 1973, S. 147—155.

Kaltefleiter, Werner: Im Wechselspiel der Koalitionen. Eine Analyse der Bundestagswahl 1969. Verfassung und Verfassungswirklichkeit, Jahrbuch 1970, Band 5, Teil 1, Köln 1970.

— Zwischen Konsens und Krise. Eine Analyse der Bundestagswahl 1972. Verfassung und Verfassungswirklichkeit, Jahrbuch 1973, Teil 1, Köln 1973.

— Vorspiel zum Wechsel. Eine Analyse der Bundestagswahl 1976. Verfassung und Verfassungswirklichkeit, Jahrbuch 1977, Berlin 1977.

— Mit Blick auf 1976. Die Konsequenzen der Wahlen von 1974, in: Die politische Meinung, 19. Jg. 1974, Heft Nr. 157, S. 3—9.

— Wandlungen des deutschen Parteiensystems 1949—1974, in: Aus Politik und Zeitgeschichte. Beilage zur Wochenzeitung Das Parlament, Nr. 14 vom 5. 4. 1975, S. 7.

Katz, Elihu; Lazarsfeld, Paul Felix: Persönlicher Einfluß und Meinungsbildung, München 1962.
Kepplinger, Hans Mathias (Hrsg.): Angepaßte Außenseiter. Was Journalisten denken und was sie arbeiten, München 1979.
— *Gabriela Ohl:* Personalisierung und Selbstdarstellung im Wahlkampf 1976, in: Die Feder, Heft 10, Oktober 1980, S. 8.
Kettenbach, Hans Werner: Der lange Marsch der Bundesrepublik. Aufgaben und Chancen der inneren Reformen. Mit einem Vorwort von Reimut Jochimsen, einem Interview mit Willy Brandt und einer Dokumentation, Düsseldorf/Wien 1971.
Kevenhörster, Paul: Das imperative Mandat. Seine gesellschaftspolitische Bedeutung, Frankfurt am Main/New York 1975.
Kewenig, Wilhelm: Geheimhaltung und Öffentlichkeit in der Außenpolitik: Der verfassungsrechtliche Rahmen, in: *Krogh et al.* (Hrsg.): Geheimhaltung und Öffentlichkeit in der Außenpolitik, Sozialwissenschaftliche Studien zur Politik, Band 4, Bonn 1974, S. 11.
Kissinger, Henry A.: Memoiren 1968—1973, München 1979.
— Memoiren 1973/1974, München 1982.
Klapper, Joseph T.: The Effect of Mass Communication, New York 1960.
Klingemann, Hans D.; Pappi, Franz Urban: The 1969 Bundestag Election in the Federal Republic of Germany. An Analysis of Voting Behavior, in: Comparative Politics, Vol. 2, Nr. 4, New York 1970, p. 523.
Knoll, Joachim H.: Das Verhältnis Österreich/Preußen zwischen 1848 und 1866 im Spiegel liberaler Zeitungen. Ein Beitrag zur Kooperation von Publizistikwissenschaft und Geschichtswissenschaft, in: Publizistik, 11. Jg. 1966, S. 264—276.
Koch, Manfred: Willy Brandt und das Andenken der Bundesrepublik im Ausland, in: Was hält die Welt von Willy Brandt? Aussagen internationaler Publizisten des In- und Auslandes. Vorwort von Conrad Ahlers, Hamburg 1972.
Kops, Manfred: Auswahlverfahren in der Inhaltsanalyse. Kölner Beiträge zur Sozialforschung und Angewandten Soziologie, Band 21, Meisenheim am Glan 1977.
Kracauer, Siegfried: The Challenge of Qualitative Content Analysis, in: Public Opinion Quarterly, Vol. 16, Nr. 4, 1959, S. 631—641. Auf deutsch erschienen in: Ästhetik und Kommunikation, 7. Jg. 1973, S. 53—58.
Krogh, Peter; Kaltefleiter, Werner (Hrsg.): Geheimhaltung und Öffentlichkeit in der Außenpolitik. Sozialwissenschaftliche Studien zur Politik, Band 4, Bonn 1974.
Kuper, Ernst: Frieden durch Konfrontation und Kooperation. Die Einstellung von Gerhard Schröder und Willy Brandt zur Entspannungspolitik, Stuttgart 1974.
Lange, Rolf; Richter, Gerhard: Erste vorzeitige Auflösung des Bundestages. Stationen vom konstruktiven Mißtrauensvotum

bis zur Vereidigung der zweiten Regierung Brandt/Scheel, in: Zeitschrift für Parlamentsfragen, 4. Jg. 1973, S. 38—76.
Langenbeck, W.: Presse und auswärtige Politik, in: Archiv für Politik und Geschichte. Monatsschrift. Neue Folge der „Hochschule", 6. Band, 4. Jahr, Berlin 1926, S. 604—608.
Langenbucher, Wolfgang R. (Hrsg.): Politik und Kommunikation. Über die öffentliche Meinungsbildung, München/Zürich 1979.
Lazarsfeld, Paul F.; Berelson, B.; Gaudet, H.: Wahlen und Wähler. Soziologie des Wahlverhaltens, Neuwied/Berlin 1969.
Lehmann, Hans-Georg: In Acht und Bann. Politische Emigration. NS-Ausbürgerung und Wiedergutmachung am Beispiel Willy Brandts, München 1976.
Leicht, Robert: Grundgesetz und politische Praxis. Parlamentarismus in der Bundesrepublik, München 1974.
— Das parlamentarische Pattproblem, in: Frankfurter Hefte, August 1972, S. 555.
Liebhart, Ernst H.: Nationalismus in der Tagespresse 1949—1966. Studien zur Anwendung quantifizierender Inhaltsanalyse, Meisenheim am Glan 1971.
Lindlau, Dagobert (Hrsg.): Dieser Mann Brandt ... Gedanken über einen Politiker. Von 35 Wissenschaftlern, Künstlern und Schriftstellern, München 1972.
Löwenthal, Richard et al. (Hrsg.): Die zweite Republik. 25 Jahre Bundesrepublik Deutschland — eine Bilanz, Stuttgart 1974.
Luhmann, Niklas: Öffentliche Meinung, in: *Wolfgang R. Langenbucher* (Hrsg.): Politik und Kommunikation, München/Zürich 1979, S. 29—61.
Mc Guire, W. J.: The Nature of Attitudes and Attitude Change, in: Handbook of Social Psychology, Second Edition, Band 3, Reading Mass. 1969.
Mayntz, Renate; Holm, Kurt; Hübner, Peter: Einführung in die Methoden der empirischen Soziologie, Opladen (2. Aufl.) 1971.
Meyn, Hermann: Massenmedien in der Bundesrepublik Deutschland, neu bearbeitete Auflage, Berlin 1974.
Middendorf, Doris: Die Politik des CSU-Abgeordneten von Guttenberg, Diss. München 1980.
Möller, Alex: Genosse Generaldirektor, München/Zürich 1978.
Mommsen, Wilhelm: Die Zeitung als historische Quelle, in: Archiv für Politik und Geschichte, Monatsschrift, Neue Folge der „Hochschule", 6. Band, 4. Jahr, Berlin 1926, S. 244—251.
Müller, Günther: Rote Zelle Deutschland — oder was wollen die Jungsozialisten wirklich? Stuttgart (2. Aufl.) 1972.
Müller, Helmut L.: Die westdeutschen Schriftsteller und die Politik. Eine Studie über das Politikverständnis der Literaten in der Bundesrepublik Deutschland unter zeitgeschichtlichem und systematischem Aspekt, München 1981.

Müller, Martin: Das konstruktive Mißtrauensvotum. Chronik und Anmerkungen zum ersten Anwendungsfall nach Art. 67 GG, in: Zeitschrift für Parlamentsfragen, 3. Jg. 1972, S. 275—292.

Nemitz, Manfred (Hrsg.): Machtwechsel in Bonn. Mit Beiträgen und Texten von Wolfram Dorn, Bruno Heck, Gustav Heinemann, Herbert Wehner, Willy Weyer, Gütersloh 1970.

Noelle-Neumann, Elisabeth; Schulz, Winfried (Hrsg.): Publizistik, Frankfurt am Main 1971.

Noelle-Neumann, Elisabeth: Öffentlichkeit als Bedrohung. Beiträge zur empirischen Kommunikationsforschung, Freiburg/München (2. Aufl.) 1979.

— Wahlentscheidung in der Fernsehdemokratie. Mit einer Einleitung von Hans Maier, Freiburg/Würzburg 1980.

— Die Schweigespirale. Öffentliche Meinung — unsere soziale Haut, Frankfurt am Main/Wien/Berlin 1982.

— Information und öffentliche Meinung. Anmerkungen zu einer unbefangen gestellten Frage, in: Publizistik, 11. Jg. 1966, S. 353.

— Kumulation, Konsonanz und Öffentlichkeitseffekt. Ein neuer Ansatz zur Analyse der Wirkungen der Massenmedien, in: Publizistik, 18. Jg. 1973, S. 26.

Osterroth, Franz; Schuster, Dieter: Chronik der deutschen Sozialdemokratie, Band III: Nach dem Zweiten Weltkrieg, Berlin/Bonn/Bad Godesberg (2. Aufl.) 1978.

Pool, Ithiel de Sola: Die Auswirkungen der Kommunikation auf das Wählerverhalten, in: *Wilbur Schramm* (Hrsg.): Grundfragen der Massenkommunikationsforschung, München (5. Aufl.) 1973, S. 155—166.

Pressel, Alfred: Der „Rheinische Merkur" und „Die Zeit". Vergleichende Inhaltsanalyse zweier Wochenzeitungen von verschiedener weltanschaulicher Orientierung, Berlin 1968.

Prittie, Terence: Willy Brandt. Biographie, Frankfurt am Main 1973.

Richardson, James: Probleme und Ansichten der neuen deutschen Ostpolitik, in: Europa Archiv, Folge 17/1968, S. 613—626.

Rieger, Thomas: Der Bundesnachrichtendienst im demokratischen Rechtsstaat, Diss. Hannover 1984.

Ritsert, Jürgen: Inhaltsanalyse und Ideologiekritik. Ein Versuch über kritische Sozialforschung, Frankfurt am Main 1972.

Ronneberger, Franz: Die politischen Funktionen der Massenkommunikationsmittel, in: Publizistik, 9. Jg. 1964, S. 291—304.

Roth, Reinhold: Außenpolitische Innovation und politische Herrschaftssicherung. Eine Analyse des außenpolitischen Entscheidungsprozesses am Beispiel der sozialliberalen Koalition 1969 bis 1973. Studien zum politischen System der Bundesrepublik Deutschland, hrsg. von Heino Kaack, Band 14, Meisenheim am Glan 1976.

Rudolf, Günther: Presseanalyse und zeitgeschichtliche Forschung.

Telegraf und WAZ zur Berlin-Krise 1948/49. Mit einem Vorwort von Aufermann, Pullach bei München 1972.
Rühl, Manfred: Vom Gegenstand der Inhaltsanalyse. Einige Anmerkungen zu traditionellen Denkprämissen, in: Rundfunk und Fernsehen, 24. Jg. 1976, Heft 4, S. 367—378.
Rust, Holger: Qualitative Inhaltsanalyse — begriffliche Willkür oder wissenschaftliche Methode? Ein theoretischer Entwurf, in: Publizistik, 25. Jg. 1980, Heft 1.
Schelsky, Helmut: Ortsbestimmung der deutschen Soziologie, Düsseldorf 1959.
Schneider, Franz: Pressefreiheit und politische Öffentlichkeit. Studien zur politischen Geschichte Deutschlands bis 1848, Neuwied am Rhein/Berlin 1966.
— Deutungsversuche von Öffentlichkeit und öffentlicher Meinung, in: Politische Bildung, Heft 4/1980, S. 4—15.
Schneider, Heinrich (Hrsg.): Aufgabe und Selbstverständnis der Politischen Wissenschaft, Darmstadt 1967.
Schoeck, Helmut: Vorsicht Schreibtischtäter. Politik und Presse in der Bundesrepublik, Stuttgart 1972.
Schönbach, Klaus: Trennung von Nachricht und Meinung. Empirische Untersuchung eines journalistischen Qualitätskriteriums, Freiburg/München 1977.
Schoeps, Hans Joachim: Was ist und was will die Geistesgeschichte. Über Theorie und Praxis der Zeitgeistforschung, Frankfurt am Main 1959.
Schramm, Wilbur (Hrsg.): Grundfragen der Kommunikationsforschung, München (5. Aufl.) 1973.
Schreiber, Hermann; Simon, Sven: Willy Brandt. Anatomie einer Veränderung, Düsseldorf/Wien (3. Aufl.) 1971.
Seiffert, Helmut: Einführung in die Wissenschaftstheorie, Band 1, München 1971.
Smith, Gordon: The New German Politics, in: The Political Quarterly, Vol. 44, London 1973, p. 283—293.
Sommer, Theo: Bonn Changes Course, in: Foreign Affairs, Vol. 45, April 1967, S. 463—481.
Sontheimer, Kurt: Die verunsicherte Republik. Die Bundesrepublik nach 30 Jahren, München 1979.
— Politische Wissenschaft und Staatsrechtslehre, in: *Heinrich Schneider* (Hrsg.): Aufgabe und Selbstverständnis der politischen Wissenschaft, Darmstadt 1967, S. 421.
Spahn, Martin: Die Presse als Quelle der neuesten Geschichte und ihre gegenwärtigen Benutzungsmöglichkeiten, in: Internationale Wochenschrift für Wissenschaft, Kunst und Technik, 2. Jg., Nr. 37 vom 12. 9. 1908, S. 1163—1170, und Nr. 38 vom 19. 9. 1908, S. 1201—1212.
Stokes, Oswald E.: Some Dynamic Elements of Contents for the Presidency, in: American Political Science Review, LX, März 1966.

Thaysen, Uwe: Repräsentativ-Erhebung: Richten sich die Bundestagsabgeordneten nach ihrem Gewissen? in: Zeitschrift für Parlamentsfragen, 5. Jg. 1974, Heft 1, S. 3—13.
Tomuschat, Christian: Öffentlichkeit und Außenpolitik in der demokratischen Rechtsordnung, in: *Krogh et al.* (Hrsg.): Geheimhaltung und Öffentlichkeit in der Außenpolitik, Bonn 1974, S. 23.
Walden, Matthias: Kassandra-Rufe. Deutsche Politik in der Krise, München/Wien 1975.
Was hält die Welt von Willy Brandt? Aussagen internationaler Publizisten des In- und Auslandes. Mit einem Beitrag von Manfred Koch. Vorwort von Conrad Ahlers, Hamburg 1972.
Wersig, Gernot: Inhaltsanalyse. Einführung in ihre Systematik und Literatur, Berlin 1968.
White, David Manning: The Gate Keeper. A Case Study in the Selection of News, in: Journalism Quarterly, Vol. 27, 1950, p. 383—390.
Wildenmann, Rudolf: CDU/CSU: Regierungspartei von morgen — oder was sonst? in: *Richard Löwenthal et al.* (Hrsg.): Die zweite Republik, Stuttgart 1974, S. 245.
Wildenmann, Rudolf et al. (Hrsg.): Sozialwissenschaftliches Jahrbuch für Politik, Band 2, München/Wien 1971.
Wildenmann, Rudolf; Kaltefleiter, Werner: Funktionen der Massenmedien, Frankfurt am Main 1968.
Wotjak, Gerd: Untersuchungen zur Struktur der Bedeutung. Ein Beitrag zu Gegenstand und Methode der modernen Bedeutungsforschung unter besonderer Berücksichtigung der semantischen Konstitutenanalyse, Berlin 1971.
Zülch, Rüdiger: Von der FDP zur F.D.P. Die dritte Kraft im deutschen Parteiensystem. Sozialwissenschaftliche Studien, Band 1, Bonn 1972.

3. Beiträge in Zeitungen

Appel, Reinhard: Bonn vor der Bewährungsprobe (LA), SZ Nr. 213 vom 16./17. 9. 1972, S. 4.
— Nach Adenauer eine Ära Brandt/Scheel, SZ Nr. 269 vom 22. 11. 1972.
Augstein, Rudolf: 4 zu 2 zu 4, Spiegel Nr. 44 vom 25. 10. 1971, S. 34.
— (Noch kein) Watergate in Bonn, Spiegel Nr. 25 vom 18. 6. 1973, S. 22.
— Er hat's nötig, Spiegel Nr. 9 vom 25. 2. 1974, S. 20.
— Onkels Rolle, Spiegel Nr. 21 vom 20. 5. 1974, S. 20.
Baring, Arnulf: Ein Politiker auf der Suche nach seiner Heimat. Kritische Anmerkungen zu drei Biographien über Willy Brandt, Zeit Nr. 11 vom 5. 3. 1976, S. 16.

Bavendamm, Dirk: Ruhm in Stimmen verwandeln, SZ Nr. 229 vom 5. 10. 1972, S. 3.
Becker, Kurt: Bonns politische Ouverture, Zeit Nr. 50 vom 12. 12. 1969, S. 1.
— Pompidou macht es nicht billig, Zeit Nr. 49 vom 5. 12. 1969, S. 3.
— Das deutsche Nadelöhr, Zeit Nr. 13 vom 27. 3. 1970, S. 1.
— Brandt muß mehr wagen, Zeit Nr. 26 vom 26. 6. 1970, S. 1.
Bergdoll, Udo: Wehner und Wienand, SZ Nr. 136 vom 15. 6. 1973, S. 4.
— „Es ist nicht die Zeit zum Jammern", SZ Nr. 106 vom 8. 5. 1974, S. 3.
Bernstorf, Martin: Brandt siegte auf der halben Linie, Zeit Nr. 16 vom 20. 4. 1973, S. 4.
Blank, Ulrich: Ein Sancho Pansa namens Willy Brandt, Stern vom 11. 1. 1973, S. 14.
— Bis daß der Marx euch scheidet, Stern Nr. 15 vom 5. 4. 1973, S. 102.
— Gottvater hat alles wohlgetan, Stern Nr. 17 vom 18. 4. 1973, S. 176.
Breitenstein, Rolf: Brandt: Die Bundesrepublik ist ein mündiger Staat, FR vom 20. 9. 1971.
Brügge, Peter: Und alle sind sie Präsident, Spiegel Nr. 27 vom 2. 7. 1973, S. 28.
Bruhns, Wibke: Sie schlagen und sie brauchen sich, Stern Nr. 44 vom 25. 10. 1973, S. 72.
Buchalla, Carl E.: Wehner zwei Stunden bei Tito, SZ vom 3. 9. 1970.
Buhl, Dieter: Die roten Fahnen nach hinten, Zeit Nr. 19 vom 8. 5. 1970, S. 2.
Dönhoff, Marion Gräfin: Barzels Pappkameraden, Zeit Nr. 2 vom 9. 1. 1970, S. 1.
— Ein Anfang in Moskau, Zeit Nr. 33 vom 14. 8. 1970, S. 1.
— Die Weichen stehen auf Frieden, Zeit Nr. 34 vom 21. 8. 1970, S. 3.
— Wenn Barzel Kanzler wäre, Zeit Nr. 12 vom 24. 3. 1972, S. 1.
— Bonn ist nicht Weimar. In der Krise bewährte sich die Demokratie, Zeit Nr. 18 vom 15. 5. 1972, S. 1.
Doherr, Annemarie: Keine begeisterten Brandt-Rufe wie in früheren Jahren, FR vom 18. 12. 1973.
Dreher, Klaus: Die nächsten Schritte (LA), SZ Nr. 196 vom 17. 8. 1970, S. 4.
— Befürworter zeigen Enthaltung statt Haltung, SZ Nr. 113 vom 18. 5. 1972.
— Barzels seltsames Angebot, SZ Nr. 259 vom 10. 11. 1972, S. 4.
— Mit kranker Stimme so klar wie noch nie, SZ Nr. 285 vom 11. 12. 1972, S. 3.

- Der Neuling zeigt dem starken Mann die Zähne, SZ Nr. 42 vom 20. 2. 1973, S. 3.
- Denkzettel für Wehner, SZ Nr. 281 vom 5. 12. 1973, S. 4.

Eschenburg, Theodor: Politische Chirurgie, Zeit Nr. 51 vom 19. 12. 1976, S. 5.

Flach, Karl-Hermann: FR vom 6. 10. 1969.
- Ende der Nachkriegszeit, FR vom 22. 10. 1969.

Friedrich, Karin: Die Spannung löste sich in Begeisterung, SZ Nr. 98 vom 28. 4. 1972, S. 13.

Frisch, Max: Bundestagswahl — von außen gesehen, Zeit Nr. 46 vom 17. 11. 1972, S. 18.

Gaus, Günter: Warten auf einen Kanzler, Spiegel Nr. 6 vom 1. 2. 1971, S. 27.
- Rapallo liegt nicht auf der Krim, Spiegel Nr. 39 vom 20. 9. 1971, S. 26.
- Die Situation ist da, Spiegel Nr. 20 vom 8. 5. 1972, S. 22.
- Der maßlose Wahlkampf, Spiegel Nr. 40 vom 29. 9. 1972, S. 20.
- Spiegel Nr. 47 vom 13. 11. 1972, S. 26.
- Spiegel Nr. 48 vom 21. 11. 1972, S. 26.

Grass, Günter: Vorwärts vom 1. 3. 1973 (Bürger für Brandt).
- Koalition im Schlafmützentrott, Vorwärts vom 29. 11. 1973.

Grunenberg, Nina: Zeit Nr. 43 vom 20. 10. 1972.

Heigert, Hans: Endlich normale Fronten, SZ Nr. 226 vom 20./21. 9. 1969, S. 4.
- FDP-Niederlage mit Folgen, SZ Nr. 233 vom 29. 9. 1969 (Fernausgabe).
- Prothesen für Berlin (LA), SZ Nr. 197 vom 18. 8. 1970, S. 4.
- Ein historisches Datum (LA), SZ Nr. 206 vom 28./29. 8. 1971, S. 4.
- Tiefschläge statt Opposition (LA), SZ Nr. 230 vom 25./26. 9. 1971, S. 4.
- Verträge der Nation (LA), SZ Nr. 113 vom 18. 5. 1972, S. 4.
- Katz und Maus (LA), SZ Nr. 125 vom 3./4. 6. 1972, S. 4.
- Verfall einer Autorität (LA), SZ Nr. 154 vom 8./9. 7. 1972, S. 4.
- Der Kampf beginnt (LA), SZ Nr. 217 vom 21. 9. 1972, S. 4.
- Herrscht nur noch Niedertracht? (LA), SZ Nr. 230 vom 6. 10. 1972, S. 4.
- Ein Wechsel auf die Zukunft, SZ Nr. 258 vom 9. 11. 1972, S. 4.
- Die SPD muß sich erklären (LA), SZ Nr. 52 vom 3./4. 3. 1973, S. 4.
- Das verlorene Augenmaß (LA), SZ Nr. 70 vom 24./25. 3. 1973, S. 4.
- Die Fahnen sind gezeigt (LA), SZ Nr. 88 vom 14./15. 4. 1973, S. 4.

- Arroganz und Augenmaß (LA), SZ Nr. 225 vom 4. 10. 1973, S. 4.
- Agitation gegen Vernunft (LA), SZ Nr. 59 vom 11. 3. 1974, S. 4.
- Das Ende einer Vernunft, SZ vom 8. 5. 1974, S. 4.

Hildebrandt, Dieter: Politischer Witz — gar nicht zum Lachen, Zeit Nr. 16 vom 12. 4. 1974, S. 18.

Höfer, Werner: „Im ganzen hat es gut geklappt", Zeit Nr. 1 vom 1. 1. 1971, S. 3.

Hoffmann, Volkmar: Die Zeitbombe des Vorsitzenden Willy Brandt, FR vom 10. 9. 1974, S. 3.

Holzer, Werner: Der deutsche Traum vom starken Mann, FR vom 11. 12. 1973.
- Vor Robotern wird gewarnt, FR vom 10. 5. 1974.

Jaenecke, Heinrich: Wo Willy Brandt noch Herbert heißt, Stern vom 27. 2. 1972, S. 18 ff.
- Ausflug ins Volk, Stern Nr. 28 vom 5. 7. 1973, S. 102.

Kaiser, Carl-Christian: Zeit Nr. 36 vom 5. 9. 1969, S. 1.
- Staatsmann und Volk, Zeit Nr. 37 vom 12. 9. 1969, S. 6.
- Der dramatische Tag von Kassel, Zeit Nr. 22 vom 29. 5. 1970, S. 3.
- Des Kanzlers täglich Brot, Zeit Nr. 39 vom 21. 9. 1973, S. 7.
- Wie lange noch im Zwielicht?, Zeit Nr. 52 vom 21. 12. 1973.

Kempski, Hans Ulrich: „Hier stehe ich und kann nicht anders", SZ Nr. 222 vom 16. 9. 1969, S. 3.
- Mit kühlen Köpfen auf dem Weg zur Macht, SZ Nr. 238 vom 4./5. 10. 1969, S. 3.
- Noch keiner weiß, wie die Münze fällt, SZ Nr. 250 vom 18./19. 10. 1969, S. 3.
- Die britische Karte liegt auf dem Tisch, SZ Nr. 289 vom 3. 12. 1969, S. 3.
- Der Kanzler dämpft Triumphgefühle, SZ Nr. 28 vom 2. 2. 1970, S. 3.
- Die Realität zu sehen, war die Reise wert, SZ Nr. 69 vom 21./22. 3. 1970, S. 3.
- So lustig war es im Weißen Haus noch nie, SZ Nr. 88 vom 13. 4. 1970, S. 3.
- Der Kanzler unterschreibt mit schwerer Hand, SZ Nr. 293 vom 8. 12. 1970, S. 3.
- Der Kanzler setzt Signale in Amerika, SZ Nr. 143 vom 16. 6. 1971, S. 3.
- Auf leisen Sohlen in die Wahlschlacht, SZ Nr. 219 vom 23./24. 9. 1972, S. 3.
- Der Kanzler macht sanfte Seelenmassage, SZ Nr. 263 vom 15. 11. 1972, S. 3.
- Der Chef zeigt Frondeuren die Muskeln, SZ Nr. 84 vom 12. 4. 1973, S. 3.

— "Mir kommt das ganze wie im Kino vor", SZ Nr. 109 vom 11./12. 5. 1974, S. 3.
— Die Genossen schließen eine Liebeslücke, SZ Nr. 263 vom 15./16. 11. 1975, S. 3.

Kepper, Hans: Ein Kanzler ohne Komplexe, FR vom 28. 1. 1970.

Kinnigkeit, Willy: Gegenleistungen in Berlin (LA), SZ Nr. 206 vom 28. 8. 1970, S. 4.

Koch, Peter: Der Vertrag, Stern Nr. 48 vom 19. 11. 1972, S. 24.
— Bis daß der Marx euch scheidet, Stern Nr. 15 vom 5. 4. 1973, S. 102.

Krüger, Horst: Bonn hat einen neuen Klang, Zeit Nr. 46 vom 14. 11. 1969, S. 21.
— Was bleiben sollte, Zeit Nr. 33 vom 13. 8. 1971, S. 13.

Mann, Golo: Menschliche Schwäche, politische Größe, Zeit Nr. 21 vom 17. 5. 1974, S. 6.

Meyer, Claus Heinrich: Der falsche Wahlkampf (LA), SZ Nr. 197 vom 18. 8. 1969, S. 4.
— Politik — oder Franz Josef Strauß (LA), SZ Nr. 193 vom 13. 8. 1970, S. 4.

Nannen, Henri: Stern vom 18. 1. 1973, S. 3.
— Willy Brandt und der Heiligenschein, Stern Nr. 21 vom 16. 5. 1974, S. 12.

Neumaier, Eduard: Nach 1066 Tagen: Der Kanzler und seine Krise, Zeit Nr. 38 vom 22. 9. 1972, S. 2.
— Vertrauen auf „ihren Kanzler", Zeit Nr. 49 vom 30. 11. 1973, S. 7.
— Zeit-Magazin Nr. 51 vom 14. 12. 1973.

Noack, Hans-Joachim: FR vom 14. 4. 1973.
— Auf die Sänfte hoben ihn nur die Knappen, FR vom 28. 6. 1973, S. 3.

Palmer, Hartmut: Der Erzähler schweigt sich aus, SZ Nr. 282 vom 17. 12. 1977, S. 3.

Reiser, Hans: Ein Machtwechsel wäre möglich (LA), SZ Nr. 234 vom 30. 9. 1969, S. 4.
— Bundeskanzler Willy Brandt. Die Karriere begann im dritten Leben, SZ Nr. 253 vom 22. 10. 1969, S. 3.
— Drinnen gebremst — draußen ermuntert, SZ Nr. 24 vom 28. 1. 1970, S. 3.
— Warten auf Reformen (LA), SZ Nr. 3 vom 4. 1. 1971, S. 4.
— In Berlin bewährt (LA), SZ Nr. 202 vom 24. 8. 1971, S. 4.
— Vertrauensfrage an die Wähler (LA), SZ Nr. 215 vom 19. 9. 1972, S. 4.
— Je größer der Saal, desto derber die Worte, SZ Nr. 259 vom 10. 11. 1972, S. 3.

- Selbsttrost und späte Klagen (LA), SZ Nr. 286 vom 12. 12. 1972, S. 4.
- Diffuse Sozialdemokratie (LA), SZ Nr. 67 vom 20. 3. 1973, S. 4.
- Ehmkes Komplott-Theorie, SZ Nr. 205 vom 6. 9. 1973, S. 4.
- Wehner prüft seinen Stellenwert (LA), SZ Nr. 228 vom 3. 10. 1973, S. 4.
- Nebel unter dem Olymp (LA), SZ Nr. 231 vom 6. 10. 1973, S. 4.
- Das schwache Jahr nach dem Sieg (LA), SZ Nr. 291 vom 17. 12. 1973, S. 4.
- Koalition im Schüttelfrost (LA), SZ Nr. 10 vom 12. 1. 1974, S. 4.

Richter, Horst Eberhard: Brandts Sturz — ein Gruppenproblem, Spiegel Nr. 21 vom 20. 5. 1974, S. 132.

Riedmiller, Josef: Nicht mehr der „kleine Staatssekretär", SZ Nr. 237 vom 14. 10. 1972, S. 11.

Roitsch, Jutta: Das eingefrorene Gesicht ist wieder aufgetaut, FR vom 15. 10. 1974.

Schreiber, Hermann: „Dies darf alles nicht rührselig werden", Spiegel Nr. 43 vom 3. 11. 1969, S. 46.
- Für einen Tag die heimliche Hauptstadt, Spiegel Nr. 13/1970, S. 33.
- Er hat auch nicht geweint, Spiegel Nr. 23 vom 1. 6. 1970, S. 34.
- Ein Stück Heimkehr, Spiegel Nr. 51 vom 14. 12. 1970, S. 29.
- Vorbei die Tage der Regionalliga, Spiegel Nr. 43 vom 18. 10. 1971, S. 41.
- Eine Art Andacht, Spiegel Nr. 19 vom 1. 5. 1972, S. 26.
- Und Barzel ist ein ehrenwerter Mann, Spiegel Nr. 47 vom 13. 11. 1972, S. 41.
- Die Partei hat einen Patriarchen, Spiegel Nr. 16 vom 16. 4. 1973, S. 22.
- „Bestimmt kein böser Deutscher — leider", Spiegel Nr. 25 vom 18. 6. 1973, S. 28.
- Versagen in netter Form, Spiegel vom 13. 8. 1973.

Schröder, Dieter: Mehr als eine Stilfrage, SZ Nr. 225 vom 29. 9. 1973, S. 4.

Schuster, Hans: Plattform für die Zukunft (LA), SZ Nr. 192 vom 12. 8. 1970, S. 4.
- Ein überzeugender Friedenspreis (LA), SZ Nr. 252 vom 21. 10. 1971, S. 4.
- Bahn frei für Neuwahlen (LA), SZ Nr. 115 vom 20./21./22. 5. 1972, S. 4.
- Über dem Schlachtgetümmel (LA), SZ Nr. 231 vom 7./8. 10. 1972, S. 4.
- Das Kräftefeld der Koalition (LA), SZ Nr. 284 vom 9./10. 1972, S. 4.

- Der Kampf um die Mitte (LA), SZ Nr. 21 vom 26. 1. 1973, S. 4.
- Probe auf dem Grundvertrag (LA), SZ Nr. 64 vom 16. 3. 1973, S. 4.

Schwelien, Joachim: Bonns Schlüsselrolle, Zeit Nr. 11 vom 13. 3. 1970, S. 1.

Sommer, Theo: Der lange Marsch zur Macht, Zeit Nr. 38 vom 19. 9. 1969, S. 3.
- Das Ende einer Herrschaft, Zeit Nr. 40 vom 3. 10. 1969, S. 1.
- Ein Jahr ist nicht genug, Zeit Nr. 43 vom 23. 10. 1970.
- Trommelfeuer mit Platzpatronen. Das letzte Gefecht um die Ostverträge, Zeit Nr. 2 vom 14. 2. 1972, S. 1.
- Nicht auf Biegen und Brechen, Zeit Nr. 14 vom 7. 4. 1972, S. 1.
- Niedertracht aus der Dunkelkammer, Zeit Nr. 16 vom 21. 4. 1972, S. 1.
- Jenseits des Kleingedruckten, Zeit Nr. 20 vom 19. 5. 1972, S. 1.
- Ein Grundvertrag macht Mögliches möglich, Zeit Nr. 45 vom 20. 11. 1972, S. 3.
- Heißer Herbst des Unbehagens, Zeit Nr. 33 vom 10. 8. 1973, S. 1.
- Kotau vor dem Öl, Zeit Nr. 47 vom 16. 11. 1973, S. 1.
- Bonner Baldrian, Zeit Nr. 48 vom 23. 11. 1973, S. 1.
- Des Kanzlers jäher Sturz, Zeit Nr. 20 vom 10. 5. 1974, S. 1.

Stehle, Hansjakob: Schlußpunkt unter die Vergangenheit, Zeit Nr. 50 vom 11. 12. 1970.

Stolze, Diether: Treibjagd auf Schiller, Zeit Nr. 12 vom 20. 3. 1970, S. 39.
- Ein Zeitalter des Mangels, Zeit Nr. 49 vom 30. 11. 1973, S. 1.

Süskind, Martin E.: „Es ist nicht die Zeit zum Jammern", SZ Nr. 106 vom 8. 5. 1974, S. 3.

Tern, Jürgen: Der Bundeskanzler Willy Brandt, FAZ vom 22. 10. 1969.

Vetten, Horst: Vorher, nachher: Willy Brandt, Zeit-Magazin Nr. 20 vom 9. 5. 1975, S. 14.

Walser, Martin: Wahlgedanken, Zeit Nr. 45 vom 10. 11. 1972, S. 26.

Wocker, Karl-Heinz: Brandt bei den Briten, Zeit Nr. 10 vom 6. 3. 1970, S. 1.

Ziegler, Gerhardt: Die Union der Menschlichkeit, FR Nr. 264 vom 13. 11. 1972.

Zimmer, Dieter E.: Ein Kapitel Geist und Macht, Zeit Nr. 21 vom 17. 5. 1974, S. 13.
- Ein Abbau von Illusionen, Zeit Nr. 41/1976, S. 33.

Zundel, Rolf: Die Signale der Liberalen, Zeit Nr. 36 vom 5. 9. 1969, S. 1.
- Wilde Streiks und grober Wahlkampf, Zeit Nr. 37 vom 12. 9. 1969, S. 1.

- Ein Mann der gelinden Macht, Zeit Nr. 43 vom 24. 10. 1969, S. 3.
- Bilanz nach hundert Tagen, Zeit Nr. 5 vom 30. 1. 1970, S. 1.
- Seit Erfurt ist alles anders, Zeit Nr. 13 vom 27. 3. 1970, S. 2.
- Der Kanzler lebt gefährlicher, Zeit Nr. 25 vom 19. 6. 1970.
- Pannen und Publizität, Zeit Nr. 27 vom 3. 7. 1970, S. 4.
- Mit etwas Glück bis 1973, Zeit Nr. 43 vom 23. 10. 1970, S. 3.
- Trotzdem: innere Reformen, Zeit Nr. 50 vom 11. 12. 1970, S. 1.
- Durststrecke für Willy Brandt, Zeit Nr. 7 vom 12. 2. 1971, S. 3.
- Abschied von Blütenträumen, Zeit Nr. 21 vom 21. 5. 1971, S. 1.
- Sturm auf Palais Schaumburg, Zeit Nr. 17 vom 28. 4. 1972, S. 1.
- Zehn Tage, die Bonn erschütterten, Zeit Nr. 18 vom 5. 5. 1972, S. 3.
- Das Risiko des Rainer Barzel, Zeit Nr. 20 vom 19. 5. 1972, S. 3.
- Der Aufstand der Theoretiker, Zeit Nr. 10 vom 2. 3. 1973, S. 3.
- Linker Vormarsch — wie weit? Zeit Nr. 17 vom 20. 4. 1973, S. 1.
- SPD-Sturz vom Podest, Zeit Nr. 25 vom 15. 8. 1973, S. 1.
- Wie „entrückt" ist Willy Brandt? Zeit Nr. 50 vom 7. 12. 1973, S. 3.
- Muß der Staat stets kapitulieren, Zeit Nr. 8 vom 15. 2. 1974, S. 1.
- Der Schock von Hamburg, Zeit Nr. 11 vom 8. 3. 1974, S. 1.
- Man trägt wieder konservativ, Zeit Nr. 14 vom 29. 3. 1974, S. 1.
- Ein Kanzler, der seine Kraft erschöpfte, Zeit Nr. 20 vom 10. 5. 1974, S. 3.
- Wetterleuchten über Bonn, Zeit vom 20. 9. 1974, S. 3.

Warnfried Dettling (Hrsg.)
Deutsche Parteien im Wandel
Eine Bestandsaufnahme von Rüdiger Altmann, Bernd Guggenberger, Werner Kaltefleiter, Ulrich Lohmar und Heinrich Oberreuter

„Analysen und Perspektiven" Band 17, 140 S., kart. DM 16,80

Michael von Klipstein / Burkhard Strümpel
Der Überdruß am Überfluß
Die Deutschen nach dem Wirtschaftswunder

„Analysen und Perspektiven" Band 18, 212 S., kart. DM 18,—

Günter Olzog / Hans-J. Liese
Die politischen Parteien in der Bundesrepublik Deutschland
Geschichte — Programmatik — Organisation — Personen — Finanzierung
Mit Text des Parteiengesetzes

„Geschichte und Staat" Band 104, 14. Aufl., 192 S., kart. DM 6,80

Jürgen Maruhn / Manfred Wilke (Hrsg.)
Wohin treibt die SPD?
Wende oder Kontinuität sozialdemokratischer Sicherheitspolitik

Mit Beiträgen von Friedrich-Wilhelm Baer-Kaupert, Hartmut Jäckel, Karl Kaiser, Jürgen Maruhn, Horst Niggemeier, Gesine Schwan, Manfred Wilke und Heinrich August Winkler sowie den Reden von Helmut Schmidt (Parteitag in Köln) und Manès Sperber (Friedenspreisverleihung).

190 S., kart. DM 16,80

GÜNTER OLZOG VERLAG — 8000 MÜNCHEN 22

GESCHICHTE UND STAAT (Auswahl)

GS 104 Olzog / Liese
Die politischen Parteien
GS 105 Herbert Schneider
Die Interessenverbände
GS 106 H. Bauer
Die Presse und die öffentliche Meinung
GS 107/108 GB H. Lampert
Die Wirtschafts- und Sozialordnung
GS 114/115 Paul Noack
Die deutsche Nachkriegszeit
GS 116 H. Limmer
Die deutsche Gewerkschaftsbewegung
GS 133/133a GB Günther Unser
Die UNO
GS 141/142 GB Peter Waldrich
Der Staat
GS 143/143a Beer / Laux
Die Gemeinde
GS 152/153 Cordula Koepcke
Sozialismus in Deutschland
GS 164/165 GB Heiko Flottau
Hörfunk und Fernsehen heute
GS 169/170 Cordula Koepcke
Die Frau und die Gesellschaft
GS 173/174 Hans-Ulrich Behn
Die Bundesrepublik Deutschland
GS 175/176 GB Franz Prinz SJ
Kirche und Arbeiterschaft
GS 183 W. Dettling
Die gelenkte Gesellschaft
GS 189 Günter Poser
Die NATO
GS 192/193 GB **Demokratische Gesellschaft** — Erster Teil
GS 194/195 GB **Demokratische Gesellschaft** — Zweiter Teil
GS 206/207 Schreiber / Birkl
Zwischen Sicherheit und Freiheit
GS 212 Ludger Kühnhardt
Christliche Sozialehre konkret
GS 213 Wolfgang Bergsdorf
Politik und Sprache
GS 214 Heiner Geißler (Hrsg.)
Der Weg in die Gewalt
GS 215 Wulf Schönbohm
CDU — Porträt einer Partei
GS 216 Peter Gutjahr-Löser
CSU — Porträt einer Partei
GS 217 Egon Bahr (Hrsg.)
SPD — Porträt einer Partei
GS 218 Friedrich Henning
F.D.P. — Porträt einer Partei
GS 219/219a Wolfgang Fikentscher
Blöcke und Monopole in der Weltpolitik
GS 220—222 J. Wichmann (Hrsg.)
Kirche in der Gesellschaft — Der katholische Beitrag
GS 223—225 H.-W. Heßler (Hrsg.)
Kirche in der Gesellschaft — Der evangelische Beitrag
GS 226/227 Reinhard Schmoeckel
Strategie einer Unterwanderung
GS 228/229 Rudolf Schloz
Deutsche Entwicklungspolitik
GS 230 Cordula Koepcke
Wege zur Freiheit
GS 231/232 GB Wulf Schönbohm (Hrsg.)
Verfassungsfeinde als Beamte?
GS 233 Egbert Weber
Sozialismus in der europäischen Geistesgeschichte
GS 234/235 GB Heiner Geißler (Hrsg.)
Optionen auf eine lebenswerte Zukunft
GS 236 Johannes B. Lotz
Die Religion in ihrer Bedeutung für die technische Kultur
GS 237 Günter Poser
Militärmacht Sowjetunion 1980
GS 238/239 Ockenfels / Wagner
Signale in die achtziger Jahre
GS 240 Gottfried Dietze
Deutschland — Wo bist Du?
GS 241—243 Stefan Schwarz
Die Juden in Bayern im Wandel der Zeiten
GS 244/245 GB Gerhard Grimm
Der Nationalsozialismus
GS 246 Wolfgang Höpker
Der Westen ist stärker als er denkt
GS 247—249 Rauscher (Hrsg.)
Der soziale und politische Katholizismus — Band 1
GS 250—252 Rauscher (Hrsg.)
Der soziale und politische Katholizismus — Band 2
GS 254/255 GB Gotto / Buchstab (Hrsg.)
Die Gründung der Union
GS 256 Helmut M. Schäfer
Die Grundlagen des Rechts
GS 257/258 GB Jochen Löser
Weder rot noch tot
GS 259/260 Hans-Adam Pfromm
Das neue DGB-Grundsatzprogramm
GS 263/264 GB Otto Schedl
Programmierte Energiekrise?
GS 267 Manon Maren-Grisebach
Philosophie der Grünen
GS 268 H.-U. Engel (Hrsg.)
Deutsche unterwegs

GÜNTER OLZOG VERLAG MÜNCHEN 22